2015年重庆师范大学学术专著出版资金资助

财政分权体制下的区域民生类公共服务差距研究

官永彬 著

中国社会科学出版社

图书在版编目（CIP）数据

财政分权体制下的区域民生类公共服务差距研究/官永彬著.
—北京：中国社会科学出版社，2016.5
ISBN 978 - 7 - 5161 - 7699 - 3

Ⅰ.①财… Ⅱ.①官… Ⅲ.①财政管理体制—关系—社会服务—研究—中国 Ⅳ.①D669.3

中国版本图书馆 CIP 数据核字（2016）第 041326 号

出 版 人	赵剑英
责任编辑	卢小生
特约编辑	林　木
责任校对	周晓东
责任印制	王　超

出　　版	中国社会科学出版社
社　　址	北京鼓楼西大街甲 158 号
邮　　编	100720
网　　址	http://www.csspw.cn
发 行 部	010 - 84083685
门 市 部	010 - 84029450
经　　销	新华书店及其他书店
印　　刷	北京君升印刷有限公司
装　　订	廊坊市广阳区广增装订厂
版　　次	2016 年 5 月第 1 版
印　　次	2016 年 5 月第 1 次印刷
开　　本	710×1000　1/16
印　　张	12
插　　页	2
字　　数	202 千字
定　　价	45.00 元

凡购买中国社会科学出版社图书，如有质量问题请与本社营销中心联系调换
电话：010 - 84083683
版权所有　侵权必究

前　言

　　中国是一个地域辽阔、人口众多与地区差异显著的转型大国，从1978年开始了市场化导向渐进式的经济体制改革，我国的财政体制也在计划经济向市场经济的转型过程中逐步由集权型向分权型演变。可以说，财政分权体制改革一直是我国经济转型的重要内容。这种具有中国特色的制度安排使地方政府逐渐拥有了财政收入的剩余索取权和剩余控制权，从而为地方政府发展经济提供了重要激励，促进了中国经济的持续增长与繁荣。但与之伴随的地方政府为增长而竞争的负面效应也开始显现。其中最令人关注的现象是，地区之间的基础教育、医疗卫生、社会保障等民生类公共服务供给差距并未随着经济增长而显著缩小，由此使不同地区的居民在公共服务的享有机会上并不均等，这势必危及中国和谐社会的构建、经济的稳定协调与可持续发展。从党的十七大报告中可以看出，党和政府殷切期望通过区域民生类公共服务均等化战略来实现区域协调发展的目标。在此背景下，我们必须对我国区域间民生类公共服务差距的特征事实加以动态认识，对此差距的生成机制加以合理阐释，以及对治理差距的政策路径加以系统构建。为此，本书遵循"提出问题、形成假说、构建框架、实证检验、解决问题"的逻辑思路与技术路线，在对区域民生类公共服务差距进行综合评价的基础上，试图以新政治经济学为理论基础和分析范式，以地方政府行为模式为逻辑载体，在一个统一的框架中揭示出转型中的财政分权与区域民生类公共服务差距的内在机制，并找到契合中国经济政治体制背景的治理区域民生类公共服务差距的有效路径。

　　本书是在教育部人文社会科学项目研究成果基础上形成的。本书的主要内容包括：一是在民生类公共服务范围界定基础上，充分考虑地区间单位公共服务供给成本差异、辖区居民的消费需求以及地方政府的财政支出偏好，从公共服务产出的维度尝试构建了区域民生类公共服务差距的综合评价指标体系，并选择分税制改革以来的省级面板数据，运用多指标综合评价方法对地区间民生类公共服务总体和具体项目差距作出实证评价。二是运用新政治经济学理论范式，按照"转型经济体制背景—财政分权—异质性的地方政府竞争行为—财政能力差距与支出偏好的地区差异"的内在逻辑构建了一个考察区域民生类公共服务差距生成机制理论框架。三是实证检验财政分权、地方政府异质性的财政竞争行为与区域民生类公共服务差距关系。具体来说，首先，选择分税制改革以来省级辖区的财政数据，综合运用收入分配文献发展出的基尼系数分解方法，系统探究我国地区间财力差距形成机制。其次，运用省级面板数据，实证考察转型中的财政分权与地方政府财政竞争对不同地区地方政府支出偏好影响的方向和程度，研究发现，地方政府的支出偏好具有空间异质性特征。实证结论为本书治理区域民生类公共服务差距问题的政策建议，提供了理论指导和经验支持。四是提出了契合中国经济政治体制背景的推进政府绩效评价制度、基层民主制度、户籍制度以及转移支付制度创新的可行路径，从而构建出以中央政府为主导的多元政策框架，以此加快地方政府从增长型政府向公共服务型政府的转型进程，增强转移支付制度的财政均等化效应，逐步缩小区域民生类公共服务差距，从真正意义上实现无论居住在任何地区的居民都能够享有大致相当的公共服务。

本书在梳理已有文献的基础上，试图对中国转型过程中财政分权体制背景下的区域民生类公共服务差距问题做出系统且深入的研究。改革开放以来，财政体制领域的分权化改革促进了中国经济的持续增长与繁荣。但随着财政分权化改革正面效应的不断释放，其负面效应也开始日益凸显，并引起诸多学者高度关注。不过，此类研究主要集中在地方保护、市场分割、重复建设、城乡和地区间收入差距以及公共产品供给效率等方面，鲜有从理论和实证上探讨财政分权对区域民生类公共服务差距负面影响的文献。本书认为，中国特殊的财政分权体制是理解目前我国区域民生类公共服务差距形成与扩大的关键和突破口。有鉴于此，本书试图在一个统一框架下，揭示转型中财政分权与区域民生类公共服务差距的内在机制和最佳契合点。具体来说，本书的创新在于：一是运用新政治经济学理论范式，以地方政府行为作为逻辑载体，构建了一个全新的阐释区域民生类公共服务差距生成机制的理论框架。本书从中国式财政分权体制中揭示了地方政府为增长而在税收、支出以及转移支付等方面展开财政竞争的激励机制，发现了地方政府财政竞争行为的异质性，正是这种差异化竞争影响和决定了地方政府间不同的财政能力水平和公共支出偏好，并最终引发出日益严重的区域民生类公共服务差距问题。二是运用中国省级层面面板数据对财政分权、地方政府财政竞争行为与区域民生类公共服务差距的关系进行了系统的实证研究。三是契合中国的制度背景,提出中央政府主导和控制的多元协同的政策框架。大量关于平抑区域民生类公共服务差距的政策性研究往往局限于财政体制本身的改革,而忽视地方政府行为的激励。本书的理论和实证研究结果表明,区域民生类公共服务差距是地方政府财政能力和支出偏好共同作用的结果,而转型经济背景下的财政分权体制与地方政府财政竞争行为将深刻影响地方政府的财政能力和支出偏好。因此,如何从根本上平衡地方政府之间的财政能力,以及重塑地方政府特别是落后地区地方政府的支出偏好,增强对居民民生诉求的回应性,将是未来政策的主要着力点。

保障和改善民生是当前政府和学界高度关注的重要课题。本书试图在中国式财政分权框架下对区域民生类公共服务差距的特征事实、形成机理和治理路径进行尝试性研究。愿本书的研究能够起到抛砖引玉效果,引起更多学者对基础教育、医疗卫生和社会保障等民生类公共服务的公平供给问题作出系统的理论与实证研究,从而为政府实现公共服务均等化的政策制定提供更多的理论支持和实践参考。

需要指出的是,本书在选题设计、框架构建、理论支撑、方法选择以及完善修改等过程中,西南财经大学易敏利教授和刘灿教授、西南大学段豫川教授和张应良教授、重庆师范大学罗兹柏教授和陈绍友教授、重庆社会科学院李敬研究员和吴安研究员、重庆市人民政府研究室石品处长以及重庆市巴南区花溪街道办事处陈培芳女士等提出了十分宝贵的建议,在此谨致谢忱。当然,书中的不足之处概由作者负责。最后,本书的顺利出版得到了重庆师范大学学术专著出版资金的鼎力资助和中国社会科学出版社的大力支持,对此一并表示深深谢意。

作 者
2015 年 7 月

目 录

第一章 绪论 ………………………………………………………… 1

第一节 选题背景与问题的提出 ……………………………………… 1
第二节 核心概念界定与相关文献述评 ……………………………… 5
 一 核心概念界定 ………………………………………………… 5
 二 相关文献述评 ………………………………………………… 10
第三节 研究思路与研究方法 ………………………………………… 19
 一 研究思路与框架 ……………………………………………… 19
 二 研究方法 ……………………………………………………… 25
第四节 可能的创新与不足 …………………………………………… 26

第二章 区域民生类公共服务差距的综合评价 ……………………… 29

第一节 引言 …………………………………………………………… 29
第二节 区域民生类公共服务差距评价指标体系的构建 …………… 31
 一 区域民生类公共服务差距综合评价视角选择 …………… 31
 二 区域民生类公共服务差距评价指标体系遴选原则 ……… 32
 三 区域民生类公共服务差距评价指标体系基本框架 ……… 33
第三节 区域民生类公共服务差距的动态评价 ……………………… 34
 一 区域民生类公共服务差距的评价方法 …………………… 34
 二 区域民生类公共服务差距的评价结果 …………………… 36
第四节 研究结论 ……………………………………………………… 41

第三章 区域民生类公共服务差距生成的制度逻辑 ………………… 43

第一节 新政治经济学的理论溯源与应用 …………………………… 43
 一 新政治经济学的兴起逻辑与理论渊源 …………………… 43

二　新政治经济学的利益异质性假定 ………………………… 46
　　三　利益集团及其博弈行为 ……………………………………… 47
　　四　中国地方政府行为的新政治经济学分析 ………………… 49
第二节　转型中的财政分权与地方政府财政竞争行为 …………… 52
　　一　财政分权体制的演进脉络与内生的财政激励 …………… 53
　　二　转型中的财政分权与特殊的政治激励 …………………… 62
第三节　地方政府财政竞争行为特征和形式 ……………………… 64
　　一　资本偏好、流动性约束与外资依赖 ……………………… 65
　　二　地方政府财政竞争的形式 ………………………………… 68
第四节　异质性地方政府财政竞争行为的结果 …………………… 71
　　一　地方政府财政竞争对地区财政能力的作用机制 ………… 71
　　二　地方政府财政竞争对政府支出偏好的作用机制 ………… 74

第四章　财政分权、地方政府财政竞争行为与地区间财力差距 ……… 78

第一节　地区之间财力差距的特征事实 …………………………… 78
　　一　引言 ………………………………………………………… 78
　　二　分析方法与数据来源 ……………………………………… 80
　　三　地区之间财力差距的总体评价 …………………………… 84
第二节　分权体制下的税收竞争与地区之间财力差距 …………… 86
　　一　地方政府间税收竞争的异质性 …………………………… 87
　　二　异质性的税收竞争对财政收入的影响 …………………… 90
　　三　财政收入对区域财力差距的贡献 ………………………… 91
第三节　分权体制下的转移支付竞争与地区之间财力差距 ……… 94
　　一　转移支付形式及其演变的政治逻辑 ……………………… 94
　　二　现行转移支付均等化效应实证分析 ……………………… 98
　　三　现行转移支付均等化效应的稳健性检验 ………………… 106
第四节　研究结论与政策启示 ……………………………………… 107

第五章　地区差异、财政分权与地方政府支出偏好 ……………… 109

第一节　引言 ………………………………………………………… 109
第二节　计量模型设定、指标选择与数据说明 …………………… 112
　　一　计量模型设定 ……………………………………………… 112

二　模型指标选择……………………………………………… 114
　　三　研究数据说明……………………………………………… 117
第三节　计量结果分析…………………………………………………… 118
　　一　经济较发达地区和经济欠发达地区……………………… 118
　　二　东部、中部与西部地区…………………………………… 121
第四节　研究结论与政策意蕴…………………………………………… 124

第六章　财政分权框架下地方政府行为转型：
　　　　以公共服务型政府为取向……………………………… 126

第一节　地方政府转型的内在逻辑：动因与目标模式………………… 126
　　一　政府转型的理论内涵……………………………………… 126
　　二　西方国家政府转型的历史逻辑…………………………… 127
　　三　我国地方政府转型的内在逻辑…………………………… 131
第二节　公共服务型政府的理论分析：内涵与特性…………………… 138
　　一　公共服务型政府内涵……………………………………… 138
　　二　公共服务型政府特性……………………………………… 141
第三节　地方政府转型的机制设计：激励与约束……………………… 143
　　一　改革政府绩效评价体制，建立合理有效的考核机制…… 144
　　二　推进基层民主建设，建立传递居民
　　　　偏好的公共选择机制……………………………………… 146
　　三　逐步改革户籍制度，建立完善的"用脚投票"机制 …… 147

第七章　财政分权框架下转移支付制度优化：
　　　　基于财政均等化视角……………………………………… 149

第一节　转移支付目标的重塑：财政均等化…………………………… 149
　　一　转移支付目标的经济学考察：理论依据………………… 149
　　二　转移支付目标的现实选择：横向财政均等化…………… 154
第二节　转移支付结构的优化：以均衡性转移支付为主导…………… 156
　　一　调整反映既得利益的转移支付…………………………… 158
　　二　完善财力性转移支付……………………………………… 159
　　三　规范专项转移支付………………………………………… 160
第三节　转移支付分配模式优化：建立以公式为
　　　　基础的均等化分配机制………………………………………… 161

一　财政均等化模式的比较与启示 …………………………… 162
　二　均等化转移支付公式的设计 …………………………… 163

第八章　主要结论与研究展望 ………………………………… 166
　第一节　主要结论 ……………………………………………… 166
　第二节　研究展望 ……………………………………………… 170

参考文献 ………………………………………………………… 173

第一章 绪论

第一节 选题背景与问题的提出

20世纪50年代以来,世界各国普遍出现了财政分权趋势。无论是市场经济较为完善的欧美等发达国家,还是迫于摆脱经济增长陷阱的亚非等发展中国家,特别是从计划经济向市场经济过渡的转型国家,都已经或正在推进财政体制的分权化改革,尽管改革的初始动因并不相同。可以说,财政分权已经成为世界各国无法回避的重要实践问题,也是包括经济学在内的诸多学科急需加以解释的理论命题。对于一个地域辽阔且人口众多的双重大国来说,中国于20世纪70年代末开始了市场化取向的经济体制改革,在这渐进式的转轨过程中,财政分权体制变革一直是经济转轨的核心内容和关键领域。由于政治制度、经济基础、自然地理、历史文化等方面的不同,中国的财政分权不管是从分权诱因、分权程度,还是从分权表现形态、经济绩效上看,都与其他国家的财政分权存在显著的差异。这意味着,我们应该对中国的财政分权进行更为细致且全面的考察。

改革开放以来,中国从过去高度集中的计划经济向分散化的市场经济转轨。为了合理界定中央政府和地方政府的财政利益,调动地方政府发展经济的积极性,中央政府在财政体制变革领域中理性选择了分权化改革的路径。从20世纪80年代初期开始推行的"分灶吃饭"的财政体制,到1994年前实施的各种形式的财政包干体制,都是财政体制走向分权化道路的两个明显的标志。1994年中央政府更是推行了影响深远的分税制改革,财政分权体制也逐渐趋于规范。作为市场经济条件下政府间关系的承载体，分税制首先在明确中央政府和地方政府事权的基础上划分了各自的财政支出范围，再进一步根据事权和财权相对应的原则，在中央政府和地方政府之间明确财政收入①范围，并建立转移支付制度②协调各级地方政府间的关系。这次分税制改革重新调整了中央政府与地方政府的财政收入分配格局，并在中央政府与地方政府之间建立了财政关系的基本框架。之后，中央政府又对财政税收权限、财政支出范围、转移支付办法进行了一些局部的调整，使政府间的纵向财政分权进一步规范化。总之，在这种渐进的经济体制转型过程中，中央政府与地方政府之间逐渐形成一种特殊的财政分权关系，这一关系在分税制改革后得以强化与规范。

中国的改革开放现已走过30余年历程，在经济方面始终保持了持续且高速增长的势头，取得了令世人注目的成就，国内生产总值年均增速约为9%。但是，我国在经济高速增长的背后却是基础教育、医疗卫生以及社会保障等与民生高度相关的公共服务供给的相对不足。③ 以2010年为例，我国公共服务支出占总支出的比重以及占GDP的比重分别为24.64%和5.52%。④ 从国际比较看，无论是与高等收入国家相比，还是与我国处于相同经济社会发展阶段的中低收入国家相比，我国公共服务支出的占比都明显偏低。⑤ 这说明经济的高速增长并没有自然而然地带来国民福利的普遍增进。更为重要的是中国区域之间公共服务的供给水平存在显著的差距且呈扩大之势。自分税制改革以来东部地区公共服务支出的绝对规模显著大于中西部地区，1994年东部地区公共服务支出总额为539.30亿元，分别大于中部、西部地区244.17亿元和274.50亿元，到2010年这一差距已扩大至4589.39亿元和4135.91亿元。从公共服务支出

---

① 作为分税制改革的核心内容，财政收入划分亦即把税收划分为中央税、地方税和中央与地方共享税，并设立国税局和地税局分别征收相应的税收。

② 主要采取税收返还的形式，使地方财政收入不因税制改革而低于1993年的水平，这是为了保证地方既得利益，以获取地方政府对改革的支持。

③ 2005年9月8日，联合国开发计划署在《2005年人类发展报告》中指出，中国的社会发展正开始落后于经济增长，这种落后主要表现在教育、医疗、住房等公共服务领域。说明中国经济的高速增长并没有带来社会公共事业的同步发展，社会公共事业发展不足的事实令人担忧。

④ 该数据来源于《中国统计年鉴》(2007)。这里的公共服务支出主要包括教育、文化、科技、医疗卫生等社会文教费支出。

⑤ 高收入国家公共服务支出占GDP和总支出的比重分别为21.1%和49.5%，中等收入国家依次为11.5%和42.1%，而低收入国家则为7.6%和27.5%（中国经济增长与宏观稳定课题组，2006）。

的相对规模看,东部地区公共服务支出占本级财政支出的比重从2000年以后也整体上高于中西部地区。从2010年来看,东部地区公共服务支出占本级财政支出的相对比重为28.23%,分别高于中部、西部地区2.93%和3.53%。① 这就意味着与东部地区比较而言,经济落后的中西部地区特别是西部地区民生类公共服务供给更为不足,经济社会发展的失衡程度更大,不断累积和日益凸显的民生问题更令人担忧。课题组调查发现,西部地区居民对民生类公共服务的总体满意度仅为30.87%,而从民生类公共服务具体项目来看,满意度最低的四个项目分别为就业服务(26.78%)、环境保护(27.32%)、公共安全服务(28.32%)以及医疗卫生服务(31.42%)。②

众所周知,公共服务是一种特殊的公共物品,其内在的"公共"属性逻辑必然要求在不同区域、不同群体以及不同个体之间实现均等化,使居住在任何辖区的居民都能享受大致相当的公共服务。但现实却是公共服务在区域之间并非均等,这势必影响我国和谐社会的构建,以及经济社会的协调可持续发展。值得欣慰的是,区域间公共服务差距较大的事实已经引起中央政府的高度关注。2005年中共十六届五中全会通过的《中共中央关于制定国民经济和社会发展第十一个五年规划的建议》明确提出,要"按照公共服务均等化原则,加大国家对欠发达地区的支持力度,加快革命老区、民族地区、边疆地区和贫困地区经济社会发展"。③ 时隔一年,在2006年的中共十六届六中全会通过的《中共中央关于构建社会主义和谐社会若干重大问题的决定》中指出:"完善公共财政制度,逐步实现基本公共服务均等化。"④ 随后党的十七大报告更是进一步强调要"缩小区域发展差距,必须注重实现基本公共服务均等化"。以及要"扩大公

---

① 该数据来源于《新中国五十五年统计资料汇编》(中国统计出版社2005年版)以及相应各年的《中国统计年鉴》(中国统计出版社),经整理而得。

② 该数据来源于国家社会科学基金项目"民生导向的政府公共服务绩效评价与改善研究"课题组于2012年1—2月和2012年7—9月的实地问卷调查,此次调查主要针对居民对社会保障、基础教育、医疗卫生、公共文化、环境保护、公共安全等民生类公共服务的满意度进行评价,实地调查范围涉及四川、云南、重庆、贵州、陕西、甘肃、青海、广西、西藏9个省(自治区、直辖市)。此次调查共获取有效问卷1078份。

③ 《中共中央关于制定国民经济和社会发展第十一个五年规划的建议》,http://news.xinhuanet.com/politics/2005-10/18/content_3640318.htm。

④ 《中共中央关于构建社会主义和谐社会若干重大问题的决定》,http://cpc.people.com.cn/GB/64093/64094/4932424.html。

共服务，完善社会管理，促进社会公平正义，努力使全体人民学有所教、劳有所得、病有所医、老有所养、住有所居，推动建设和谐社会"。① 2012年国务院正式印发的《国家基本公共服务体系"十二五"规划》首次明确了基本公共服务覆盖基本公共教育、劳动就业服务、社会保险、基本社会服务、基本医疗卫生等八大领域，确定了44类80个基本公共服务项目，并提出未来建设的整体目标，到2015年，覆盖城乡居民的基本公共服务体系逐步完善，到2020年，城乡区域间基本公共服务的差距明显缩小，争取实现基本公共服务均等化。② 由此可见，研究区域民生类公共服务差距问题具有重要理论价值和现实意义。这将有助于缩小地区间公共服务差距，促使各地区居民享有比较均等的基础教育、医疗卫生、社会保障等机会，促进和谐社会的建设和经济社会的健康发展，以及刺激国内消费需求，促进我国经济发展方式的转型。③ 诚然，这也是本书选题的现实考虑。

更值得我们深思的问题是，为什么中国在经济高速增长的背后却是区域间公共服务供给水平的非均衡？其生成的内在逻辑是什么？我们下一步又应该如何对区域公共服务差距加以有效治理？为此，本书遵循"提出问题、形成假说、构建框架、实证检验、解决问题"逻辑思路与技术路线，在对区域民生类公共服务差距进行综合评价的基础上，试图以新政治经济学为理论基础和分析范式，以地方政府行为模式为逻辑载体，在一个统一的框架中揭示转型中的财政分权与区域民生类公共服务差距的内在机制，并试图找到契合中国经济政治体制背景的治理区域民生类公共服务差距的有效路径。

---

① 《高举中国特色社会主义伟大旗帜，为夺取全面建设小康社会新胜利而奋斗——在中国共产党第十七次全国代表大会上的报告》，http://cpc.people.com.cn/GB/104019/104099/6429414.html。

② 《国家"十二五"规划基本公共服务涵盖八大领域》，http://www.job51.com/rizhao/rizhao57624.html。

③ 2009年中央经济工作会议明确指出，保障和改善民生是我们发展经济的最终目的，也是实施扩大内需战略和推动经济发展方式转变的重大举措。而实现公共服务均等化正是惠及13亿人的最重要的民生问题。唯其如此，才能改善居民的消费环境，稳定居民的消费预期，拉动居民的有效需求，促进我国经济发展方式的转变和持续增长。

第二节 核心概念界定与相关文献述评

一 核心概念界定

（一）财政分权

财政分权（Fiscal Decentralization）自20世纪80年代以来便成为包括经济学在内的诸多学科研究的一个时兴话题，自然也是本书研究的一个重要概念。为了进一步理解财政分权的内涵和边界，需要先对分权、财政分权以及财政联邦主义三个概念进行必要的澄清。财政分权是分权的一种重要形式和内容。所谓分权，就是指有关公共职能的权威和责任从上级政府向下级政府转移，具有复杂且多重的含义。[①] 一般来说，分权可以细分为政治分权、行政分权、财政分权和市场分权等几种类型。尽管不同形式分权都涉及不同主题，具有不同的特征、政策含义，其成功实施的条件也各不相同（见表1-1），但是，各种分权的表现形式则存在重合之处，并不能完全清晰地界分。事实上，这些分权是相互关联的，并且共同作用于社会经济政治的发展。其中，财政分权在整个分权中的地位和作用更为重要。因为财政是政府活动在经济上的直接体现，其他形式分权中的许多内容最终都会反映到财政分权上来。

表1-1　　　　　　　　　不同分权形式

政治分权	行政分权	财政分权	市场分权（服务供给）
宪法、法律与监管框架	行政事务信息与监管	支出安排	教育，健康、人口与营养，基础设施
分权与政治参与	地方行政技术与管理能力	收入安排	安全网
	分权化治理中的可问责性、透明度与腐败	政府间转移支付，拨款设计，政府借款	灌溉、供水和卫生，自然资源管理与环境

资料来源：世界银行网站（www.wordbank.org/publicsector/decentralization/what.htm）。

[①] 中国社会科学院财政与贸易经济研究所：《走向"共赢"的中国多级财政》，中国财政经济出版社2005年版，第26页。

此外，分权也常和联邦主义（Federalism）联系在一起，两个概念都意味着权威在各级政府之间的配置。不同的是，分权通常从财政含义来理解，强调在权威总量不变的条件下，权威从中央向地方的转移，并且该权威也主要集中在财政权威方面，而对政策和政治权威涉及甚少；联邦主义则常常从政治含义来理解，强调的是一系列制度所规定的过程，通过这一过程权威被配置和再配置。这再次表明，财政分权是从分权衍生出来的一种重要的分权形式，其本质内容就在于如何在不同级次政府之间配置职能，并使用不同的财政手段来与之相匹配。财政联邦主义则是指包含了联邦政治制度特征[①]的财政关系或财政体制。虽然财政分权与财政联邦主义之间存在细微的差别，但在经济学文献中两者是可以通用的。[②] 从相同的意义上说，两者所要解决的都是政府部门的纵向结构问题，即如何在不同级次的政府之间划分责任，并配置与各级政府所要实现的财政责任相一致的财政手段。[③]

尽管我国的政治体制是中央高度集权的，但在财政体制方面却具有联邦主义特征。从这个角度说，本书的财政分权指的是中央政府向地方政府下放财政权力，给予地方政府一定的税收权力和支出责任范围，并允许地方政府自主决定其预算支出规模和结构。其范畴主要包括中央政府与地方政府之间收入来源的划分、支出责任的配置以及转移支付的形式等。可见，财政分权是通过财政收支的不同安排来实现的。

（二）地方政府

无论联邦制还是单一制，世界上绝大多数国家都相应采取多级政府体制，在这种政治制度安排中，地方政府（Local Government）是其最重要

---

① 这种联邦政治制度特征体现在：至少有两套政府直接作用于公民；联邦政治体制下的中央政府和地方政府之间在宪法上没有从属关系，每一级政府的主权都来自宪法，而不是另一级政府的授予。每一级政府都有权在立法、执法和征税权过程中直接与其公民接触，而且每一级政府都是由其公民直接选择并直接对其公民负责（罗纳德·奥茨，1999）。

② 罗纳德·奥茨（Oates，1999）专门论述了"联邦主义"在经济和政治学中的差异。在政治学中，它特指某种政治制度，在该政治制度下，宪法保证一定范围内的自治权，以及中央和地方政府各自的权力。但对经济学家而言，几乎所有的公共部门或多或少是联邦化的，因为公共服务是由不同级别政府提供，并且存在与正式宪法无关的事实上的决定权威的空间。

③ 中国社会科学院财政与贸易经济研究所：《走向"共赢"的中国多级财政》，中国财政经济出版社2005年版，第28页。

的组成部分。① 但由于政治体制、经济水平、历史文化以及政府结构形式的差异，各个国家对地方政府的理解也不尽相同。在联邦制国家，在中央政府与地方政府之间还存在中间政府即成员国或州（邦）政府，以此作为联邦国家的组成单位，而地方政府仅仅指中间政府以下的分支机构。② 而我国作为单一制国家，中央政府以下的分支均视为地方政府，具体来说，地方政府包括省（直辖市、自治区）、市（计划单列市、地级市）、县（县级市）、乡镇四个层级。本书研究的地方政府指的是省一级政府。③

此外，对地方政府的理解还存在广义和狭义之分。西方国家普遍采用广义的概念，认为地方政府不仅包括地方行政机关，也包括地方国家代议机关和地方国家司法机关等。而我国宪法规定，地方政府属于设置于地方各级行政区域内的国家行政机关，它并不包括地方各级人大、政协组织以及司法机关等。本书研究采用的是广义的地方政府概念，即地方政府是中央政府以下的包含地方行政机关、地方立法机关、地方司法机关在内的地方公共权力机关。事实上，尽管立法、司法、行政各司其职，但它们都属于与私人部门相对应的公共部门，并且只有三个部门协同一致，才能对私人部门的决策产生影响。例如，税收政策的调整一般是由立法部门形成关于税率的法规，然后由行政部门来实施，最后由司法部门保证这些法规的贯彻，如果将其割裂开来，则很难对税收政策调整的影响做出完整的分析。这也是本书选择广义地方政府概念的主要原因。

（三）公共服务

严格地说，公共服务（Public Services）属于公共物品（Public

---

① 美国学者奥克森（Oakerson, 2005）认为，地方政府是国家政治制度的重要组成部分，如果不理解前者，就不能理解后者。在他看来，地方政府比中央政府更为重要，因为地方政府与公众的日常生活更加息息相关。

② 正如《国际社会科学百科全书》所指出的："地方政府一般可以说是一种公共组织，它有权决定和管理一个较小地域内的有限公共政治，这一地域是某个区域性政府或全国性政府的分治区。地方政府在政府机构体系中位于底层，全国性政府为最高一级，中间部分为中间政府（如州、省、地区）。"（《国际社会科学百科全书》第9卷，商务印书馆1972年版，第451页）

③ 本书探讨的是财政分权体制下地方政府的行为及效应。财政分权体制改革中影响最为深远的是1994年的分税制改革。这次改革重点是中央政府与省级政府之间财权的划分，省级政府和省级以下政府之间的分税制改革更加不规范，许多地方省级政府很少有自己独立的税种和固定的收入来源，分税制在很大程度上是徒具形式（胡书东，2006）。这也是本书选择省级政府的重要原因。

Goods）范畴。公共物品问题一直是经济学研究中一个十分重要的领域。萨缪尔森（Samuelson，P. A.，1954）认为，公共物品是指所有成员集体享用的消费品，社会全体成员可以同时享用该物品；而每个社会成员对该物品的消费都不会减少其他人对该物品的消费。[1] 奥尔森（M. Olson，1995）认为，任何物品，如果一个集团（$X_1, \cdots, X_i, \cdots, X_n$）中的任何个人（$X_i$）能够消费它，它就不能适当地排斥其他人对该物品的消费，那么该物品就是公共物品。[2] 由上可知，相对于私人物品来说，公共物品具有效用的不可分割性[3]、消费的非竞争性[4]以及受益的非排他性[5]三个重要特征。因此，公共物品在市场上存在严重的"搭便车"问题[6]，无法利用价格机制进行有效供给，出现了所谓的"市场失灵"。这就意味着，政府理应成为公共物品的当然供给主体。值得注意的是，公共物品由政府供给并不代表由政府生产，为了提高公共物品的配置效率，实践中也采取了民营化的配置机制与模式，即公共物品由私人部门组织生产。不过，本书强调的是公共物品的供给而非生产。因此，只要是政府提供的物品或服务，均可为本书的研究对象。

根据公共物品的供给主体和溢出效应的范围，我们可以将公共物品分为全国性公共物品和地方性公共物品。前者由中央政府提供，比如国防、法律等，此类公共物品的地域性差别不大，全国的均等化程度较高；后者由地方政府提供，包括基础设施、环境治理、市容卫生、教育、医疗、文化等，其供给水平主要取决于地方政府的财政能力和支出偏好。本书研究的公共服务一般都是指地方性公共物品或服务。更进一步地，为了考察地方政府的支出或供给偏好，本书将地方政府提供的基本建设等"硬性"公共物品界定为公共投资，因为该类物品不仅可以直接改善当地投资环

---

[1] Samuelson, P. A., "Pure Theory of Public Expenditures". *Review of Economic and Statistics*, Vol. 36, No. 4, November 1954, pp. 387 – 389.
[2] 奥尔森：《集体行动的逻辑》，陈郁等译，上海三联书店1995年版，第13页。
[3] 效用的不可分割性是指公共物品是面向全体社会成员提供的，具有共同受益或联合消费的特点，其效用为整个社会成员共享，而不能分割为若干部分分别归属于个人享用。
[4] 某人对公共产品的消费不影响他人的消费。也就是说，增加一个消费者的边际消费成本为零。
[5] 技术上很难将拒绝为之付费的个人排除在公共物品的受益范围之外。
[6] 正如奥斯特罗姆（2000）指出的，任何时候，一个人只要不被排斥在分享由他人努力所带来的利益之外，就没有动力为共同利益做贡献，而只会选择做一个"搭便车"者。如果所有参与者都选择"搭便车"，就不会产生集体利益。

境，实现任期内更快的经济增长和提升政绩，而且显著改善的硬性投资环境本身就是最容易衡量的政绩；而"软性"公共物品则是指医疗、教育、卫生、社会保障等无形的公共服务，虽然公共服务对于提高居民的福利水平和促进长期的经济增长是至关重要的[①]，但短期增长效应并不显著。

此外，根据公共服务满足社会公共需要的水平，还可将公共服务分为基本公共服务和非基本公共服务。基本公共服务是在一定的社会经济条件下，政府为保障社会全体成员基本的福利水平而向全体居民提供的大致均等的基础性公共服务，如基础教育、公共医疗、社会保障等。而非基本公共服务是政府为满足更高层次的社会公共需求而提供的公共产品或服务，如高于社会保险水平的高福利等。本书分析的公共服务，主要指的是基本公共服务或者说民生类公共服务。在"均等化"的语境下，"民生类公共服务"与"公共服务"有着大致相同的内涵。

（四）公共服务均等化

公共服务均等化（Public Services Equity），一般是指一国的全体居民应该享受到水平大体相当的民生类公共服务，其内涵与外延可以从三个维度加以理解。一是公共服务均等化的主体层次即谁与谁之间实现均等化。诚然，公共服务的公共属性必然要求在不同群体（如区域、城乡、阶层等）之间以及个体（如家庭、个人）之间实现均等化。考虑公共服务均等化具有层次性和阶段性，当前我国公共服务均等化程度总体还很低，应首先定位于实现区域间公共服务均等化，同时推进群体之间公共服务均等化，并兼顾个人之间公共服务均等化。因此，本书主要探讨区域公共服务均等化问题，对于前两者未做分析。实际上，区域间公共服务均等化问题的研究也可以为加快群体之间和个人之间公共服务的均等化提供理论借鉴和实践参考。二是公共服务均等化的客体范围即哪些公共服务应该均等化。从民生类公共服务的内涵可以看出，它是为了满足全体居民最为基础的公共服务需求，保障居民最为基本的生存权利和发展权利。此外，公共服务的供给受到国家经济社会发展阶段和政府财政能力的约束，这就意味着，民生类公共服务的边界并不是静止固化的而是一个历史动态的范畴。

---

① 在新增长理论中，包含在教育医疗社会保障等中的人力资本是阻止私人资本边际回报率递减、提升稳态增长率的重要源泉（Lucas，1988；Barro，1990）。这就说明，公共服务对于地区的长期经济增长是重要的。

借鉴《国家基本公共服务体系"十二五"规划》界定的基本公共服务范围①，并考虑到数据的可获得性，本书认为在转型时期应该首先纳入公共服务均等化范围的是基础教育、公共医疗、社会保障、公共安全、环境保护等。三是公共服务均等化的判断标准，即应遵循什么理念和准则评判公共服务是否均等。公共服务是否均等，往往需要根据一定的标准做出判断。代表性的判断标准有机会公平标准和结果公平标准。本书综合考虑了这两种标准，认为无论居住在任何辖区的居民在民生类公共服务的享有机会上应该均等，在民生类公共服务的享有结果上应该大体相等。

二 相关文献述评

(一) 财政分权理论演进的文献述评

财政分权已经成为当代重要的政治现象，也是包括经济学在内的诸多学科急需加以解释的理论命题。20世纪50年代以来，无论是市场经济较为完善的欧美等发达国家，还是迫于摆脱经济增长陷阱的亚非等发展中国家，特别是从计划经济向市场经济过渡的转型国家，都已经或正在推进财政体制的分权化改革，尽管改革的初始动因②并不相同。伴随着财政分权实践的发展，财政分权理论经历了两个重要的阶段，即以蒂布特（Tiebout）、奥茨（Oates）和马斯格雷夫（Musgrave）为代表的第一代财政分权理论③（始于1956年）与以钱颖一和罗兰（Qian and Roland）、温格斯特（B. R. Weingast）和怀尔德森（D. E. Wildasin）为代表的第二代财政分权理论（20世纪90年代后）。结合本书研究的主题，下面将对这两种财政分权理论加以文献评述。

第一代财政分权理论起源于主流公共物品理论（Samuelson，1954）和古典财政理论（Musgrave，1959），其主要研究内容是基于新古典经济学理论视角，探讨政府职能如何在不同层级政府间进行合理配置以及相应

---

① 该范围包括基本公共教育、劳动就业服务、社会保险、基本社会服务、基本医疗卫生、人口和计划生育、基本住房保障、公共文化体育及残疾人基本公共服务八大领域，大体涵盖了一个人从出生到终老各个阶段生存与发展所需的民生类公共服务。

② 尽管世界各国不约而同地推进了财政分权式改革，但改革的初始动机是不同的。在发达国家，财政分权是后福利国家时代为低成本提供公共服务而进行政府重组的重要工具；在发展中国家，财政分权旨在挣脱治理无效、宏观经济不稳定和低经济增长的陷阱；在经济转型国家，财政分权是经济体制转型的直接结果；在拉丁美洲国家，财政分权源于人民追求民主的政治压力；在非洲国家，财政分权主要服从于国家统一（赵志耘、郭庆旺，2005）。

③ 第一代财政分权理论也称为传统财政分权理论（the Theory of Fiscal Decentralization），又可称为财政联邦主义理论，或者说联邦主义的经济理论。

的财政工具如何分配等财政问题（Oates，1999）。① 其中，最具代表性的人物当属蒂布特，他最早从理论上明确地阐述了财政分权与公共物品供给的关系，提出了"用脚投票"理论（Voting by Feet）。蒂布特（1956）在地方性的公共物品应显示消费的拥挤性②，以及居民（投票者）可以在不同辖区间自由流动等严格的假设条件下，证明了财政分权可以实现公共资源的帕累托最优配置，正如私人物品能通过市场自由竞争机制实现效率供给一样。③ 这意味着，在公共物品供给上从中央政府集权转向地方政府分权可以有效解决长期困扰中央政府的信息缺损问题，打破原先研究公共物品供给的困境。在此基础上，马斯格雷夫（1959）明确界定了中央政府和地方政府之间的职能分工，即地方政府应该根据本地居民不同的偏好制定相匹配的资源配置政策，收入再分配职能和宏观经济稳定职能则划归中央政府承担。④ 并且这种资源配置上的分权需要通过税权在各级政府间的分配加以固定和保障，从而赋予地方政府相对独立的权力。但是，当公共物品分权供给时，地方政府很难获取内部化公共物品的外溢效应，也无法获取集中供给的规模经济效应。另外，集中供给公共物品却无法获取辖区居民差异化的公共物品需求偏好信息。为了平衡规模经济和地区偏好异质性，奥茨（1972）提出了最优分权定理，即对于某种公共物品，如果对其消费涉及全部地域的所有人口，并且关于该物品的单位供给成本对中央政府和地方政府都相同，则地方政府能够向各自的选民提供帕累托有效产量，中央政府无法向全体选民提供帕累托有效产量。⑤ 该分权定理实际给出了分税制的一个关键原则。⑥

总的来说，第一代财政分权理论研究的是资源配置职能以及实现职能

---

① Oates, W. E., "An Essay on Fiscal Federalism". *Journal of Economic Literature*, Vol. 37, No. 3, September 1999, pp. 1120 – 1149.

② 保罗·A. 萨缪尔森（1999）认为，公共物品具有非竞争性和非排他性特征。但是，现实中的公共物品很难满足这两个特性，而更多的是具有私人物品的某些属性，通常将这些公共物品界定为准公共物品。地方公共物品消费的拥挤性便是准公共物品的内在属性之一，这里的拥挤性是指，当某个消费者消费了辖区内某种公共物品，必然影响其他消费者对该物品的消费。

③ Tbieout, "A Pure Theory of Local Expenditures". *Journal of Political Economy*, Vol. 64, No. 5, October 1956, pp. 416 – 424.

④ Musgrave, R. A., *The Theory of Public Finance*. New York: McGraw Hill, 1959.

⑤ Oates, W. E., *Fiscal Federalism*. New York: Harcourt Brace Jovanovich, 1972, p. 83.

⑥ 即如果低级政府和上级政府一样提供相同的公共物品，那么，由低级政府来提供更好（辛波，2005）。

所需的财政收入如何在中央政府和地方政府之间进行分工，为探讨分权问题提供了一个一般性的规范性框架。问题在于，第一代财政分权理论往往把政府在供给公共物品时视为一个"黑箱"，并未考察政府层级和财政支出结构安排等问题。最早对第一代财政分权理论加以批判的是公共选择理论。这些批判主要来自两个方面：一是传统的财政联邦主义理论把政府假定为社会福利最大化者并不符合现实的政府行为；二是传统的财政联邦主义理论也忽略了联邦制政治结构本身所具有的约束政府潜在财政剥削行为的功能。[1] 公共选择理论已从第一代财政分权理论关注既定政治制度下公共物品供求的理论均衡条件转向关注这种均衡得以实现的政治机制。[2] 这种新的研究视角为第二代财政分权理论提供了理论基础和启发了机制设计理论新的研究方向。

随着信息经济学和合约理论的发展，钱颖一（Qian，1997）和罗兰（Roland，1998）、温格斯特（B. R. Weingast，1995）和怀尔德森（D. E. Wildason，1997）等经济学家运用信息经济学对政府行为进行考察，并将激励相容理论和机制设计理论引入财政学的研究中，从而构建了第二代财政分权理论。[3] 这一理论研究的重点是如何在信息不对称条件下，设计出一套分权化政府实现帕累托效率的机制。从这个角度看，财政分权就不仅仅是政府职能的合适配置，它还是作为公共政策制定者的激励机制的一系列正式和非正式制度（Oates，1999）。[4] 钱颖一和温格斯特（Qian and Weingast，1996，1997）从中国分权化改革实践中发现，财政分权为中国创造了一个来自地方政府的支持机制，正是这种中央政府与地方政府因分

---

[1] 中国社会科学院财政与贸易经济研究所：《走向"共赢"的中国多级财政》，中国财政经济出版社2005年版，第32页。

[2] 第一代财政分权理论在仁慈而高效的专制者等假设下，探寻和推导公共物品供求的理论均衡条件，而在公共选择理论看来，公共物品供求的现实均衡机制比理论上的均衡条件更为重要。

[3] 钱颖一和温格斯特等把马斯格雷夫和奥茨的财政联邦制理论称为"第一代联邦主义理论"或"第一代财政分权理论"，在此基础上提出了"第二代联邦主义理论"或"第二代财政分权理论"，其中包括"市场维护型联邦主义"和"中国式的联邦主义"理论。对于他们来说，联邦主义既可以是维护市场型的或者创造市场型联邦主义，也可以是市场扭曲型联邦主义（Market Distorting Federalism）、市场抑制型联邦主义（Market Suppressing Federalism）或市场妨碍型联邦主义（Market Hampering Federalism）。

[4] Oates, W. E., An essay on fiscal federalism. *Journal of Economic Literature*, 1999 (3), pp. 1120 – 1149.

权所形成的激励和约束机制,保证了改革的持续进行,并据此提出了"市场维护型的财政联邦主义"①（Market Preserving Federalism）。② 与公共选择理论一样,市场维护型的财政联邦主义理论也不支持传统财政联邦主义理论的政府假设,认为政府尤其是地方政府并不是仁慈的社会福利最大化者,而是拥有自身的利益最大化动机,为此,如何设计出对政府激励相容的机制就显得尤为重要。总之,市场维护型的财政联邦主义理论的立足点就是好的市场效率来自好的政府结构,而在构造政府治理结构时必须考虑到相应的激励机制。

（二）地方政府竞争与公共物品供给文献述评

从财政分权理论演进来看,第二代财政分权理论讨论的中心命题已从公共物品供给责任的分配转向财政分权实施的微观主体即地方政府行为。这就引出了政府竞争概念,它是财政分权主题中的应有之义。正如蒙廷诺拉、钱颖一和温格斯特（Montinola, Qian and Weingast, 1995）指出的,市场为弧形的财政联邦主义最重要的经济后果是引致政府间的竞争,以及由此而形成的一系列对地方政府的经济与政治激励机制。③ 一方面,通过让地方政府分享对市场的治理权,使之获得培育地方市场与繁荣地方经济的重要激励;另一方面,通过限制中央政府行为,阻止了政治性干预对市场的扭曲,使市场制度具有相对稳定性。因此,财政联邦主义体制下政府间竞争有效削弱和限制了政府官员的"寻租"和掠夺行为。

可见,与财政分权相伴随的是政府间竞争,这种行为也将对公共物品供给产生重要影响。布雷顿（Breton, 1989, 1996）认为,政府是辖区公众和官僚之间相互作用的工具,选民偏好通过政治投票、议会监督影响官员

---

① 钱颖一（2003）指出,维护市场的财政联邦主义具有以下五个特征:（1）存在一个政府内的层级体系;（2）中央政府与地方政府间存在一种权力划分,从而任何一级政府都不拥有制定政策法规的垄断权,同时又在自己权力范围内拥有充分的自主权;（3）制度化的地方自主权对中央政府的任意权力造成强有力的制约,使得中央与地方的权力分配具有可信的持久性;（4）地方政府在其地域范围内对经济负有主要职责。同时,一个统一的市场使得商品和要素可以跨区域自由流动;（5）各级政府都面临着硬预算约束。

② Y. Qian, Barry R. Weingast, "China transition to Markets: Market - Preserving Federalism, Chinese Style". *Journal of Policy Reform*, Vol. 1, No. 2, 1996, pp. 149 - 185; Qian, Y., Barry R. Weingast, "Federalism as a Commitment to Preserving Market Incentives". *Journal of Economic Perspectives*, Vol. 11, No. 4, 1997, pp. 83 - 92.

③ G. Montinola, Y., Qian and R. Barry Weingast., "Federalism, Chinese Style: The Political Basis for Economic Success in China". *Word Politics*, Vol. 48, No. 1, October 1995, pp. 50 - 81.

的行为，同时，与以前政治经济学理论隐含假设单一制政府结构不同的是，布雷顿建议应该把政府看作一种包括多种因素的"混合制政府结构"。① 在这种结构中，迫于选民的政治压力或公共物品偏好，政府必须供给合意的公共物品以满足选民的需求，导致政府之间将围绕资源和控制权的分配展开相互竞赛，这种竞争既发生在横向的地方政府之间，也发生在上下级纵向的政府之间，不管是纵向还是横向的竞争都可能改进公共物品的供给效率。

但是，财政分权体制下的政府间竞争并不总是有利于改善公共物品的供给效率。已有少数文献发现，地方政府之间的财政竞争可能扭曲政府支出结构，降低社会总福利水平。Keen 和 Marchand（1997）实证研究表明，在资本自由流动而劳动力不可流动假定下，对于公共支出的结构而言，生产性的公共物品并不一定供给不足，而仅仅服务于当地居民福利的公共服务一定供给不足。② Bucovetsky（2005）则进一步指出，由于公共基础设施投资能够带来规模经济并吸引要素流入，地方政府之间非合作竞争的纳什均衡可能是破坏性的，具体表现在基础设施的投资不仅在各个地区是过度的，而且当考虑更多的地区而不仅仅是两个地区时，投资于基础设施的地区也多于最优数量。③ Demurger（2001）也认为，地方政府为了推动本地经济增长，把过多的财政资金配置到生产性投资而忽视地方社会性公共物品的建设，从而导致区域经济的不平衡发展。④

我国地方政府财政竞争既有西方政府竞争理论所揭示的一般特征，更有中国转型阶段所内生的特征事实。对于中国地方政府间财政竞争关系的效应，已有文献主要侧重于区域经济增长（周业安，2003；张维迎、粟树和，1998；张晏、龚六堂，2005）⑤ 与地方保护主义（蔡昉等，2002；

---

① Albert Breton, "The Growth of Competitive Government". *The Canadian Journal of Economics*, Vol. 22, No. 4, November 1989, pp. 717 – 750; Albert Breton, *Competitive Governments: An Economic Theory of Politics and Public Finance*, New York: Cambridge University Press, 1996.

② M. Keen and M. Marchand, "Fiscal Competition and the Pattern of Public Spending". *Journal of Public Economics*, Vol. 66, No. 1, 1997, pp. 33 – 53.

③ Bucovetsky, S., "Public Input Competition". *Journal of Public Economics*, Vol. 89, No. 9, September 2005, pp. 1763 – 1787.

④ Demurger, S., "Infrastructure Development and Economic Growth: An Explanation for Regional Disparities in China", *Journal of Comparative Economics*, No. 29, 2001, pp. 95 – 117.

⑤ 周业安：《地方政府竞争与经济增长》，《中国人民大学学报》2003 年第 1 期；张维迎、粟树和：《地区间竞争与中国国有企业民营化》，《经济研究》1998 年第 12 期；张晏、龚六堂：《分税制改革、财政分权与中国经济增长》，《经济学》（季刊）2005 年第 5 期。

白重恩等，2004；钟笑寒，2005）[1]，仅有较少文献考察了财政竞争对公共物品供给的影响。《中国地方政府竞争与公共物品融资》课题组（2002）认为，地方政府之间的竞争有利于公共物品融资方式的创新，进而促进地方政府更好地提供公共物品。[2] 岳书敬、曾召友（2005）则认为，地方政府竞争有可能导致重复建设、恶性竞争及累推效应，致使地方政府公共物品的提供受到一定程度的扭曲。[3] 乔宝云等（2005）的实证结果同样表明，人口流动障碍及其地区性差异导致地方政府行为向追求资本投资与经济增长率的方向转变，导致各地区激烈的财政竞争并相应挤占了义务教育等外部性较强的准公共物品性质的财政支出。[4] 傅勇、张晏（2007）研究发现，中国的财政分权和基于政绩考核下的政府竞争，造就了地方公共支出结构的明显扭曲，并且，政府竞争会加剧财政分权对政府支出结构的扭曲。[5] 可见，在中国的转型背景下，政府间的财政竞争对公共物品供给的影响究竟是正效应还是负效应，国内学者的研究并未取得一致性的结论。

上述研究某种程度上展示了地方政府间财政竞争与公共物品供给的关联机制，但仍然需要在以下方面加以拓展：一是我国地方政府竞争的激励来源缺乏系统的理论与经验解释。政府总是被嵌入各种约束其行为的制度环境中，不同政治体制和经济制度框架下政府间财政竞争行为也必然表现出一定的差异性。只有结合中国财政分权体制特征深刻揭示出政府财政竞争的形成机制，才能更有效地解释区域公共物品供给差距、地区增长、地方保护主义、政府规模以及资本形成等经济社会现象。二是已有研究几乎都隐含了一个相同假定，即地方政府的财政竞争行为是同质的。我国幅员辽阔，各地区不仅在财政分权程度上存在显著的差异，而且在要素禀赋、产业结构以及经济基础上也存在较大差别，因此，财政分权框架下各地方政府所受激励和

---

[1] 蔡昉等：《渐进式改革进程中的地区专业化趋势》，《经济研究》2002年第9期；白重恩等：《地方保护主义及产业地区集中度的决定因素和变动趋势》，《经济研究》2004年第4期；钟笑寒：《地区竞争与地方保护主义的产业组织经济学》，《中国工业经济》2005年第7期。

[2] 《中国地方政府竞争》课题组：《中国地方政府竞争与公共物品融资》，《财贸经济》2002年第10期。

[3] 岳书敬、曾召友：《地方政府竞争与地方性公共物品的提供》，《经济问题探索》2005年第6期。

[4] 乔宝云等：《中国的财政分权与小学义务教育》，《中国社会科学》2005年第6期。

[5] 傅勇、张晏：《中国式分权与财政支出结构偏向：为增长而竞争的代价》，《管理世界》2007年第3期。

约束不同,从而表现出差异化的竞争行为。有鉴于此,本书通过放松地方政府行为无差异这一隐含假定,强调不同时间、不同辖区地方政府财政竞争行为的差异性。三是已有研究仅重点关注政府财政竞争对公共物品供给效率的影响,而对公共物品供给的区域差距问题系统研究不足。近年来,尽管我国地区间发展速度差距趋于缩小,但区域发展绝对差距仍然较大,不平衡问题仍然十分突出。而且,广大中西部地区与东部地区在城乡居民收入和消费水平、市场化程度,特别是基础义务教育、基本医疗、社会保障等民生类公共服务水平方面的差距也在不断拉大,这急需我们契合中国的制度背景揭示出民生类公共服务供给差距的生成机制与治理路径。

(三) 区域民生类公共服务差距生成机制的文献述评

民生类公共服务内在的"公共"属性逻辑必然地要求在区域之间实现均等化,但现实是各个国家区域间民生类公共服务的供给并非均等,而且,由于各个国家社会经济发展的经济制度、政治体制、历史文化等因素的不同,区域间民生类公共服务供给的非均等化程度存在较大差异。众所周知,只有探悉区域民生类公共服务差距形成与扩大的原因,政府才能有针对性地且系统地提出缩小区域民生类公共服务差距、实现民生类公共服务均等化的政策措施。为此,国内外学者对于区域间民生类公共服务差距的生成机制给予了高度关注。

国外学者主要从财力差异角度解释区域间民生类公共服务供给的差距。Kotlikoff 和 Raffelhueschen (1991) 以纽约和爱尔兰为典型案例,经验发现区域间公共服务供给差异的主要原因是地区间财力的差异。[1] Bert Hofman 和 Susana Cordeiro Gurra (2005) 对中国、印度、菲律宾以及越南的财力差异问题进行了实证分析,发现这四个亚洲国家都存在较大财力差异,并由此导致各国地方政府之间公共服务供给水平的差距。此外,他们还发现这种财力差异肇始于各国区域之间经济发展的不平衡与转移支付制度的不完善。[2] Kai-yuen Tsui (2005) 也证实了中国区域之间财力差异

---

[1] Laurence Kotlikoff, Bernd Raffelhueschen. How Regional Differences in Taxes and Public Goods Distort Life Cycle Location Choices, NBER Working Papers 3598, National Bureau of Economic Research, Inc., 1991.

[2] Bert Hofman and Susana Cordeiro Gurra, "Fiscal Disparities in East Asia: How Large and Do They Matter?", 2005, http://siteresources.worldbank.org/INTEA2PDECEN/Resources/Chapter-4.pdf.

扩大的观点,发现区域间财力差异从1994年分税制改革后总体上处于一种上升趋势。且从收入和转移支付两个层面对财力差异的影响因素进行了经验考察,研究表明过渡期转移支付对于区域间财力非均等的平衡效应较弱,而增值税、营业税和税收返还是区域间财力差异的最主要贡献因素。① 与上述观点不同的是,Charles E. Mclure Jr. (1994) 对俄罗斯的财政分权和财政联邦主义研究发现,俄罗斯地区间巨大的财力差异主要是由于各地区自然资源禀赋差异导致的。②

至于中国区域间民生类公共服务差距的生成机制,国内学者的研究主要集中在以下几个方面:一是经济发展和财政能力差异说。田志华 (2008) 认为,我国地区间经济发展水平的差异直接造成了地区间财力的纵向失衡和横向失衡,并最终导致了民生类公共服务供给的区域差距。③ 郭琪 (2007) 也认为,中国地区间民生类公共服务差距产生的主要原因在于地区间经济发展水平和自身财政能力的差异。④ 刘溶沧、焦国华 (2002) 则通过经验分析发现,我国地区间经济发展的不平衡,直接导致了地区间财政能力的不平衡,而地区间财政能力的差距则影响和决定了地区间社会发展的差距。⑤ 二是财政体制说。吕炜、王伟同 (2008) 认为,当前中国日益突出的公共服务供给不足和供给非均等的问题,其产生的内在体制原因是适应新型市场经济的公共财政体制尚未有效建立。⑥ 丁元竹 (2008) 也指出,目前,我国政府之间的财政关系并未理顺,具体表现为中央政府和地方政府之间财政资源的配置不对称以及转移支付制度不完善等。⑦ 与上述理论相对应,不少学者(王雍君,2006;曾军平,2000;刘

---

① Kai-yuen Tsui, "Local Tax System, Intergovernmental Transfers and China's Local Fiscal Disparities". *Journal of Comparative Economics*, Vol. 33, No. 1, March 2005. pp. 173–196.

② Mclure, Charles E., Jr., "The Sharing of Tax on Natural Resources and The Future of The Russian Federalism", In Christine J. Wallich, ed., *Russia and the Challenge of Reform*. Palo Alto, Calif: Hoover Institution Press, 1994.

③ 田志华:《实现我国基本公共服务均等化的路径选择》,《地方财政研究》2008年第2期。

④ 郭琪:《实现地区间公共服务均等化的途径——前夕中国政府间均等化转移支付》,《当代经理人》2007年第1期。

⑤ 刘溶沧、焦国华:《地区间财政能力差异与转移支付制度创新》,《财贸经济》2002年第6期。

⑥ 吕炜、王伟同:《我国基本公共服务提供均等化问题研究——基于公共需求与政府能力视角的分析》,《经济研究参考》2008年第34期。

⑦ 丁元竹:《促进我国基本公共服务均等化的对策》,《宏观经济管理》2008年第6期。

溶沧、焦国华，2002；张恒龙，2007；王磊，2006；曹俊文，2006；等等）对现行转移支付的财政均等化或平衡效应进行了经验检验。比如，王雍君（2006）实证研究发现，目前财政转移支付制度未能严格遵循财政均等化的内在逻辑，而是根据非均等因素将财政资源分配给地方辖区，最终导致财政均等化效果不佳。① 三是技术说。丁元竹（2008b）指出，在技术层面上，我国还没有建立一套契合公共服务均等化目标的客观因素评估法，用于核定地方政府的理论收入和理论支出，从而公平确定政府间转移支付数额。② 四是公共服务自身属性说。肖建华、刘学之（2005）认为，公共服务的外溢性、效率半径以及公共服务受益的非排他性与消费的非竞争性特征的可变性导致公共服务不能均等、有效的供给。③

总的来说，已有文献对本书研究提供了一些理论借鉴和实践参考，但仍存在几个方面不足：首先，鲜有放置于中国特殊的转轨体制背景所内生的财政分权框架下探究区域民生类公共服务差距的生成机理。改革开放以来，在计划经济向市场经济的渐进转型过程中，我国的财政体制也逐步由传统的集权模式向与市场经济相适应的分权模式演变。可以说，财政分权体制变革一直是内生于我国经济转型的。更值得我们关注的是，随着财政分权体制改革的推进，中国区域发展差距特别是基础教育、医疗卫生、社会保障等民生类公共服务供给水平的差距也在逐步扩大。④ 因此，这种转型背景下内生性的财政分权是理解目前我国区域间民生类公共服务供给差距形成与扩大的关键和突破口。其次，区域民生类公共服务差距形成的微观机制即政府的策略性行为缺乏深入研究。托马斯·C. 谢林（Thomas C. Schelling, 1978）认为，微观个体之间的互动行为可能导致令人惊奇的宏观结果，而宏观结果中也蕴含了微观动机或行为。⑤ 那么导致区域民生类公共服务差距这个令人担忧的宏观结果的微观动机是什么呢？这需要我

---

① 王雍君：《中国的财政均等化与转移支付体制改革》，《中央财经大学学报》2006 年第 3 期。

② 丁元竹：《促进我国基本公共服务均等化的基本对策》，《中国经贸导刊》2008 年第 5 期。

③ 肖建华、刘学之：《有效政府与财政服务均等化》，《中央财经大学学报》2005 年第 6 期。

④ 《世界卫生报告》根据整体健康水平把中国列为所评 191 个国家中的第 61 位，如果根据财政的公正适当性指标中国则排在第 188 位，这充分反映出中国公共医疗资源配置的非均等现实。当然，义务教育资源等其他民生类公共服务也存在类似的困境。

⑤ 托马斯·谢林：《微观动机与宏观行为》，中国人民大学出版社 2005 年版，第 142 页。

们进一步考察分权体制下地方政府的行为模式，该模式是联结财政分权与区域民生类公共服务差距的逻辑载体。转型中的财政分权改变了地方政府的激励结构和约束机制，释放出了地方政府推动本辖区经济发展的强大动力，促进了中国经济的顺利转型和持续增长。但是，财政分权体制也加剧了地方政府之间异化的财政竞争行为，进而影响和决定了地方政府之间的财政能力水平和公共支出偏好，从而内生出中国式财政分权框架下民生类公共服务的区域差距。最后，已有研究往往从单方面而未从系统层面探讨区域民生类公共服务差距的生成机制。毋庸置疑，转型中的区域民生类公共服务差距现象是诸多因素综合作用结果，但从经济学规范分析的角度来说，我们不可能穷尽所有的因素并纳入模型，现实的选择是抽取主要影响因子，在假定其他因素不变的条件下，重点考察主要因素对区域民生类公共服务差距的影响。不过，已有文献侧重于经济发展水平与转移支付体制解释区域民生类公共服务的差距。本书认为，区域之间财政能力差异和政府支出偏好差异才是民生类公共服务供给区域差距形成与扩大的最直接因素，并且这些因素都可以放置于转型中的财政分权框架下加以动态和系统阐释。有鉴于此，本书试图在已有文献的基础上，提出更加契合中国制度背景的解释区域民生类公共服务差距生成机制的理论框架，并对理论假说进行实证检验，揭示其政策含义。

第三节 研究思路与研究方法

一 研究思路与框架

卡尔·波普尔建构了一种关于科学发展的逻辑模式[①]：P_1（提出具有理论和实践意义的研究问题）$\rightarrow TT_1$（对拟研究问题的本质展开猜想即提出假设）$\rightarrow EE_1$（尝试验证假设是否接受）$\rightarrow P_2$（提出解决问题的方案）。本书也将按照"发现问题（区域公共服务差距问题的提出与判断）→理论解释（基于转型中的财政分权与地方政府财政竞争行为视角解释区域之间公共服务差距的理论框架构建）→实证检验（转型中的财政分权、地方政府财政竞争行为与区域公共服务差距关系的实证研究）→解决问题（财

---

① 卡尔·波普尔：《科学发现的逻辑》，中央美术学院出版社2008年版。

政分权体制下缩小区域公共服务差距，实现民生类公共服务均等化的政策框架构建)"的逻辑思路展开研究。详细逻辑思路如图1-1所示。

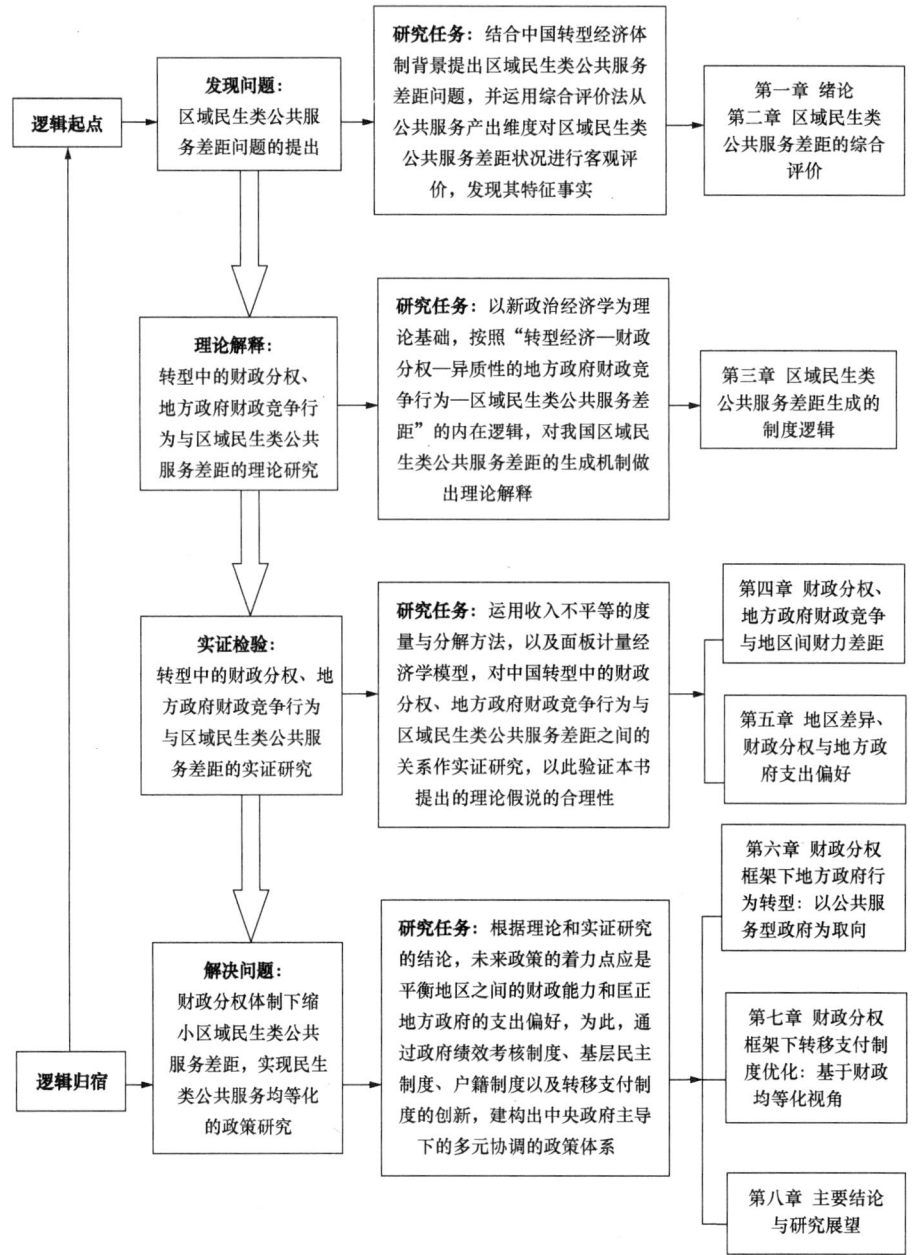

图1-1 研究思路与本书整体架构

总之，本书始终立足于区域之间经济社会协调可持续发展理念，在转型中的财政分权体制框架下对我国区域民生类公共服务差距的生成机制做出理论解释和实证检验，并试图通过制度创新与机制创新构建出中央政府主导和控制的多元协同的政策框架。遵循此研究思路，本书将研究内容分为八章。

第一章介绍本书研究背景、理论价值和现实意义，在此基础上明确本书的研究主题，进一步提出本书的研究思路、研究途径和研究方法，以及本书研究的可能创新与不足。

第二章基于民生类公共服务产出的角度，运用综合评价方法的原理和步骤对区域民生类公共服务差距进行了动态评价。本章基于民生类公共服务产出的维度，充分考虑地区间单位公共服务供给成本差异、辖区居民的消费需求以及地方政府的财政支出偏好，尝试构建了一个包含4个级别共20个指标的区域民生类公共服务综合评价指标体系。并选择分税制改革以来2000—2006年31个省（市、自治区）的面板数据，运用多指标综合评价方法对地区间民生类公共服务总体和具体项目差距作出实证评价。研究结果表明，与不同地区居民应该享有大致均等的民生类公共服务资源这一世界普遍接受的价值标准相比，我国地区间民生类公共服务的供给水平仍不均衡，东部地区整体比中西部地区享有更多的公共服务资源；而各类民生类公共服务项目间区域非均衡程度存在显著差异，特别是备受社会成员高度关注的公共卫生、社会保障以及基础教育存在较大的地区差距。区域民生类公共服务差距动态且综合的评价，对财政分权框架下区域民生类公共服务差距问题的理论和实证研究提供了经验支持，也为新时期政府制定实现区域民生类公共服务均等化的相关政策提供了新参照。

第三章基于新政治经济学的视角构建了一个考察区域民生类公共服务差距生成机制的理论框架。本书认为，在经济社会转型的过程中，导致区域之间民生类公共服务差距的因素很多，但财政能力差异和政府偏好差异可能是最为直接的因素，并且这些因素都可以放置于财政分权的框架下加以动态和系统阐释。有鉴于此，本章运用新政治经济学理论的分析范式，按照"转型经济体制背景—财政分权—异质性的地方政府财政竞争行为—财政能力差距与支出偏好的地区差异—区域民生类公共服务差距"的内在逻辑构造理论框架和理论假说，解释转型中的财政分权对区域民生类公共服务供给差距的传导机制。这是本书的核心部分和主要创新部分。

改革开放以来，与经济体制逐步由计划经济向市场经济转轨相适应，我国的财政体制也逐渐由集权型向分权型演化。可以说，财政分权体制改革一直是我国经济转型的重要内容。这种新的制度安排使地方政府从此享有一定的受制度保障的财政收入剩余索取权和控制权，从而激励地方政府推动经济增长以便分享到较大比例的财政收益。不仅如此，我国在经济领域分权的同时保持了政治领域的集权，中央政府对地方政府官员的考核、晋升具有绝对的权威，在现行以经济绩效为核心的考核机制下，地方政府为实现晋升最大化而加快经济增长。因此，中国体制转轨时期政府多级财政分权与单一政治集权相融合的特殊分权模式，赋予了地方政府双重激励结构即财政激励和政治激励，共同驱使地方政府为推进本地区经济增长而展开财政竞争。

地方政府推动经济增长需要相应要素特别是资本要素的持续投入，在要素稀缺的约束下，理性的地方政府竞相采取税收优惠策略留住本辖区的要素以及吸引辖区外要素的流入。落后地区由于经济规模、产业集聚水平以及市场化程度不及发达地区，在面临刚性财政支出的约束下，地方政府不得不更多地依赖税收优惠途径吸引要素，结果在短期内毁灭了当地未来的税源；而发达地区一方面凭借其在资本市场上的相对垄断势力，可以保持相对较高的税率；另一方面又积极改善公共服务的质量以增强投资的吸引力。因此，地方政府的这种异质性的税收竞争行为可能导致初始财政就相对脆弱的落后地区陷入财政的困境，进而拉大地区之间财政收入的差距。更进一步地，地方政府为获取更大的财政规模以增进集团自身的利益，纷纷向中央政府竞争具有再分配性质的转移支付资源。由于东部发达地区向中央政府施加的政治压力更大，使转移支付资源的分配更多地向其倾斜，这将进一步扩大地区之间的财力差距。此外，在中国特有的财政分权体制的激励与约束下，承担多重任务的地方政府为加快经济增长可能调整其财政支出的结构，从而形成偏重于短期增长效应显著的公共投资，相对忽视民生类公共服务供给的扭曲型支出偏好，尤其是对于至今尚未建立起有效反映居民合理诉求的呼吁机制且地方政府拥有更强烈的经济增长动机的落后地区来说，可能更加重视财政支出结构中见效快的公共投资支出，忽略与民生息息相关的民生类公共服务供给。因此，财政分权体制下地方政府的支出偏好具有空间异质性。总的来说，地方政府间的财政能力差距与支出偏好差异直接影响和决定了区域民生类公共服务的供给差距。

第四章实证检验了财政分权、地方政府财政竞争行为与地区之间财力差距的关系。地区财力是地方政府供给民生类公共服务的物质保障，在现行的分级财政体制下，该财力主要取决于地方政府的财政收入水平与中央政府对地方政府的财政转移支付规模。本章选择分税制改革以来1997—2006年31个省（自治区、直辖市）的财政数据，综合运用收入分配文献发展出的基尼系数和广义熵值数等不平等度量指标，对地区间的财力差距及变动趋势进行更为合理且系统的刻画。在此基础上，利用基尼系数分解方法，系统探究我国地区间财力差距的生成机制。研究发现，分税制改革后我国省际人均总体财力差距依然较大。通过省际财力差异各收入来源的分解表明，地方政府差异化的税收竞争策略导致了省际本级财政收入差距的不断拉大，并且本级财政收入是造成省际人均总体财力差异的主要因素；而省级财力来源的另一部分总体转移支付未能有效发挥平衡地区之间财力差距的作用；从具体转移支付项目看，反映既得利益的税收返还、各种补助以及专项转移支付是引起财力不均等的主要因素，其中以税收返还的贡献度最大，而财力性转移支付是总体财力不均等贡献最弱的项目。这意味着，由发达地区、落后地区与中央政府利益博弈所产生的现行转移支付政策具有"逆向"调节功能。本章结论有效验证了第三章提出的理论假说1和理论假说2。

第五章实证检验了财政分权、地方政府财政竞争行为与地方政府异质性支出偏好的关系。本书认为，区域民生类公共服务差距不仅取决于地方政府的财政能力水平，还取决于地方政府的支出偏好。本章将运用1987—2006年的省级面板数据，实证考察了转型中的财政分权与地方政府财政竞争对不同地区地方政府支出偏好影响的方向和程度。研究发现，无论是经济较发达地区还是欠发达地区，无论是东部、中部还是西部地区，财政分权对地方政府财政支出中公共投资支出比重存在显著的正面影响，而对公共服务支出比重则存在显著的负面影响。更为重要的是，这种影响在区域之间并不同质，而是表现出明显的空间差异性，特别是在公共服务支出比重方面，经济欠发达地区、中西部地区财政分权对公共服务支出比重的负面影响显著大于经济较发达地区和东部地区。此外，实证还发现，尽管财政分权扭曲了地方政府尤其是中西部地区政府的财政支出偏好，但分税制改革本身使地方政府增加了公共服务支出比重，减少了公共投资比重，即在一定程度上修正了地方政府扭曲的支出偏好。本章结论证实了地方政府支出偏好的空间异质性特征，有效检验了第三章提出的理论假说3。

第六章试图通过制度创新和机制创新促进公共服务供给主体，即地方政府从增长型政府向公共服务型政府的转型。当前，我国正处于经济转轨和社会转型的新时期，分权体制下形成的增长型政府模式所导致的经济社会发展失衡问题迫切要求加快地方政府的转型进程，而转型的逻辑归宿必然是构建公共服务型政府。尽管中央政府近年来一再呼吁并要求地方政府转变经济增长方式，强化公共服务职能，但在现有的体制框架下，拥有自身利益的地方政府缺乏内生的动力去响应中央政府的号召而实现自动转型。这意味着，推动地方政府的顺利转型必然需要结合中国政治经济制度特征重新设计地方政府的激励与约束机制。本章认为，改革政府绩效评价体制，建立更加合理而有效的以公共服务需求为导向的绩效考核机制；推进基层民主建设，建立有效传递居民偏好的公共选择机制；以及变革户籍制度，建立完善的"用脚投票"机制等，将有助于地方政府的行为向社会福利最大化方向趋近。

第七章基于财政均等化视角提出了财政分权体制框架下转移支付制度优化的路径。本书认为，在中央政府仍然占有或能够配置很大一部分社会资源的背景下，财政转移支付制度的实质就是中央政府将社会资源在地方政府之间的再分配，分权体制下地区利益集团之间为增进集团自身的利益而进行的博弈必将改变这种资源的分配格局。由于东部发达地区向中央政府施加的政治压力更大而获得了更多的财政资源，从而进一步扩大了地区之间的财力差距，使得居住在不同辖区的居民享受不同水平的公共服务。有鉴于此，本章试图在分级财政体制的框架下，以财政均等化为价值取向，从转移支付结构与转移支付分配方式两个方面的系统优化来提出推进财政体制改革的可行路径，以此真正建立以居民享有公共服务大致均等的均衡性转移支付制度。

第八章对本书的研究做一个系统性总结，并对后续的研究做出展望。随着新政治经济学理论体系和分析方法的完善，如何在中国式财政分权的框架下，对"十二五"时期民众更为关注的基础教育资源、医疗卫生资源和社会保障资源的均衡配置问题做出系统的理论与实证研究，从而为政府实现民生类公共服务均等化的政策制定提供更多的理论支持和实践参考。这将是需要引起我们高度关注并做出深化研究的富有挑战性的课题。

二 研究方法

(一) 制度经济学分析方法

新制度经济学是在反思新古典经济学理论基础上,"重新发现"了制度分析在解释现实经济现象中的地位和作用,该方法对于分析中国这样的转型国家甚为有效。本书将主要运用制度分析方法,把区域民生类公共服务差距问题置于我国转型过程中的财政分权体制背景下加以系统考察,试图从中国特有的财政分权体制中揭示出对地方政府行为的激励结构以及这种激励对地方政府行为取向的影响与后果,并通过政府绩效评价制度、基层民主制度、户籍制度、转移支付制度等制度创新和机制创新改变地方政府的激励与约束机制。总的来说,本书尝试运用制度分析方法解释我国现行区域民生类公共服务差距形成与扩大的制度根源,揭示缩小地区之间民生类公共服务差距的制度逻辑。

(二) 实证分析方法

实证分析方法大都是与事实相关的分析,是对客观事物及其相互关系的观察、度量和描述。实证分析总是从一定的理论假说出发,要求有其可检验性、逻辑上是合理的、能够找到解释的充分理由。本书按照"转型经济体制背景—财政分权—异质性的地方政府竞争行为—财政能力差距与支出偏好的地区差异—区域民生类公共服务差距"的内在逻辑构造理论假说,解释转型中的财政分权对区域民生类公共服务供给差距的传导机制。在此基础上,运用收入分配文献发展出的基尼系数和广义熵值数等不平等度量指标与 Lerman 和 Yitzhaki (1985) 的基尼系数分解方法和 Shorrocks (1982) 的分解方法,以及面板计量经济学模型(具体为随机效应分析方法),对中国转型中的财政分权、地方政府财政竞争行为与区域民生类公共服务差距之间的关系做实证研究,以此验证理论假说的合理性。

(三) 规范分析方法

规范分析与价值判断相联系,解决的问题在于回答"应该怎么样"。由于"认识图式"或"科学范式"影响,严格价值中立的实证分析是不存在的。因此,研究中不可避免地要采用规范分析方法。本书在实证分析基础上,再对相关问题进行规范分析。这里主要是针对我国现行地区之间存在的民生类公共服务差距"事实",使我们得出"应该"重新构建一种符合转轨体制特征的新型公共财政制度和公共服务型政府治理模式的"价值判断"。

(四) 比较分析法

比较分析方法是通过经济事物或经济现象的比较，试图把握经济事物或经济现象内在的运行规律和发展变化趋势。比较分析方法包括横向比较和纵向比较两种方法。本书横向比较主要是对不同地区的民生类公共服务供给状况进行比较，对地方政府之间竞争行为的比较，以及不同国家财政制度的比较等；纵向比较主要是对现行财政制度与转轨时期公共财政制度的比较，以分析揭示出现行财政制度的缺陷，找到财政制度创新的历史逻辑。

第四节 可能的创新与不足

本书在梳理已有文献基础上，试图对中国转型过程中财政分权体制背景下的区域民生类公共服务差距问题做出系统且深入的研究。改革开放以来，与经济体制逐渐由计划经济向市场经济转型相适应，我国的财政体制也逐步由集权型向分权型演进。可以说，财政分权体制改革一直是我国经济转型的重要内容。这种新的制度安排使地方政府逐步拥有了财政收入的剩余索取权和控制权，从而为地方政府发展经济提供了重要动力，促进了中国经济的持续增长与繁荣。但随着财政分权化改革正面效应（分权的收益）的不断释放，其负面效应（分权的成本）也开始日益凸显，并引起诸多学者的高度关注。不过，此类研究主要集中在地方保护、市场分割、重复建设、城乡和地区间收入差距以及公共产品供给效率等方面，鲜有从理论和实证上探讨财政分权对区域民生类公共服务差距负面影响的文献。本书认为，中国特殊的财政分权体制是理解目前我国区域民生类公共服务差距形成与扩大的关键和突破口。有鉴于此，本书试图在一个统一框架下，揭示出转型中财政分权与区域民生类公共服务差距的内在机制和最佳契合点。具体来说，本书致力的创新性研究在于：

第一，运用新政治经济学的理论范式，以地方政府行为作为逻辑载体，构造了一个全新的阐释区域民生类公共服务差距生成机制的理论框架。在新政治经济学看来，理性的个体总是在一定制度框架或环境的约束和诱导下做出某种行为，从这个层面看，新政治经济学便为理解人的行为提供了重要的制度逻辑。事实上，政治市场上的政府主体与经济市场上的经济主体的行为一样,也总是被嵌入各种约束其行为的制度环境中。为此,本书从中国式的财政分权体制中揭示了地方政府为增长而在税收、支出以及转移支付等方面展开财政竞争的双重激励或约束机制即财政激励和政治激励,并且,地方政府的财政竞争行为是异质的,正是这种差异化的竞争影响和决定了地方政府间不同的财政能力水平和公共支出偏好,并最终引发出日益严重的区域民生类公共服务差距问题。这就在财政分权框架下对区域公共服务供给水平存在较大差距现象作出理论解释。

第二,运用中国省级层面的面板数据对财政分权、地方政府财政竞争行为与区域民生类公共服务差距的关系进行了系统的实证研究。实证分析从两个层面展开:一是选择分税制改革以来1997—2006年31个省(自治区、直辖市)的财政数据,综合运用收入分配文献发展出的基尼系数和广义熵值数等不平等度量指标,对地区间的财力差距及变动趋势进行更为科学的刻画。在此基础上,利用Lerman和Yitzhaki(1985)的基尼系数分解方法与Shorrocks(1982)的分解方法,系统探究我国地区间财力差距的生成机制,研究结论有效验证了分权体制下地方政府之间的税收竞争与转移支付竞争行为扩大了省际的财力差距。二是运用1987—2006年的省级面板数据,利用面板计量模型考察了转型中的财政分权与地方政府支出竞争对不同地区地方政府支出偏好影响的方向和程度,研究结论证实了地方政府支出偏好的空间异质性特征。因而,这两个层面的实证研究结果与本书提出的理论假说是一致的。

第三,契合中国的制度背景,提出了中央政府主导和控制的多元协同的政策框架。大量关于平抑区域民生类公共服务差距的政策性研究往往局限于财政体制本身的改革,尤其是认为该差距只是因为落后地区的客观财力有限,从而忽视了地方政府行为的激励。本书的理论和实证研究结果表明,区域民生类公共服务差距是地方政府财政能力和支出偏好共同作用的结果,而转型经济背景下的财政分权体制与地方政府财政竞争行为将深刻影响地方政府的财政能力和支出偏好。因此,如何从根本上平衡地方政府之间的财政能力,重塑地方政府特别是落后地区地方政府的支出偏好,增强对居民公共服务需求的回应性将是未来政策的主要着力点。但最根本的是在财政分权化体制背景下,改变地方政府的激励或约束结构,调整地方政府的竞争内容,从而优化地方政府的行为。在此理念指导下,渐进式的推进转移支付制度、政府绩效评价制度、基层民主制度以及户籍制度的创新，从而建构出以中央政府为主导和控制的多元协同的政策框架，以此逐步缩小区域民生类公共服务差距，从真正意义上实现无论居住在任何地区的居民都能够享有大致相当的民生类公共服务。

基于区域民生类公共服务差距问题本身的复杂性，这项研究是一项极富挑战性的工作。由于时间因素和资料资源的可获得性，加上本人理论修养和研究能力有待提高，本书还存在一些问题，需要继续完善。具体来说，本书不足主要包括：

第一，在理论构建中，理论框架的模型化程度有待加强。本书运用新政治经济学理论范式所构建的解释区域民生类公共服务差距生产机制的理论框架，总体来说还属于一个概念性的框架，并没有设计成规范意义上的经济学数理模型，这在一定程度上影响了分析的严密性。

第二，在综合评价中，区域民生类公共服务差距评价指标体系的设计有待完善。本书基于民生类公共服务产出的角度，构建了一个包含4个级别共20个指标的区域民生类公共服务评价指标体系。受到指标数据的限制，本书构造的评价指标略少，这在一定程度上影响了区域民生类公共服务特征事实的全面认识。

第三，在实证检验中，研究方法的选择有待进一步优化。本书利用Lerman 和 Yitzhaki（1985）的基尼系数分解方法与 Shorrocks（1982）的分解方法，系统探究我国地区间财力差距的生成机制。当然，这两种分解方法仍属于传统的分解方法，这在一定程度上影响了研究结论的稳健性。

第二章 区域民生类公共服务差距的综合评价

区域民生类公共服务差距是一个历史的、动态的过程，针对我国当前地区之间日益凸显的民生类公共服务差距，本章拟选用综合评价法对不同地区不同民生类公共服务项目做一个客观且全面的评价，旨在为新时期政府制定实现区域民生类公共服务均等化的相关政策提供新参照。值得注意的是，运用综合评价方法的关键是指标体系的选择。为此，本章将从民生类公共服务产出的维度，在充分考虑地区间单位公共服务供给成本差异、辖区居民的消费需求、地方政府的财政支出偏好以及民生类公共服务边界动态发展的基础之上，设计出科学合理的指标体系。在此基础上，运用分税制改革以来中国统计年鉴数据，根据综合评价法的原理和步骤对区域民生类公共服务的差异状况进行客观评价，以此获取一些关于区域民生类公共服务差距的特征事实。

第一节 引言

改革开放以来，中国经济保持了持续且高速增长的势头，人民的生活水平也逐步提高，并从整体上实现了小康，但是区域发展差距特别是地区间民生类公共服务差距并未随之缩小，使不同地区的居民在民生类公共服务的享有机会上并不均等。为此，党的十七大报告明确指出，要"缩小区域发展差距，必须注重实现基本公共服务均等化"。① 从该报告中可以看出，党和政府殷切期望通过区域民生类公共服务均等化战略来实现区域

---

① 《高举中国特色社会主义伟大旗帜，为夺取全面建设小康社会新胜利而奋斗——在中国共产党第十七次全国代表大会上的报告》，http://cpc.people.com.cn/GB/104019/104099/6429414.html。

经济社会协调发展的目标。这就意味着，缩小地区间在享有民生类公共服务方面的差距，实现区域民生类公共服务均等化，已经成为促进区域经济社会协调发展的基本目标与基本途径。但前提是，我们必须对区域间民生类公共服务的差距加以动态认识，这就需要根据本国的经济发展阶段、公共服务属性、居民的消费偏好、政府的财政行为等因素构建出科学合理的民生类公共服务差距的评价指标体系，并对此差距进行客观且全面的评价。

近年来，国内学者对区域民生类公共服务差距评价的研究，更多的是从政府公共服务财政投入的角度间接刻画区域间民生类公共服务的差距。刘溶沧和焦国华（2002）运用1988—1999年省级数据，利用差异系数考察了我国各地区之间财政能力差距，研究结论显示，我国地区间财政能力差距十分明显，这影响和决定了地区之间社会发展差距状况。[①] 张恒龙（2006）则利用人均财政收入和人均财政支出的方差系数刻画了1995—2004年地区间的财政均等化现状，发现地区之间的财力差距较大，并且高于地区间的经济发展差距。[②] 也有学者从地区间公共服务产出的角度对公共服务的地区差距进行直接考察。安体富、任强（2008）在构建公共服务均等化水平指标体系的基础上，利用综合评价方法对我国2000—2006年的公共服务地区差距进行了评价，研究发现，该差距自2000年以来呈逐步扩大的趋势。[③] 张鸣鸣、夏杰长（2009）选用因子分析法对省际基础设施、医疗、基础教育、社会保障等民生类公共服务差距进行了实证分析，研究表明，我国省际基础公共服务的综合水平差距较大。[④] 陈昌盛、蔡跃洲（2007）则从政府公共服务投入、产出、效率三个维度评估了中国各省2000—2004年间政府公共服务的综合绩效，研究结论显示，尽管该绩效的地区差异低于人均GDP和人均财政支出的差异，但整体上

---

① 刘溶沧、焦国华：《地区间财政能力差异与转移支付制度创新》，《财贸经济》2002年第6期。
② 张恒龙：《我国财政均等化现状研究：1994—2004》，《中央财经大学学报》2006年第12期。
③ 安体富、任强：《中国公共服务均等化水平指标体系的构建——基于地区差别视角的量化分析》，《财贸经济》2008年第6期。
④ 张鸣鸣、夏杰长：《中国省际基本公共服务差距的实证分析与政策建议》，《经济研究参考》2009年第38期。

仍处于较高水平。①

从已有文献可以看出，国内学者主要从财政支出角度对区域民生类公共服务差距加以描述和评价，缺乏系统科学的民生类公共服务综合评价指标体系的构建，以及区域民生类公共服务总体差距和具体项目差距的动态评价。此外，已有研究鲜有考虑区域民生类公共服务供给成本与地方政府财政行为的差异，使研究结论难以契合我国这样一个地域辽阔、人口众多以及地区差异显著的转型国家事实。有鉴于此，本章将基于公共服务产出视角，在充分考虑地区间单位公共服务供给成本差异、辖区居民的消费需求、地方政府的财政支出偏好以及民生类公共服务边界动态发展的基础之上，设计出科学合理的指标体系。在此基础上，根据综合评价法的原理和步骤对区域民生类公共服务的差异状况进行客观评价。

第二节 区域民生类公共服务差距评价指标体系的构建

区域民生类公共服务差距综合评价的依据就是指标，而指标是根据研究的对象和目的加以确定的，并能真实地反映研究对象某一方面的特征。为了从整体上刻画研究对象各个方面的特征，我们需要设计一系列相互联系的指标亦即评价指标体系。该体系不仅受评价客体和评价目标的约束，而且受评价主体价值判断的影响。② 因此，区域民生类公共服务差距评价指标体系的构建涉及三个方面问题：一是区域民生类公共服务差距评价的内容；二是区域民生类公共服务差距评价指标的遴选原则；三是区域民生类公共服务差距评价指标体系的具体构建。

一 区域民生类公共服务差距综合评价视角选择

一般而言，我们可以从民生类公共服务的投入规模、供给效率抑或产出水平对区域民生类公共服务差距进行评价，而已有研究文献更多的是选择了财政投入角度。众所周知，我国是一个地域辽阔、人口众多且地区差异显著的转型大国，区域之间受经济条件、社会条件以及自然条件的差异

---

① 陈昌盛、蔡跃洲：《中国政府公共服务：基本价值取向与综合绩效评估》，《财政研究》2007年第6期。

② 杜栋、庞庆华：《现代综合评价方法与案例精选》，清华大学出版社2005年版，第2页。

性约束，使各区域提供单位民生类公共服务的成本存在明显的差异。不仅如此，在中国特有的政府多级财政分权与单一政治集权相结合的分权模式激励下，地方政府的财政支出行为具有异质性，这意味着，地方政府间民生类公共服务的供给效率存在差异。因此，即使地方政府具有相同的公共服务财政支出规模，也并不能完全保证地方政府就可以提供大体相当的民生类公共服务。这就说明，民生类公共服务投入的均等，并不必然导致民生类公共服务供给效率和民生类公共服务产出的均等。因此，基于不同视角对民生类公共服务差距进行评价会出现不同评价结果，这也将影响政府均等化模式的选择。

事实上，与其他发达国家不同的是，我国地区间民生类公共服务的产出水平受诸多因素的影响。这些因素包括：（1）地方政府的财力水平，这直接决定了民生类公共服务的投入规模；（2）地区间单位公共服务的供给成本；（3）地方政府民生类公共服务的供给效率；（4）管理制度。可以说，地区民生类公共服务的产出水平是财力规模、单位供给成本、供给效率和管理制度的复合函数。因此，较之于民生类公共服务财政投入规模与供给效率，选择产出的视角对区域民生类公共服务差距进行评价更能契合像中国这样的人口和疆域双重意义上的大国事实，它充分考虑了地区间单位民生类公共服务供给成本的差异和地方政府财政行为的异质性，从而为政策决策者提供了更全面的关于区域民生类公共服务差距的特征信息。有鉴于此，本章选择民生类公共服务产出的角度对区域民生类公共服务差距加以动态评价。

二 区域民生类公共服务差距评价指标体系遴选原则

指标体系是由多个相互联系、相互影响的评价指标，按照一定层次结构组成的有机整体，它是连接评价方法和评价对象的桥梁。[1] 我们只有构建科学合理的区域民生类公共服务差距评价指标体系，才有可能得出客观公正的综合评价结论。因此，在构建区域民生类公共服务差距评价指标体系时，应该遵循一定的原则和标准。

（一）目的性和代表性

目的性是综合评价的出发点和归宿，整个评价指标体系应该覆盖为实现评价目的所需要的基本内容。本章对区域民生类公共服务差距的评价是

---

[1] 杜栋、庞庆华：《现代综合评价方法与案例精选》，清华大学出版社2005年版，第3页。

为了系统获取民生类公共服务供给的动态特征事实，并根据这种事实选择适合本国国情的缩小民生类公共服务差距、促进区域经济社会协调发展的政策路径。此外，评价指标并非越多越好，关键在于评价指标在整个区域民生类公共服务差距评价指标体系中所发挥作用的大小，我们应该选择那种能真实反映区域民生类公共服务差距某方面特征信息的最具代表性的指标。

（二）独立性和可比性

区域民生类公共服务差距评价指标体系中的每个指标要保持相对独立性，避免同一层次评价指标间的重合，从而使区域民生类公共服务差距评价指标体系紧密围绕评价目的层次分明的清晰展开。同时，选择评价指标的数据信息要客观实际，便于横向比较。也就是说，评价指标间应具有可比性。

（三）经济性和可得性

在实际的评价中，尽管某些指标符合总体评价要求，但很难获取该指标的数据信息，即使能够获得其成本也相当高昂。为此，在满足区域民生类公共服务差距评价目的的前提下，本章尽量选择能够从公开、合法的途径获取数据信息的指标。同时，所选定的指标要充分考虑评价实践中的可操作性。

三 区域民生类公共服务差距评价指标体系基本框架

区域民生类公共服务差距评价指标体系的具体构建首先需要明确民生类公共服务的范围。民生类公共服务是在一定的社会经济条件下，政府为保障社会全体成员基本的福利水平而向全体居民提供的大致均等的基础性公共服务。根据此概念释义，我们可以看到民生类公共服务具有基础性、公共性与阶段性的特征。鉴于数据的可获得性，本书认为在经济社会的转型时期应该首先纳入民生类公共服务的是基础教育、公共医疗、社会保障、公共安全、环境保护、科学技术等。基于民生类公共服务产出的视域，结合评价指标体系遴选原则与民生类公共服务范围界定，并借鉴安体富、任强（2008）和陈昌盛、蔡跃洲（2007）的指标设计方法，本章系统构建了区域民生类公共服务差距评价指标体系基本框架。

从表2-1可以看出，该框架具体包括了1个一级指标即区域民生类公共服务差距指数，1个二级指标即地区民生类公共服务指数，6个方面指标即基础教育指数、社会保障指数、公共卫生指数、公共安全指数、环境保护指数和科学技术指数，以及 12 个单项指标即普通初中生师比、普通小学生师比、养老保险参保人数占总人口的比重、失业保险参保人数占总人口的比重、每万人拥有床位数、每万人拥有医生数、人口交通事故发生率、人口火灾发生率、每万人拥有废水治理设施数、每万人拥有废气治理设施数、每万人国内发明专利授权数和每万人技术市场成交额。

表 2-1　区域民生类公共服务差距评价指标体系基本框架

一级指标	二级指标	方面指标	单项指标
区域民生类公共服务差距指数	地区民生类公共服务指数	基础教育指数	普通初中生师比
			普通小学生师比
		社会保障指数	养老保险参保人数占总人口的比重（%）
			失业保险参保人数占总人口的比重（%）
		公共卫生指数	每万人拥有床位数（床/万人）
			每万人拥有医生数（人/万人）
		公共安全指数	人口交通事故发生率（起/万人）
			人口火灾发生率（起/万人）
		环境保护指数	每万人拥有废水治理设施数（套/万人）
			每万人拥有废气治理设施数（套/万人）
		科学技术指数	每万人国内发明专利授权数（件/万人）
			每万人技术市场成交额（万元/万人）

第三节　区域民生类公共服务差距的动态评价

在区域民生类公共服务差距评价指标体系系统构建的基础上，本章选择综合评价法对我国 31 个省（市、自治区）际间民生类公共服务的总体差距和具体项目差距状况进行客观评价，并对评价结果做出解释，以此获取区域民生类公共服务差距的特征事实。

一　区域民生类公共服务差距的评价方法

区域民生类公共服务差距评价指标体系只是从多个维度刻画了不同地区不同民生类公共服务项目的供给状况，而本章试图对地区间民生类公共服务差距做出一个综合性的评价,这就需要运用一个总指标来反映该差距的整体情况。多指标综合评价方法正是对多指标进行综合的有效方法,适用于本章对区域民生类公共服务差距的动态评价。具体来说,本章综合评价方法的运用将遵循以下几个关键步骤:

(一) 各单项指标的无量纲化

在进行综合评价时,为了避免各单项指标由于计量单位差别以及其数值数量级间的悬殊差异所造成的不合理影响,需要对各评价指标做无量纲化处理,或者说统一各指标的量纲。从几何角度看,无量纲化方法主要包括直线型无量纲化方法、折线型无量纲化方法和曲线型无量纲化方法三类。本章采用直线型无量纲化方法中的阈值法,该方法是将单项指标实际值与阈值相比得到单项指标评价值的无量纲化方法。由于区域民生类公共服务差距指标体系中的单项指标类型并不一致,某些指标(如每万人拥有床位数等)属于正指标,某些指标(人口交通事故发生率)却属于逆指标,对于不同类型的单项指标分别作不同的无量纲化处理。针对正指标类型,本章采用的阈值法公式为:

$$y_i = \frac{x_i - \min x_i}{\max x_i - \min x_i} \qquad y_i \in [0, 1] \qquad (2.1)$$

而对于逆指标类型,本章采用的阈值法公式为:

$$y_i = \frac{\max x_i - x_i}{\max x_i - \min x_i} \qquad y_i \in [0, 1] \qquad (2.2)$$

式中,y_i 代表各单项指标的评价值,其取值范围在 0—1 之间;x_i 代表各单项指标的实际值,$\max x_i$ 和 $\min x_i$ 是 x_i 在 2000—2006 年不同区域该指标实际值中的最大值和最小值。

(二) 方面指标的综合评价

在运用阈值法对各单项指标无量纲化基础上,需要建立合适的数学模型将不同年度不同地区的多个单项指标评价值"合成"为一个综合性的方面指标的评价值。用于单项指标合成方法(如加权算术平均、加权几何平均以及算术平均与几何平均的联合使用)较多,本章根据区域民生类公共服务差距评价的目的和特征,拟选择加权算术平均的合成方法。至于加权算术平均的权重系数,考虑到各单项指标对方面指标具有同等的重要性,本章将对各单项指标赋予相同的权重系数。与此一致的是,本章进一步采取同样方法将不同年度不同地区的方面指标评价值合成为地区民生类公共服务指数。

(三) 区域民生类公共服务差距指数测度

本章的重点是对区域之间民生类公共服务分布差距或不均等程度做出动态评价,这就需要通过适宜的统计指标来刻画民生类公共服务差距的程度以及变化情况。在收入分配文献中,刻画收入分配差距或不均等程度及变化趋势的统计指标主要有基尼系数(Gini Coefficient)、泰尔指数(Theil Index)以及变异系数(Coefficient of Variation)等。其中,泰尔指数是通过衡量人口与其相应的收入是否一致来判断收入分配公平性的一种统计方法,该指数最大的优点在于可以从不同视角将人口按不同组别进行分解,进而考察不同组别间和组别内差距对总体收入分配不均等的贡献率。根据本章的研究目的,本章拟采用泰尔指数的统计方法构建出区域间民生类公共服务差距指数或不均等指数。泰尔指数(以下简称 TI)的计算公式和方法如下:

$$TI = y_1\left[\log\left(\frac{y_1}{p_1}\right)\right] + y_2\left[\log\left(\frac{y_2}{p_2}\right)\right] + \cdots + y_k\left[\log\left(\frac{y_k}{p_k}\right)\right] = \sum_{g=1}^{K} y_g \log\left(\frac{y_g}{p_g}\right) \quad (2.3)$$

假定所考察的总体样本可以划分为 k 组,k 是外生给定的,用 g 表示地区数或者组数。y_g 表示 g 组收入占全体总收入的比重,p_g 表示 g 组人口数占全体人口总数的比重。从 TI 的测算公式可以看出,当 g 组中每一组所占的人口比重和收入比重相等时,TI 的值为 0,表示收入分配是绝对均等的;而当 TI 的值为 1,则表示各组间的收入分配处于最不均等的状态。显然,TI 同样可以用来刻画我国地区间民生类公共服务差距,反映不同地区居民在享有基础教育、社会保障、公共卫生等民生类公共服务方面均等化程度。考虑不同统计方法带来的评价差异,本章同时列出了加权变异系数(以下简称 CV)的度量结果。

二 区域民生类公共服务差距的评价结果

根据上述综合评价方法的原理和步骤,本章将运用 2000—2010 年中国 31 个省(自治区、直辖市)的面板数据对地区间民生类公共服务总体和具体项目差距作出实证评价,以此为新时期政府制定实现区域民生类公共服务均等化的相关政策提供新参照。

(一) 区域民生类公共服务差距的总体评价

表 2-2 显示地区民生类公共服务指数与方面指标的 TI 和 CV 值。从中可以看出,地区民生类公共服务指数的 TI 值即区域民生类公共服务差

距指数在 2000 年时为 0.1837，之后在波动中略有下降，2010 年降为 0.1202。这说明自 2000 年以来中央政府自上而下推行的民生类公共服务均等化战略发挥了一定的成效，但与不同地区居民应该享有大致均等的民生类公共服务资源这一世界普遍接受的价值标准相比，我国地区间民生类公共服务的差距总体上仍然较大。这从 CV 度量的地区民生类公共服务指数来看更为明显，地区民生类公共服务差距还处于波动上升的趋势。从 2000 年的 0.3344 增加到 2010 年的 0.3554，增加了 6.3%。从具体民生类公共服务项目纵向比较可以看出（见图 2-1），民生类公共服务项目都略有下降，其中以公共卫生下降幅度最大。尽管不同类型民生类公共服务项目的区域差距程度在不同年份上呈现不同的变化，但从横向比较来看，以 2010 年为例，民生类公共服务项目区域差距程度从大到小的排序为科学技术、公共卫生、社会保障、基础教育、环境保护、公共安全。

表 2-2 地区民生类公共服务指数与方面指标的 TI 和 CV 测度（2000—2010 年）

年份	基础教育指数	社会保障指数	公共卫生指数	公共安全指数	环境保护指数	科学技术指数	地区民生类公共服务指数（TI）	地区民生类公共服务指数（CV）
2000	0.2690	0.3395	0.3648	0.1103	0.1975	0.4342	0.1837	0.3344
2001	0.2670	0.3304	0.3595	0.1117	0.1964	0.5045	0.1852	0.3653
2002	0.1735	0.3273	0.3877	0.1158	0.1893	0.4638	0.1788	0.3622
2003	0.1622	0.3115	0.3768	0.1167	0.1767	0.6216	0.1721	0.3413
2004	0.2141	0.3391	0.3745	0.1129	0.1748	0.5307	0.1688	0.3566
2005	0.1980	0.3017	0.3574	0.1176	0.1699	0.5652	0.1616	0.3735
2006	0.1618	0.3248	0.3549	0.1048	0.1612	0.5407	0.1575	0.3962
2007	0.2153	0.2694	0.3187	0.1084	0.1544	0.4757	0.1533	0.4005
2008	0.2212	0.2626	0.2813	0.1010	0.1304	0.4630	0.1444	0.3845
2009	0.2120	0.2534	0.2639	0.0954	0.1314	0.4593	0.1374	0.3714
2010	0.2070	0.2208	0.2258	0.0876	0.1154	0.3517	0.1202	0.3554

注：(1) 表中的数据来源于 2001—2011 年《中国人口统计年鉴》和《中国统计年鉴》，经计算而得；(2) 表中方面指标的数值表示该指标在某一年度的泰尔指数，地区民生类公共服务指数的泰尔指数或变异系数即为一级指标区域民生类公共服务差距指数。

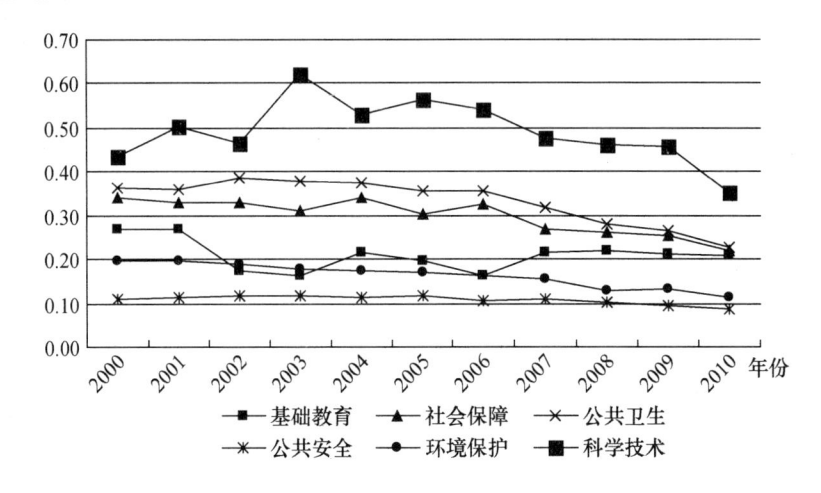

图 2-1 地区间民生类公共服务具体项目差距变化趋势

(二) 区域民生类公共服务差距的地区分解

为了进一步考察东部、中部与西部三大类地区间以及地区内部民生类公共服务差距程度，本章把全国 31 个省（自治区、直辖市）划分为东部、中部与西部三大类地区。参照王小鲁、樊纲（2004）的划分方法，这里的东部地区包括北京、河北、上海、辽宁、山东、浙江、天津、江苏、广东、福建、海南 11 个省市；中部地区包括山西、吉林、黑龙江、安徽、江西、河南、湖北、湖南 8 个省份；西部地区包括内蒙古、陕西、甘肃、青海、宁夏、新疆、广西、云南、贵州以及四川、重庆等 11 个省市区。[1]

表 2-3 显示的是 2000—2010 年东部、中部与西部三大类地区之间民生类公共服务指数的 TI 贡献值。从中可以看出，2000 年以来，东部地区享有的民生类公共服务份额远大于其所占的人口比重。以 2004 年为例，东部地区的人口总额占全国人口的 37.67%，而其占有的民生类公共服务份额竟达到了 45.84%，说明东部地区在民生类公共服务资源配置中处于最有利的地位。西部地区的人口比例与民生类公共服务比例比较接近，尽管西部地区民生类公共服务指数的 TI 贡献值也为正，但是与东部相比仍然较小。中部地区在三类地区中则处于最不利的地位，该地区享有的民生类公共服务资源小于其所占的人口比例，使中部地区民生类公共服务指数

---

[1] 王小鲁、樊纲：《中国地区差距的变动趋势和影响因素》，《经济研究》2004 年第 1 期。

的 TI 贡献值为负。从变化趋势看，东部、中部和西部地区 TI 贡献值总体处于缓慢下降的趋势。总的来说，东部地区居民比中西部地区享有更多的民生类公共服务，这就意味着，东部地区是造成我国当前地区之间民生类公共服务差距或配置非均等的主要因素。

表 2-3　　　　东部、中部与西部地区民生类公共服务指数的 TI 贡献率测度（2000—2010 年）

	年份	2000	2002	2004	2006	2008	2010
东部	地区人口比例（%）	37.64	37.65	37.67	38.48	39.96	41.26
	地区民生类公共服务比例（%）	44.08	45.62	45.84	46.32	47.24	46.33
	地区民生类公共服务指数（TI）	0.0302	0.0380	0.0391	0.0373	0.0343	0.0233
中部	地区人口比例（%）	33.56	33.49	33.41	32.76	32.12	31.69
	地区民生类公共服务比例（%）	23.49	22.70	22.79	23.58	23.10	23.58
	地区民生类公共服务指数（TI）	-0.0364	-0.0384	-0.0379	-0.0337	-0.0331	-0.0303
西部	地区人口比例（%）	28.80	28.86	28.92	28.77	27.92	27.04
	地区民生类公共服务比例（%）	32.46	31.66	31.38	30.13	29.66	30.11
	地区民生类公共服务指数（TI）	0.0169	0.0128	0.0111	0.0060	0.0078	0.0140

资料来源：2001—2011 年《中国人口统计年鉴》和《中国统计年鉴》，经计算而得。

从表 2-4 可以看出，2000—2010 年东部、中部与西部三大类地区内部各省市（区）之间民生类公共服务指数的 TI 贡献值。东部地区民生类公共服务的差距一直以来主要受到北京、上海、天津三个大城市特别是上海市的影响。以 2010 年为例，北京、上海、天津三个城市的人口只占东部地区总人口的 8.20%，但其享有的民生类公共服务资源却是东部地区民生类公共服务总产出的 39.91%。这可从 TI 贡献值直接表现出来，北京、上海、天津三个地区 2010 年的 TI 贡献值分别为 0.0717、0.0593 和 0.0641，远远大于其他东部地区的其他省份，特别是上海市对东部地区民生类公共服务差距的贡献最大。中部地区中的山西、吉林和黑龙江三个省份的 TI 贡献值自 2000 年以来都保持正值,说明其享有的民生类公共服务份额大于其人口比例,这三个省份在民生类公共服务资源分配中相对有利。西部地区民生类公共服务差距状况受内蒙古、青海、宁夏、新疆、西藏五个民族地区的影响较大,尤其是青海和西藏地区对西部民生类公共服务资源的分布起到了至关重要的影响。2010 年这两个民族地区的 TI 贡献值分别为 0.0479 和 0.0471,远大于西部其他省市区,说明这两个地区在民生类公共服务资源分配中处于最有利的地位,这显然和中央政府鉴于政治意图对其进行倾斜性的公共财政补助是密切相关的。

表 2-4　　　　东部、中部与西部三大类地区内各省际民生类
公共服务指数的 TI 贡献率测度（2000—2010 年）

	年份	2000	2002	2004	2006	2008	2010
东部	北京	0.0906	0.0885	0.0790	0.0723	0.0800	0.0717
	河北	-0.0222	-0.0219	-0.0211	-0.0201	-0.0183	-0.0183
	上海	0.1069	0.1133	0.1132	0.1295	0.0860	0.0593
	辽宁	0.0056	0.0004	-0.0003	0.0012	0.0052	0.0070
	山东	-0.0305	-0.0304	-0.0303	-0.0301	-0.0285	-0.0273
	浙江	-0.0054	-0.0038	-0.0017	0.0021	0.0004	0.0049
	天津	0.0792	0.0784	0.0849	0.0756	0.0739	0.0641
	江苏	-0.0242	-0.0244	-0.0240	-0.0229	-0.0198	-0.0156
	广东	-0.0237	-0.0236	-0.0250	-0.0260	-0.0292	-0.0303
	海南	0.0413	0.0345	0.0290	0.0146	0.0236	0.0295
	福建	-0.0008	0.0019	0.0026	0.0000	-0.0010	0.0000
中部	山西	0.0568	0.0577	0.0524	0.0560	0.0523	0.0433
	吉林	0.0557	0.0447	0.0499	0.0444	0.0485	0.0525
	黑龙江	0.0313	0.0362	0.0287	0.0276	0.0325	0.0430
	安徽	-0.0195	-0.0205	-0.0202	-0.0206	-0.0199	-0.0159
	江西	0.0049	0.0052	0.0037	0.0006	-0.0022	-0.0067
	河南	-0.0355	-0.0351	-0.0346	-0.0343	-0.0348	-0.0347
	湖北	-0.0085	-0.0092	-0.0081	-0.0067	-0.0070	-0.0063
	湖南	-0.0141	-0.0125	-0.0108	-0.0070	-0.0073	-0.0127

续表

	年份	2000	2002	2004	2006	2008	2010
西部	内蒙古	0.0257	0.0275	0.0295	0.0303	0.0265	0.0209
	陕西	-0.0062	-0.0030	-0.0017	-0.0017	0.0005	0.0062
	甘肃	0.0039	0.0019	0.0018	0.0050	0.0047	0.0055
	青海	0.0980	0.0939	0.0819	0.0759	0.0639	0.0479
	宁夏	0.0249	0.0208	0.0250	0.0135	0.0148	0.0151
	新疆	0.0382	0.0371	0.0365	0.0333	0.0394	0.0365
	广西	-0.0204	-0.0190	-0.0181	-0.0166	-0.0174	-0.0162
	云南	-0.0129	-0.0124	-0.0126	-0.0130	-0.0153	-0.0166
	西藏	0.0893	0.0767	0.0640	0.0625	0.0641	0.0471
	贵州	-0.0140	-0.0145	-0.0131	-0.0110	-0.0138	-0.0121
	四川	-0.0372	-0.0370	-0.0370	-0.0376	-0.0356	-0.0354
	重庆	-0.0016	-0.0011	-0.0026	0.0015	0.0014	0.0053

资料来源：根据2001—2011年《中国人口统计年鉴》和《中国统计年鉴》整理而得。

第四节 研究结论

在构建和谐社会背景下，缩小区域民生类公共服务差距，实现区域民生类公共服务均等化，成为促进区域协调发展的基本目标和重要举措，但前提是我们必须对我国区域民生类公共服务差距的现状加以动态认识。有鉴于此，本章从民生类公共服务产出的维度，在充分考虑地区间单位公共服务供给成本差异、辖区居民的消费需求、地方政府的财政支出偏好以及民生类公共服务边界动态发展的基础之上，构建了一个包含4个级别共20个指标的区域民生类公共服务综合评价指标体系。在此基础上，选择分税制改革以来2000—2010年31个省（市、自治区）的面板数据，运用多指标综合评价方法对地区间民生类公共服务总体和具体项目差距作出实证评价。研究结果表明：（1）我国地区间民生类公共服务的供给水平仍不均衡，东部地区整体上比中西部地区享有更多的民生类公共服务资源；（2）不同民生类公共服务项目区域非均衡程度存在显著的差异，特别是备受社会成员高度关注的公共卫生、社会保障以及基础教育等民生类公共服务存在较大的区域差距。

　　我国正处于经济转轨和社会转型的新时期，鉴于民生类公共服务非排他性和非竞争性的公共属性，政府理所当然地应该为居民提供大致均等的民生类公共服务，但是，我国不同地区的居民在社会保障、基础教育、医疗卫生、公共安全、环境保护与科学技术等民生类公共服务的享有机会上并不均等，这将直接影响我国经济社会的协调健康发展，也将影响社会公平正义的有效实现。因此，缩小区域民生类公共服务差距，实现民生类公共服务均等化具有重要的现实意义。那么，作为转型大国的中国地区之间民生类公共服务差距何以形成？又该如何契合中国的特殊国情加以有效治理？为此，本章将在区域民生类公共服务差距加以动态认识的基础上，立足区域之间协调可持续发展的理念，在转型中的财政分权体制框架下对我国区域民生类公共服务差距的形成机制做出理论解释和经验实证，并试图通过制度创新与机制创新构建出中央政府主导和控制的多元协同的政策框架，从而为全国民生类公共服务均等化的制度安排和政策选择提供理论支撑和实践参考。

第三章 区域民生类公共服务差距产生的制度逻辑

在高度集中的计划经济向分散的市场经济转轨过程中，导致区域之间民生类公共服务差距因素很多，但财政能力差异和政府偏好差异可能是最直接的因素，并且这些因素都可以放置于财政分权的框架下加以动态和系统阐释。有鉴于此，本章运用 20 世纪 60 年代发展起来的新经济学流派即新政治经济学的理论范式，按照"转型经济体制背景—财政分权—异质性的地方政府竞争行为—地区间财政能力差距与政府支出偏好差异—区域民生类公共服务差距"的内在逻辑构造理论框架，解释转型中的财政分权对区域公共服务供给差距的传导途径或作用机制，尝试对我国转型经济条件下民生类公共服务供给的区域差距现象做出理论解释。

第一节 新政治经济学的理论溯源与应用

20 世纪 60 年代起，西方经济学界悄然兴起了一股以公共选择学派、新制度经济学学派等为代表的新政治经济学潮流。新政治经济学提倡用经济学方法范式探讨原来属于政治学领域的问题，进而实现了经济学与政治学的有机融合。我国正处于经济社会发展的转型时期，而新政治经济学把经济和政治分析纳入统一框架中，无疑为解释中国经济转型中出现的地区之间民生类公共服务差距问题提供了一个有意义的理论视角，并对推进制度创新以实现区域民生类公共服务均等化的政策实践带来了重要启示。

一 新政治经济学的兴起逻辑与理论渊源

政治经济学萌芽于重商主义思想。因为重商主义为政治经济学的产生准备了前提，它打破了封建宗教伦理观点的束缚，开始用新的生产方式来考察经济生活，并把经济现象作为独立的研究对象。但是，随着资本主义经济关系的发展，资本主义生产逐渐取代流通而占支配地位，逐步从流通过程支配生产过程转变为生产过程支配流通过程，产业资产阶级的力量逐渐超过商业资产阶级的力量而日益占据优势。此时，以研究流通为中心的重商主义陷入瓦解，而被以生产流域为研究中心的古典政治经济学[①]所取代。不过，从政治经济学的萌芽到古典政治经济学的创立，政治学和经济学都是紧密结合、融为一体的。在重商主义时代，经济活动的目标是增加财富，而政治活动的目标是为财富的增加提供保障，所以前者在很大程度依赖于后者。尽管古典政治经济学反对国家干预而倡导经济自由，但其研究对象仍然集中在国民财富的生产与分配方面，并非个人财富的增长，政治学与经济学的紧密结合状况并没有根本改变。无论是崇尚国家干预的重商主义，还是主张自由放任的古典政治经济学，都没有割裂政治与经济之间的联系，只不过是政策主张不同。随着边际革命[②]和新古典政治经济学[③]的兴起，经济学演变成一门独立的学科，并与政治学彻底分离，经济学只关注经济现象的实证分析，成为其奠基人之一瓦尔拉斯所宣称的"纯粹经济学"，即经济可以脱离政治和社会制度而独立运行，可以假定制度既定或者不对经济产生作用，而国家政策则由政治学去研究。正如阿伦·德雷泽（2000）所批评的，新古典经济学仅仅强调了在严格定义的假设条件和市场环境约束下的消费者和厂商的最优化行为，忽略了许多无形的政治因素。[④]

但是，脱离政治学的经济学仅凭借其简单化的人类行为假设，以及玄奥抽象的术语、图形和数学公式，难以解释复杂的权力、社会结构、组织

[①] 继魁奈、配第以及布阿吉尔贝尔等对政治经济学的奠基性研究之后，1776年，亚当·斯密的科学巨著《国富论》的出版，标志着古典政治经济学宏大理论体系的创立。随后，古典政治经济学经大卫·李嘉图、西斯蒙第、萨伊和约翰·穆勒等经济学家的细化阐述得到了进一步发展。

[②] 边际革命始于19世纪70年代，其代表人物卡尔·门格尔、斯坦利·杰文斯和里昂·瓦尔拉斯各自独立提出的边际效用价值论认为，商品的价值不是取决于劳动的消耗量，而是取决于人们对商品效用的主观心理评价，由此提出了与古典政治经济学不同的学说。

[③] 马歇尔则进一步推进了边际效用原理，建立起"局部均衡"的理论体系，较好地描述了微观经济生活中的各种现象，提供了谋求最大化经济效益、最优化资源配置以及实现有关经济要素的均衡原则，从而开创了新古典经济学。新古典经济学在坚持完全竞争、信息完全且对称等古典假设条件下，运用边际分析方法，研究经济理性主体（消费者和厂商）在面临既定稀缺资源约束下寻求效用最大化或利益最大化的经济行为。其核心思想是阐明在没有外在人为干预情况下，作为唯一的资源配置机制即市场机制或价格机能能够实现资源的帕累托最优配置。

[④] 阿伦·德雷泽：《宏观经济学中的政治经济学》，经济科学出版社2003年版，第4页。

行为、经济政策以及经济制度等经济行为和现象,可见,经济学的内在缺陷削弱了对现实世界的解释力,许多经济学家逐渐认识到脱离政治学的经济学是"无用的",经济学与政治学之间应该存在某种天然的内在关系。因此,自20世纪60年代起,西方经济学界悄然兴起了以公共选择理论、新制度理论等为代表的一股新政治经济学研究潮流。新政治经济学提倡用经济学的方法分析原来属于政治学领域的问题,实现了政治学和经济学的有机整合。与传统政治经济学比较,新政治经济学主张将政治和经济过程与制度纳入一个复合体来研究,此外,新政治经济学通过制度和历史分析范式来批判主流经济学的假设和概念,重构大多数经济学模型(Caporaso and Levine,1992)。[1]

新政治经济学的研究范围极其广泛,几乎涉及传统政治经济学的各个方面。严格来说,新政治经济学本身并不是一个经济学流派,而是一种新的学术取向,或者说是政治经济学发展的一个新阶段。在布坎南看来,新政治经济学是指那些与古典政治经济学相对立的,力求突破正统新古典经济学狭隘研究领域的经济学流派,包括公共选择、产权经济学、新制度经济学、新经济史学、法学的经济学分析以及规制的政治经济学六个主题。[2] 其中,公共选择理论是新政治经济学中最重要内容,其主要创立者是詹姆斯·布坎南、戈登·塔洛克、邓肯·布莱克等。按照奠基者布坎南的解释,"公共选择是政治上的观点,它从经济学家的工具和方法大量应用于集体或非市场决策而产生"。因此,公共选择理论是在"经济人"的基本假定下,运用主流经济学的理论和方法来研究政治过程中选择问题的一个跨经济学、政治学的流派或学科。[3]通过对各种政治主题的深化和拓展研究,公共选择理论延伸出种种细化的理论,如公共决策论、代议民主制经济论、国家理论、利益集团理论、"寻租"理论、官僚机构经济论、政府扩张论、政府失灵论、俱乐部理论、财政联邦制理论、立宪经济论等。产权经济学、新经济史学以及新制度经济学实际是一脉相承的,从更

---

[1] J. Caporaso and D. Levine, *Throeies of Political Economy*. Cambridge: Cambridge University Press, 1992.

[2] 詹姆斯·布坎南:《宪法经济学》,上海三联书店1996年版,第338页。

[3] 在这里,政治过程被视为一个市场,涉及投票者、政治家、官员和党派或利益集团等经济当事人;市场上交易的议题、投票是实现这一交易所需要的货币;选民通过选票选择政治家,政治家委托职业官员执行相关政策;选票对结果的影响取决于投票规则。

广义的角度来说，前两者可以纳入具有更为完善的理论框架的新制度经济学范畴。该理论的主要代表人物有科斯、诺斯、德姆塞茨、威廉姆森、张五常等。与公共选择理论一样，新制度经济学也承袭了新古典经济学的核心假定与方法，即在新古典的分析范式里重新探讨资源配置所依赖的制度条件，将传统理论假定为外生变量的产权制度、交易费用以及经济组织等视为亟待解释的内生性变量，从而将交易费用与产权安排、制度创新与制度变迁、制度供给与制度需求、国家理论与经济发展等纳入制度分析的基本范畴。总之，新政治经济学通过重新考察国家、政府、党派、官僚以及制度、文化等变量，为人们分析社会经济问题提供了一个全新视角，增强了经济学对现实经济现象和经济行为的解释力。对正处于转型过程中的中国而言，当代西方新政治经济学的引入将繁荣我国的经济学以及其他社会科学的研究，进而有助于解释并解决我国当前面临的现实问题。①

二　新政治经济学的利益异质性假定

从上述分析可知，新政治经济学的理论渊源是公共选择理论、新制度经济学、政治学以及传统政治经济学，而新政治经济学有效衔接上述几种理论的关键，就是假定各行为主体之间利益的不一致性或异质性。② 可想而知，如果没有个体偏好的异质性，便不需要对不同的个体偏好进行加总，因而也不会有所谓的集团利益；同样，若没有利益集团之间偏好的异质性，经济政策的选择就会简单变成社会计划者最大化有代表性的个人效用，显然，这与现实情况并不吻合。因此，德雷森（Drazen，2000）指出，利益异质性是新政治经济学的基础。③ 与此同时，Torsten Persson 和 Guido Tabellini（2000）在提出新政治经济学的三个前提假设的时候，也把利益异质性假设放在首位。④

值得一提的是，尽管在传统经济学领域，市场中也存在诸如风险偏好、先天禀赋等方面的异质性，但并不能就此认为异质性也是传统经济学

---

① 正如王询（2003）指出的，现实中的政治、社会、文化、经济诸方面确实是相互联系的，而在社会分化程度较低，各方面耦合得过于紧密的发展中国家就更是如此，很多问题不是靠一学科的分析就能够认识和解决的。从这个角度看，新政治经济学在转型中的中国更具有解释力。

② 戴敏敏：《地方政府转型的政治经济学解释——上海经验与范式研究》，博士学位论文，复旦大学，2004年，第8—11页。

③ Alien Drazen, *Political Economy in Macroeconomics*, Princeton University Press, 2000, p.10.

④ Torsten Persson and Guido Tabellini, *Political Economics: Explaining Economic Policy*. Cambridge MA: MIT Press, 2000, p.6.

的基础。首先，传统经济学为了在苛刻的假设条件下研究资源的优化配置问题，往往有意淡化或忽略市场主体之间的异质性；相反，新政治经济学则把异质性作为研究的必要条件。其次，当个体的利益异质性无法通过市场交易途径表达时，只有依赖政治选择机制来实现。这也说明，异质性在传统经济学和新政治经济学中的作用机制与地位不同，它是后者研究的重要基础及现实意义之所在。

更进一步地，德雷森（2000）把异质性划分为事前的异质性和事后的异质性两种类型。① 由于个体之间具有不同的消费偏好，以及具有不同的相对要素禀赋，这些先天的差异使我们不能简单地根据偏好或禀赋来进行归类，从而导致个体对事前政策的不同偏好，这些异质性属于事前异质性的范畴。事实上，即使各行为主体具有相同的初始禀赋和偏好时，同样还是存在利益冲突或异质性。如果产品的分配（产品属于私人品），或者成本的分配（产品属于公共品）是由集体决策决定的，也就是当具有再分配性质的经济政策被制定的时候，处于相同位置的行为主体之间仍然会有不同的偏好。德雷森把这种差异称为事后的异质性。众所周知，经济政策通常都具有福利分配的含义，从这个角度说，事后异质性在收入分配上起着更为重要的作用，当然，这两种异质性也并不是绝对的排斥。

三 利益集团及其博弈行为

正是源于行为主体之间的利益是异质的，当人们追求自身差异化的利益时，其理性行为的结果必然是利益集团的产生与发展，并成为影响政治过程的重要力量。正如较早研究利益集团的政治学者詹姆斯·麦迪逊所指出的，利益集团存在的根源在于人们对利益追求的本性，而民主社会是绝对不可能通过消灭其产生的原因来消灭利益集团的。② 对于利益集团的界定，不同学者基于不同角度进行了阐释。戴维·B. 杜鲁门（1951）认为，利益集团是指在其成员所持共同态度基础上，对社会上其他集团提出要求的集团，如果它向政府的任何部门提出要求，它就变成一个政治性的利益集团。③ 罗伯特·达尔（1981）从更加宽泛的视角界定了利益集团。在他看来，任何一群为了维护或争取某种共同的利益而集体行动的组织，

---

① Alien Drazen, *Political Economy in Macroeconomics*. Princeton University Press, 2000, p. 10.
② 汉密尔顿等：《联邦党人文集》，商务印书馆1980年版，第46—48页。
③ David B. Truman, *The Governmental Process*, Alfred A. Knopf, New York, 1951, p. 37.

就是一个利益集团。① 从上述定义我们可以看出，利益集团主要有以下几个基本特征：首先，集团成员②之间存在共同的利益，以及建立在共同利益之上的共同理念或态度，这是利益集团存在以及延续的基础；其次，利益集团的基本功能是致力于增进其成员的共同利益；再次，利益集团的组织形式是多样的，既可能是正式组织，也可能是非正式组织；最后，利益集团常常通过各种政治活动表达组织的利益诉求，从而影响公共政策的制定。

最早研究利益集团在政治过程中作用的是政治学家，随着越来越多经济学家开始关注利益集团，于是逐渐形成了利益集团的经济理论，并成为新政治经济学的重要内容之一，其研究的焦点就是利益集团影响经济政策的过程与结果。就宏观经济政策而言，传统经济学常常假定政策是通过最大化社会福利的机制决定的。而新政治经济学却认为，政策是通过政治决策机制决定的，反映了社会上大多数处于强势地位集团的利益（Gilles，2000）。③ 为此，众多新政治经济学家试图利用数学模型将这种政治影响形式化。其中，与前人相比，贝克尔（1983）构造了一个相对简单的利益集团间竞争的政治均衡模型，用反应函数刻画了利益集团间的政治压力对经济政策制定的影响。④ 在贝克尔模型中，假定经济体存在两个利益集团即集团1和集团2，每个利益集团都想通过影响经济政策来提高集团成员的福利水平。集团1获得的福利依赖于它施加给政策制定者的政治压力和集团2施加给政策制定者的政治压力。政治压力的大小与利益集团为争取对自己有利的再分配政策所投入资源的数量以及集团成员的规模成正比。利益集团对政治过程的影响就取决于两个利益集团之间的压力对比情况，如果集团1较之于集团2拥有更大的政治压力，则意味着集团1对政治过程更有影响，较大的影响也将使集团1获取较多的福利。从贝克尔模型可知，由于利益的异质性，利益集团之间的竞争或博弈行为将改变宏观经济政策决策者的政策偏好，从而形成有利于增进具有较大影响力的利益集团福利的政策。贝克尔的政治均衡模型为分析我国利益集团之间的竞争

---

① 罗伯特·达尔：《美国的民主》，波士顿赫夫顿·密夫林公司1981年版，第235页。

② 在这里，集团成员既可以是个人，也可以是企业、机构、产业、组织、地区甚至国家。

③ Gilles Saint-Paul, "The 'new political economy': Recent Books By Alien Drazen and by Torsten Persson and GuidoTabellini", *Journal of Economic Literature*, Vol. 38, No. 4, December 2000, pp. 915-925.

④ Becker, G., "A Theory of Competition Among Pressure Groups for Political Influence". *Quarterly Journal of Economics*, Vol. 98, No. 3, August 1983, pp. 371-400.

行为以及该行为对经济政策形成与经济绩效的影响提供了一个基本的新政治经济框架。

四 中国地方政府行为的新政治经济学分析

由于中国政治经济体制运作机制的特殊性，我国利益集团的形成渊源、施加政治影响或压力的渠道以及方式与西方利益集团存在较大差异。根据社会基础与活动目标差异，可以将中国利益集团划分为六大类：部门（企业、行业）利益团体、业界利益团体、宗教或民族利益团体、社会福利团体、对外友好团体以及地区利益集团。[①] 其中，地区利益集团或地方政府是当前中国最复杂也是最具影响力的利益集团，在中国经济社会转型中发挥着至关重要的作用，自然成为本书分析的关键主体。

值得一提的是，中国的地方政府是在经济政治体制改革中逐渐分化出来的一个独立利益主体。在传统的中央高度集权的计划经济体制下，中央政府是全社会经济发展的组织者和管理者，为了实现国家的整体利益，中央政府通过指令性计划进行资源的统一配置，并将中央政府、地方政府以各企事业单位的行为统一起来。这就使中央政府和地方政府的职能逐渐单一化而且是趋同的，共同担负管理和经营好所属企事业单位的职责，从而使中央政府与地方政府在经济利益上趋于一致，服从于整个国民经济发展的整体利益。因此，整体上地方政府在与中央政府关系中处于从属而非独立的地位。当然，各级地方政府之间只是一个"大家庭"中的"兄弟"关系，利益是没有差异的。自20世纪70年代末，中国开始了从过去集中的计划经济体制向分散化的市场经济体制的转型。与此相适应，为了调整中央政府与地方政府的利益关系，激发地方政府和企事业单位发展经济的积极性，中央政府实施了"放权让利"的改革措施，将更多的决策权下放给地方政府和企事业单位。[②] 在这种渐进的改革过程中，中央政府和地方政府之间形成了一种特殊的分权关系。分权化的改革逐渐让地方政府的利益诉求获得了满足，更为重要的是，地方政府拥有了实现其利益目标的条件即地方资源配置控制权，这就在客观上使各个地方政府成为相对独立

---

① 地区利益集团包括各省、自治区、直辖市利益集团，贫困地区利益集团，发达地区利益集团等。

② 中央向地方实施了多种形式的分权，这些分权措施包括农村的包产到户制、财政收支权力的下放、外贸权力的下放、非公有企业的发展、地方国有企业及地方投资的扩展、经济特区与开发区的发展以及金融权力的地方化等（蔡昉，1999）。

的以辖区发展为利益取向的重要主体。在这种新的利益格局中,中央政府与地方政府的利益不再完全一致,而且,地方政府之间的利益也是异质的,开始由计划经济体制下单纯的兄弟关系转变为独立利益主体之间的关系。随着地方政府追求和维护自身利益意识的增强,地方政府尤其是东部发达地区与西部落后地区之间为争取有利的可支配资源而展开的竞争[1]逐渐激化。这种竞争主要有财政竞争、规制竞争、资本竞争以及产业竞争等形式。其中,财政竞争是政府间竞争的核心,其他形式的政府竞争行为都可大体上视为一种宽泛意义上的财政竞争。[2] 这种财政竞争行为主要在财政收入、公共支出以及转移支付等领域表现出来。实际上,在面临现行体制的激励与约束下,地方政府不管采取哪种竞争方式,其核心目的依然在于获取更多的稀缺资源促进本辖区的经济增长。

地方政府财政竞争行为是本书研究财政分权与区域民生类公共服务差距之间关系的重要纽带,对政府行为的假设就至关重要,这也是经济学规范分析的基本前提。从福利经济学到主流公共财政理论,往往内在假定了一个仁慈而高效的专制政府的存在,面对既定的社会福利函数,总能依据帕累托最优这一价值判断标准找到实现社会福利最大化的资源配置方案。公共选择理论却认为,包括政治家或官员在内的全体参与公共选择的社会成员,与市场经济中的主体一样具有相同的人格,他们都会按照个人利益最大化原则行事。因此,政府不仅不是仁慈而高效的社会福利最大化者;相反,政府追求的是自身效用的最大化,或者说政府预算的最大化,这将导致政府行为对公共利益最大化目标的部分抑制或完全偏离。从这个角度说,政府间财政竞争的一个主要目标就是在一定限制条件下追求预算规模最大化。

总的来说,本书将放松政府同质性和仁慈的社会福利最大化者假定,运用20世纪60年代发展起来的新经济学流派即新政治经济学的理论范式,按照"转型经济体制背景—财政分权—异质性的地方政府竞争行为—地区间财政能力差距与政府偏好差异—区域民生类公共服务差距"

---

[1] 与其他实行联邦制国家一样,作为单一制的中国也采取了多级政府体制,政府结构中包括中央政府和地方政府两级。相应的,政府竞争也分为中央政府和地方政府之间的纵向竞争以及地方政府之间的横向竞争。本书分析的是财政分权框架下地方政府之间的横向竞争行为。

[2] 由于其他形式的政府竞争往往需要财政竞争的配合,并且,其他形式的政府竞争在很大程度上都直接或间接地服务于本地的财政利益(马静,2009)。

的内在逻辑构造理论框架，解释转型中的财政分权对区域民生类公共服务供给差距的传导途径或作用机制，尝试对我国转型经济条件下民生类公共服务供给的区域差距现象做出理论阐释。图3-1显示了一个基于转型中的财政分权与地方政府行为模式视角解释区域民生类公共服务差距形成机制的理论框架。该框架的主要内容为：在计划经济向市场经济转轨的过程中，财政分权化改革使地方政府从此享有一定的受制度保障的财政收入剩余索取权和控制权，从而激励地方政府推动经济增长以便分享到较大份额的财政收益。不仅如此，我国在经济领域分权的同时保持了政治领域的集权，中央政府对地方政府官员的考核、晋升以及调任等具有绝对权威，在现行以经济绩效为核心的考核机制下，地方政府为实现晋升最大化或政治利益最大化而加快经济增长。因此，中国体制转轨时期经济领域分权与政治领域集权相结合的二元结构分权模式，赋予地方政府特有的双重激励即财政激励和政治激励，共同驱使地方政府为推进本地区经济增长而展开激烈的财政竞争。这种横向的财政竞争主要包括税收竞争、支出竞争以及转移支付竞争三种形式。更为重要的是，地方政府间利益的异质性和独立性决定了其采取的财政竞争方式的差异性。正是这种差异化的财政竞争行为才在转型中的大国引发了区域之间财政能力的差距和公共支出偏好的差异，进而导致民生类公共服务供给水平的区域差距。

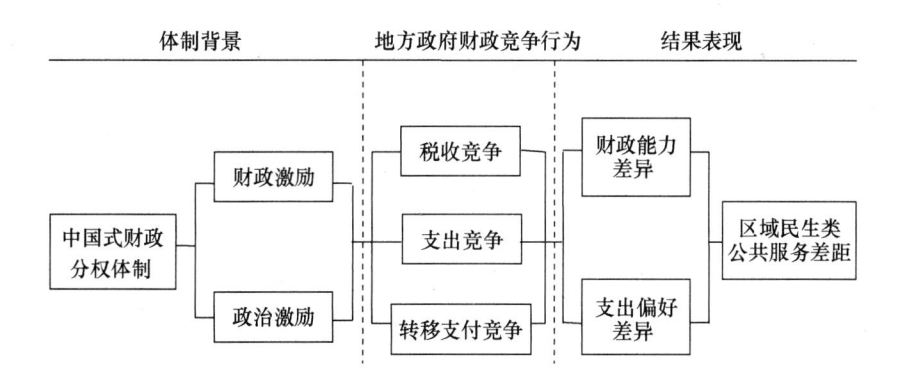

图3-1 区域民生类公共服务差距生成的制度逻辑

需要进一步说明的是，在理论框构建中，新政治经济学是本书一以贯之的理论基础与分析范式，这不仅体现在转型时期地方政府行为的基本假定、激励机制、策略互动与转型取向，还体现在优化政府行为、缩小区域公共服务差距的制度创新的路径选择等。尽管新政治经济学从严格意义上说不是一门理论体系完善的学科，但较之于新古典经济学，其理论渊源与分析方法更能有效地解释转型国家的经济现象，对于正处于体制转轨时期的中国来说更是如此。这也是本书选择新政治经济学作为理论基础和分析范式的重要原因。

为了详细展示财政分权、地方政府行为与区域民生类公共服务差距关系理论框架，本章以下部分的结构安排为：第二节分析财政分权框架下地方政府面临的双重激励结构；第三节探讨地方政府财政竞争行为的特征与主要形式；第四节是揭示分权体制下地方政府财政竞争行为的结果，亦即考察这种财政竞争行为对区域民生类公共服务差距的作用机制或途径，并由此提出本书有待实证检验的理论假说。

第二节 转型中的财政分权与地方政府财政竞争行为

探究地方政府间财政竞争的激励机制[①]，是阐释地方政府间财政竞争行为、区域公共服务差距问题的逻辑起点，为此，本节试图运用新政治经济学的理论渊源与分析范式，揭示出地方政府间财政竞争的制度机制。新制度经济学的主要代表人物诺斯（Douglass C. North, 1981）指出，制度就是为约束谋求财富或效用最大化的个人行为而制定的一组规章、依循程序和伦理道德行为准则。[②] 也就是说，理性的个体总是在一定制度框架或环境的约束和诱导下做出某种行为，从这个层面看，新制度经济学便为理解个体的行为提供了重要的制度逻辑。在新政治经济学看来，政治市场上的政府主体与经济市场上的经济主体的行为一样，总能放置于各种约束其行为的制度环境中加以动态理解。这意味着，作为政府行为表现之一的财政竞争，其产生机制也应从现行制度安排集合中寻求根源。改革开放以来，财政体制的分权化改革一直是计划经济向市场经济转型的关键领域与

[①] 所谓机制，就是指两个事物间的可能存在的因果关系，是在公理和描述之间的一个解释层次（周学光，2003）。

[②] Douglass C. North, *Structure and Change in Economic History*. New Yourk: Norton & Company, Inc., 1981, pp. 201 – 202.

核心内容。伊斯特利（Easterly，2005）在基于对发展中国家的实践考察中提出了"把激励做对"是促进经济增长的根本保证。[①] 对中国而言，财政分权体制正好为地方政府做对了激励，从而引发出了异质性的财政竞争行为，该行为是理解财政分权与区域公共服务差距之间关系的逻辑载体。本节试图对中国的财政分权模式所内生出的财政激励和政治激励机制做出理论阐释。

一 财政分权体制的演进脉络与内生的财政激励

新制度经济学认为，制度创新的逻辑起点在于现存制度框架的非均衡，制度供给满足不了经济、社会发展对相关制度的需求，需要打破现有制度框架，修正、完善、供给新制度，才能获取现存制度框架下不能保障实现的潜在利润，中国财政分权体制的变革或创新自然也遵循这一逻辑。目前，财政理论界基于财政分权角度把财政体制变革过程划分为三个阶段（见表3－1）：一是统收统支财政体制（1950—1979年）；二是财政包干体制（1980—1993年）；三是分税制财政体制（1994年至今）。从理论上说，不管怎样划分阶段，纵观我国财政体制发展变迁的历史，如何在中央政府与地方政府之间合理分权以此调动地方政府发展地区经济的积极性，始终是我国财政体制改革的核心和难点。那我国实际的财政分权体制改革是否强化了地方政府的财政激励呢？对此，本部分尝试从财政分权体制变迁脉络中所隐含的激励特征或机制出发，探讨这种强制性的制度变迁对地方政府财政激励的影响。

表3－1　　　　　我国财政分权体制变迁历程（1950年至今）

实行时间		财政体制简述
统收统支财政体制	1950年	高度集中，统收统支
	1951—1957年	划分收支，分级管理
	1958年	以收定支，五年不变
	1959—1970年	收支下放，计划包干，地区调剂，总额分成，一年一变
	1971—1973年	定收定支，收支包干，保证上缴（或差额补贴），结余留用，一年一定
	1974—1979年	收入按固定比例留成，超收另定分成比例，支出按指标包干

---

① 伊斯特利：《在增长的迷雾中求索》，中信出版社2005年版。

续表

	实行时间	财政体制简述
财政包干财政体制	1980—1985年	划分收支,分级包干
	1985—1988年	划分税种,核定收支,分级包干
	1988—1993年	财政包干
分税制财政体制	1994年至今	根据中央和地方政府的事权来确定相应的财政支出范围;按照税种划分中央和地方的收入;实行中央财政对地方税收返还制度;原体制中央补助、地方上解以及有关结算事项的处理

资料来源:马静:《财政分权与中国财政体制改革》,上海三联书店2009年版,第8页,经整理而得。

(一)统收统支财政体制

我国财政体制与政治体制特别是经济体制高度关联,这说明财政体制演进的考察必须结合经济体制变革的背景。改革开放之前,我国实行的是典型的计划经济体制,中央通过行政命令的方式配置资源,与这种体制相适应,我国的财政体制实行了统收统支的分级管理模式,尽管其间经历了多次分权化改革,但总体上还是高度集中的财政体制。在这种体制下,全部财政收入由中央政府集中与分配,地方政府仅仅是中央政府的代收机构,并且地方政府的各项财政收支活动也必须全部纳入全国预算。图3-2显示,新中国成立后的1952年国家财政收入占GDP的比重为25.6%,随着重工业战略的推进,国家财政收入占GDP的比重在1960年达至最大39.3%,此后趋于下降,但在改革开放前该比重基本上保持在25%左右,财政支出占GDP的比重与财政收入比重的变化趋势基本一致,这接近于中等偏上或发达国家经济体的水平(黄佩华、迪帕克,2003)。[①] 财政资源配置的高度集中有力地提升了中央政府动员全国资源的能力,也充分保障了重工业优先发展战略的顺利实施,但由此带来的问题是,地方政府由于缺乏独立自主的财政收入权和支出决策权,因而没有激励去发展地方经济,增加财政收入,只能高度依赖中央政府。这就意味着,统收统支财政体制对地方政府的财政激励效应很弱,那么,地方政府财政激励不足的问题就迫切要求变革过分集中的财政体制。

---

① 黄佩华、迪帕克:《中国:国家发展与地方财政》,中信出版社2003年版。

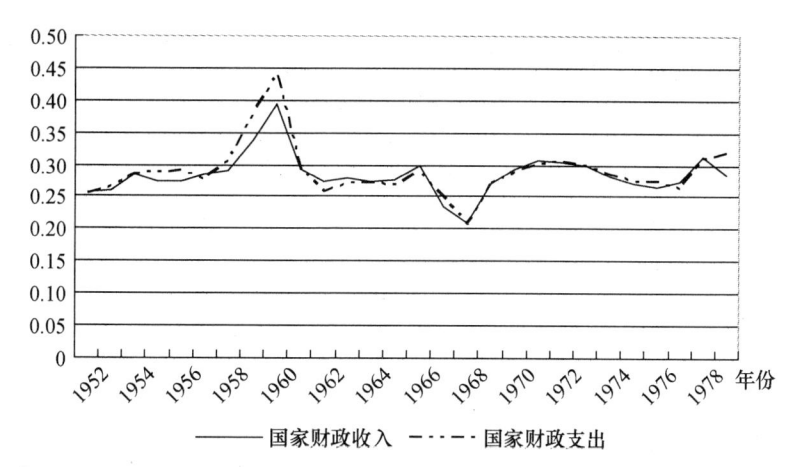

图 3-2　改革开放前国家财政收入和支出占 GDP 比重的变化趋势（1952—1978 年）

资料来源：根据《新中国五十五年统计资料汇编》整理而得。

（二）财政包干财政体制

改革开放以来，我国开始了全面市场化取向的经济体制改革，与此相对应的是，财政体制变革也步入一个崭新的阶段。为了克服改革开放前统收统支体制过于集中的弊端，中央政府将在农村释放出巨大生产效率的家庭联产承包责任制这种制度模式推广到政府间财政关系的改革中，于是在局部试点①的基础上选择了与地方政府之间签订长期财政合同即财政包干的制度。合同约定了地方政府向中央政府上缴的财政收入总额，增量部分归地方政府所有。具体来看，合同承认了中央政府和地方政府的固定收入，在此基础上按一定的比例分享地方财政收入。尽管财政包干的具体形式或方法（如分享比例）等在各个地区有所差异（见表 3-2），但包干的基本内核是一致的。总而言之，与改革开放前形式上的行政分权不同，财政包干制度顺应了由集中的计划经济体制向分散的市场经济体制转型需求，实质上体现的是一种经济分权，我国真正规范意义上的财政分权之路也由此展开。这种新的制度安排赋予了地方政府收入的剩余索取权和控制权，地方财政收入几乎已占国家财政预算收入的 60%—70%（见图 3-3），这为地方政府支持中央的体制变革、推进本辖区经济发展以此获取更多份额的财政收入提供了重要激励。

---

① 国家最初于 1979 年分别在四川省和江苏省进行了"分灶吃饭"的试点，这体现了财政体制改革的谨慎性原则。

表 3-2　　改革开放后各地区的财政包干形式（1985—1988 年）

	基数	包干形式	实行地区
收入递增包干	1987 年决算收入和地方应得的支出	每年地方在收入递增率以内的收入按确定的留成、上解比例实行中央与地方分成；超过递增率的收入，全部留给地方；收入达不到递增率影响上解中央部分，由地方用自有财力补足	北京、河北、哈尔滨、江苏、浙江、宁波、河南、重庆、辽宁（不包括沈阳和大连）
总额分成	1986 年、1987 年两年的地方收支情况	以地方预算总支出占预算总收入的比重，确定地方留成	天津、山西、安徽
总额分成加增长分成	上一年的实际收入	基数部分按总额分成比例留成；增长部分另外定分成比例	大连、青岛、武汉
上解递增包干	1987 年上解中央的收入	按一定比例递增上解	广东、湖南
定额上解	原来核定的收支基数	收大于支的部分，确定固定的上解数额	上海、山东、黑龙江
定额补助	原来核定的收支基数	支大于收的部分，确定固定的数额补助	吉林、江西、甘肃、陕西、福建、内蒙古、广西、西藏、宁夏、新疆、贵州、云南、青海、海南

资料来源：根据李萍《中国政府间财政关系图解》（中国财政经济出版社 2006 年版）整理而得。

从根本上说，财政包干体制只是转型时期财政分权化改革的初步探索。随着经济环境条件的变化，财政包干的制度安排出现了非均衡，主要表现在两个方面：首先，在市场化改革向纵深发展背景下，受国有企业自身效率下降和非国有企业竞争冲击的影响，国有企业的利润不断减少，从而弱化了政府财政收入税基，使无论是中央政府的固定收入，还是与地方政府的分成收入都急剧下降。从图 3-4 可以看出，国家财政收入占 GDP 的比重自改革开放以来一直呈下降趋势，从 1980 年的 25.52% 降到 1993 年的 12.31%，几乎下降了一半。与此同时，中央财政收入占国家财政预

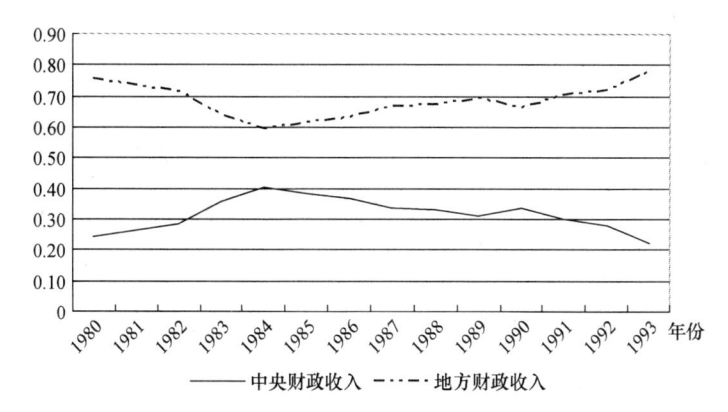

图 3-3 中央和地方财政收入占国家财政预算总收入比重
的变化趋势（1980—1993 年）

资料来源：根据《中国统计年鉴》（2010）整理而得。

算总收入的比重也由 25% 减至 22%，尽管 1980—1984 年该指标有所上升，但总体上是呈下降的态势（见图 3-4）。其次，财政包干合同是按照行政管理程序，采取中央政府和地方政府逐个谈判、逐个落实的方式，而在中央财政和地方财政之间建立的一种基于利益分配的不完全的契约关系，这种契约关系必然导致作为代理人的地方政府的机会主义行为，增加政府之间的交易成本，降低财政包干制度运行效率。由此说明，财政包干体制与社会主义市场体制内在的规范性要求还有一定差距，制度的非均衡迫使新一轮的财税体制改革被提上议事日程。

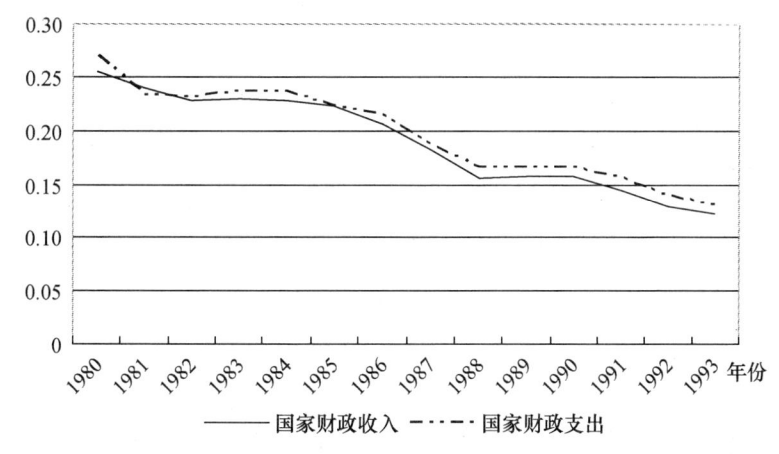

图 3-4 改革开放后国家财政收入和支出占 GDP 比重的变化趋势（1980—1993 年）

资料来源：根据《中国统计年鉴》（2010）整理而得。

(三) 分税制财政体制

为了弥补财政包干体制的内在缺陷，从制度上建构与市场经济体制相适应的规范化的政府间财政分配关系，增加中央可支配收入，1994 年中央政府全面推行分税制财政体制改革，有中国特色的分权体制框架也由此基本确定。分税制首先在明确中央政府和地方政府事权的基础上划分了各自的财政支出范围[1]，再进一步根据事权和财权相对应原则，在中央政府和地方政府之间界定了财政收入范围[2]，并建立转移支付制度（主要采取税收返还形式）协调各级地方政府间的关系。从改革初步绩效看，分税制财政体制的实施扭转了自 1980 年以来国家财政收入占 GDP 比重下降的势头，从改革前 1993 年的 12.31% 持续增加至 2010 年的 20.71%（见图 3-5）。另外，分税制改革显著提高了中央财政收入占国家财政预算总收入的比重，从改革前 1993 年的 22.02% 上升到 2010 年的 51.13%，并且 1998 年以后就一直保持在 50% 以上的份额（见图 3-6）。这"两个比重"

---

[1]《国务院关于实行分税制财政管理体制的决定》（国发〔1993〕85 号）指出，中央财政主要承担国家安全、外交和中央国家机关运转所需经费，调整国民经济结构、协调地区发展、实施宏观调控所必需的支出以及由中央直接管理的事业发展支出。具体包括：国防费，武警经费，外交和援外支出，中央级行政管理费，中央统管的基本建设投资，中央直属企业的技术改造和新产品试制费，地质勘探费，由中央财政安排的支农支出，由中央负担的国内外债务的还本付息支出，以及中央本级负担的公检法支出和文化、教育、卫生、科学等各项事业费支出。而地方财政主要承担本地区政权机关运转所需支出以及本地区经济、事业发展所需支出。具体包括：地方行政管理费，公检法支出，部分武警经费，民兵事业费，地方统筹的基本建设投资，地方企业的技术改造和新产品试制经费，支农支出，城市维护和建设经费，地方文化、教育、卫生等各项事业费，价格补贴支出以及其他支出。

[2]《国务院关于实行分税制财政管理体制的决定》（国发〔1993〕85 号）指出，根据事权与财权相结合的原则，按税种划分中央与地方的收入。将维护国家权益、实施宏观调控所必需的税种划为中央税；将同经济发展直接相关的主要税种划为中央与地方共享税；将适合地方征管的税种划为地方税，并充实地方税税种，增加地方税收入。具体划分如下：中央固定收入包括：关税，海关代征消费税和增值税，消费税，中央企业所得税，地方银行和外资银行及非银行金融企业所得税，铁道部门、各银行总行、各保险总公司等集中交纳的收入（包括营业税、所得税、利润和城市维护建设税），中央企业上缴利润、外贸企业出口退税等；地方固定收入包括：营业税（不含铁道部门、各银行总行、各保险总公司集中交纳的营业税），地方企业所得税（不含上述地方银行和外资银行及非银行金融企业所得税），地方企业上缴利润，个人所得税，城镇土地使用税，固定资产投资方向调节税，城市维护建设税（不含铁道部门、各银行总行、各保险总公司集中交纳的部分）、房产税、车船使用税、印花税、屠宰税、农牧业税，对农业特产收入征收的农业税（简称农业特产税）、耕地占用税、契税、遗产和赠予税、土地增值税、国有土地有偿使用收入等；中央与地方共享收入包括：增值税（中央分享 75%，地方分享 25%）、资源税（资源税按不同的资源品种划分，大部分资源税作为地方收入，海洋石油资源税作为中央收入）、证券交易税（中央与地方各分享 50%）。

的增加意味着分税制财政体制实现了改革的初始目标,有效缓解了中央政府在市场经济深入发展且宏观经济调控更趋复杂条件下面临的财政压力。

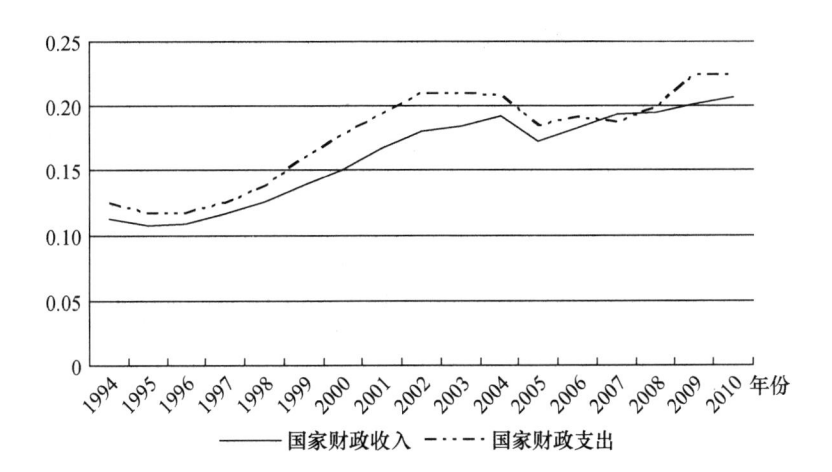

图3-5 分税制改革后国家财政收入和支出占GDP比重的变化趋势(1994—2010年)

资料来源:根据《中国统计年鉴》(2010)整理而得。

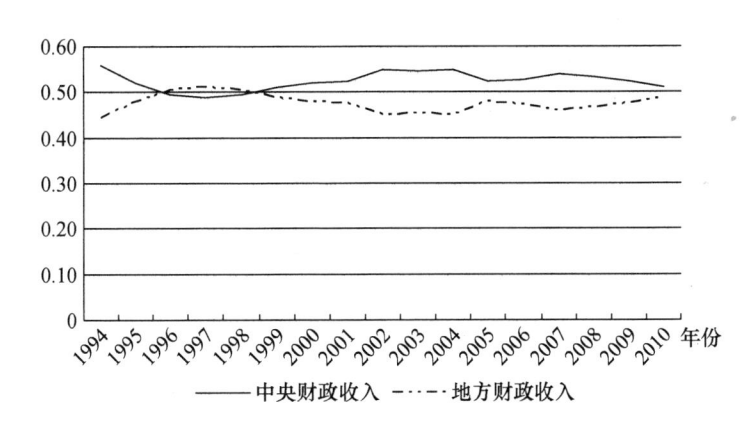

图3-6 分税制改革后中央和地方财政收入占国家财政预算总收入比重变化趋势(1994—2010年)

资料来源:根据《中国统计年鉴》(2010)整理而得。

但是,随着财政收入向中央政府的集中,地方政府的财政收入占国家财政预算总收入的比例明显削减,从改革前的70%以上降为改革后的50%以下(见图3-6),表明始于1994年的分税制改革改变了中央政府与地方政府的财政收入分配格局。那么,是否可以据此推断分税制改革降低了财政分权的程度,并弱化了对地方政府的财政激励呢?对此问题做出正确回答的关键是,如何选择财政分权程度的度量指标,是采取收入分权还是支出分权?采取总量数据计算分权还是人均数据计算分权?不同的选择可能给出截然不同的结论。Jin等(1999)采用了人均地方财政支出占人均中央财政支出的份额指标,并度量了分税制改革前我国财政分权的程度。[①] 为了比较分析,本书也选取该指标对分税制改革后财政分权的程度加以刻画。同时,为消除转移支付的影响,地方政府的财政支出运用省、直辖市和自治区的预算内本级财政支出,鉴于计算口径的一致性,中央政府的财政支出也为预算内本级财政支出。表3-3显示了分税制改革前后财政分权程度的变化。1994年分税制改革以来人均地方本级财政支出占人均中央本级财政支出份额的平均值为3.09,明显高于分税制改革前1982—1992年的平均值1.78,意味着1994年税制改革并不是降低而是提高了财政分权化程度[②],这和朱恒鹏(2004)[③]的实证研究结论是一致的。

表3-3　　　　　　　　分税制改革前后财政分权程度

样本区间	平均值	标准差	变异系数	最大值	最小值
1982—1992年 (Jin等,1999)	1.78	1.32	0.74	7.11	0.61
1994—2004年	3.09	2.52	0.82	16.99	0.76

注:这里使用的数据是1980—2004年省际面板数据,样本包括除西藏和重庆(重庆1997年及以后的数据并入四川省)以外的29个省、自治区和直辖市。

资料来源:根据《新中国五十五年统计资料汇编》整理而得。

---

① Jin, Hehui, Qian, Yingyi and Weingast, Barry R., Regional Decentralization and Fiscal Incentives: Federalism, Chinese Style, Stanford University Working Paper, 1999.

② 我国地方政府预算体制的基本特征是,在正式的财政体制外还存在大量非正式的财政安排,而这里的财政分权指标没有考虑地方政府预算外支出情况,但并不影响我们的结论。因为分税制改革后,中央并没有完全控制住地方政府所掌握的预算外收支的权力,使地方政府实际拥有很大的自主收支权。所以,如果纳入地方政府预算外支出的数据,则会进一步证实而不是否定我们的结论。

③ 朱恒鹏:《分权化改革、财政激励和公有制企业改制》,《世界经济》2004年第12期。

如果从财政支出总量来考察分权①,分税制改革也并没有降低地方政府财政支出占国家预算总财政支出的份额,反而从改革前的50%以下跃升为70%左右(见图3-7)。世界银行报告认为,世界上只有少数几个国家,在整个国家的财政支出中,地方政府支出的比例超过40%(Word Bank,1996)②,这个比例在发展中国家(20世纪90年代末)、转轨国家(20世纪90年代末)以及OECD国家(20世纪90年代末)也仅为14%、26%和32%(见表3-4)。这充分说明,与其他国家比较,我国的财政分权化程度相当高。因此,无论是分税制前的事实上的经济分权,还是分税制后的法定分权,其实都赋予了地方政府自由裁量的空间(李涛、周业安,2008)。③也就是说,尽管分税制改革前后分权形式和程度处于变动之中,但财政体制的高度分权特征并未改变,总体保持了对地方政府财政激励的有效性和稳定性。

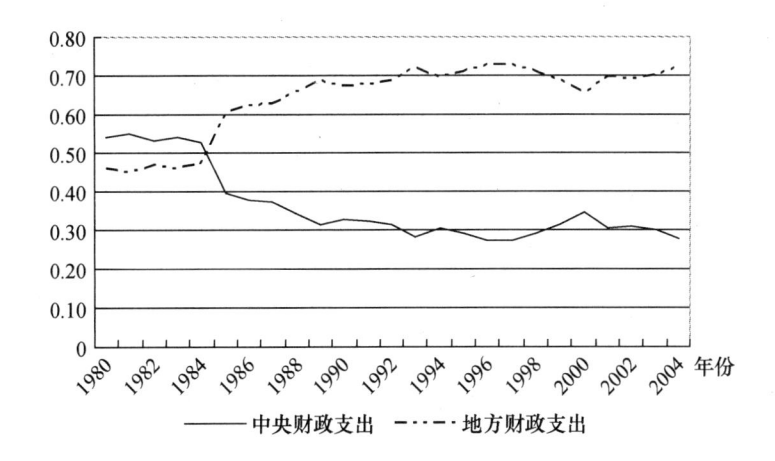

图3-7 中央和地方财政支出占国家财政预算支出比重变化趋势(1980—2004年)

资料来源:根据《新中国五十五年统计资料汇编》整理而得。

---

① 即用地方财政支出占国家预算内总支出的比重来衡量分权,这也可以反映出地方政府财政支配权力的大小。

② World Bank *The Chinese Economy: Fighting Inflation, Deepening Reforms*, A World Bank Country Study, Washington D. C., 1996.

③ 李涛、周业安:《财政分权视角下的支出竞争和中国经济增长:基于中国省级面板数据的经验研究》,《世界经济》2008年第11期。

表 3-4　　　　　　　中国与世界主要国家财政分权程度比较

国家	地方政府支出比重（占全国总支出百分比）	国家	地方政府支出比重（占全国总支出百分比）
中国 2004 年	72	德国	40
发展中国家 1990s	14	印度	46
转型国家 1990s	26	日本	61
OECD 国家 1990s	32	美国	46

资料来源：《中国统计年鉴》以及黄佩华（2005）。

二　转型中的财政分权与特殊的政治激励

当然，对转型中的中国来说，财政激励并不是地方政府面临的全部激励。同样是转轨国家的俄罗斯，财政分权体制下地方政府受到的财政激励非常微弱，当地方政府收入增加时，中央政府反而减少对其的转移支付规模并降低其在财政收入中的分享份额，导致地方政府缺乏发展经济的内生动力，因此，俄罗斯没有取得同中国一样的经济绩效（Zhuravskaya，2002）。[①] 这就意味着，仅从财政激励的视角还不能完全解释中俄两国之间地方政府行为的差异以及经济表现的差异。对此，Blanchard 和 Shleifer（2001）指出，财政分权的绩效必须依赖政治上的某种集中。[②] 他们认为，中国正是在对地方政府实施财政分权的同时，保持了政治上的集权，中央政府拥有强大的能力奖励和惩罚地方官员的行为，于是发展出一套有效的政治激励促进地方政府推动经济增长；而俄罗斯对地方政府的控制能力较弱，无法改变地方政府阻碍地方经济发展的掠夺行为。Bardhan（2006）也论证了中俄两国在 20 世纪 90 年代之后出现的经济绩效差异主要是政府行为上的差异造成的。[③]

尽管世界上绝大多数国家都选择了财政分权化改革路径，但与其他联邦治体制国家不同，中国的财政体制改革自始至终都是在垂直的政治管理

[①] Zhuravskaya, E. V., "Incentives to Provide Local Public Goods: Fiscal Federalism, Russian Style". *Journal of Public Economics*, Vol. 76, No. 3, 2000, pp. 337 – 368.

[②] Blanchard, O. and Shleifer, A., "Federalism with and without Political Centralization: China versus Russia". *MF Staff Papers*, Vol. 48, March 2001, pp. 171 – 179.

[③] Bardhan, P., Awakening Giants, "Feet of Clay: A Comparative Assessment of the Rise of China and India", Paper Presented at International Conference on the Dragon and the Elephant: China and India's Economic Reforms, July1 – 2, Shanghai, China, 2006.

体制下进行的。所以,中国式财政分权体制的特有属性是政治上的中央集权或者说政治体制安排实行单一制(张军等,2007;傅勇、张晏,2007)。① 与此相对应,政治联邦主义地方政府的激励和约束主要源于当地辖区的居民和市场主体,而中国则更多地来自中央政府,因为中央政府是地方政府执政效果的考核者,决定了地方政府官员在政治市场上是否可以晋升,尽管当地居民和市场主体可以通过人大会行使自己的权利来间接影响地方政府。正如新制度经济学所强调的,人们的行为受到他们所面临的制度环境的塑造和制约,在现行的政府治理体制下,中央政府对地方政府的考评制度将决定地方政府的目标函数和行为方式。

改革开放以来,为了适应促进地方经济增长进而推动全国经济发展要求,中央政府对地方政府官员的选拔和晋升的标准由传统计划经济时期的政治绩效为主转变为经济绩效为主,而经济绩效考核指标的核心是地方GDP增长的速度和规模,由此使地方政府官员的职位晋升②与本地经济发展绩效直接挂钩。固然,经济指标并不能完全反映地方政府的公共管理水平,那为何中央政府会选择这种指标呢?一个合乎逻辑的理论解释是,由于地方政府比中央政府更了解当地情况,自然就拥有更多的私人信息,从而产生隐瞒甚至欺骗等机会主义行为,给中央政府考核带来诸多困难(周业安等,2004)。③ 此外,选用具体可量化的指标进行绩效评价比那些难以量化、受主观因素影响的指标更能节约交易成本,基于以上两个因素,中央政府考核地方政府的现实选择就是经济指标,通过以经济增长为核心的经济指标间接传递中央的政治意图。系统的经验研究也证实了地方政府官员的政治升迁确实与政绩产出存在紧密的联系(Li and Zhou,2005;Maskin,2000)。

更进一步地,政治激励对我国地方政府行为取向和结构的影响是什么?从代理经济学角度看,中央政府和地方政府之间的关系属于典型的委托—代理关系,且地方政府面临的任务是多重的。对于多任务的激励机制

---

① 张军等:《中国为什么拥有了良好的基础设施?》,《经济研究》2007年第3期;傅勇、张晏:《中国式分权与财政支出结构偏向:为增长而竞争的代价》,《管理世界》2007年第3期。

② Anthony Downs(1967)认为,职位升迁主要有三种实现方式:一是晋升到更高的官僚层级;二是增加与目前工作和职位相关的权力、收入和声望;三是调任至另一个官僚机构获得一个新的和更满意的工作。与此观点一致,本书的职位晋升同样包括了这三种方式。

③ 周业安等:《地方政府竞争与市场秩序的重建》,《中国社会科学》2004年第1期。

问题，霍姆斯特罗姆和米尔格罗姆（Holmstrom and Milgrom，1991）做了全面的分析。他们认为，仅仅研究代理人一项活动的特征，无法正确推断出对该项活动的恰当激励，事实上，现实中的代理人往往从事多项任务，或者即使一项任务也涉及多个维度，因此，激励需要考虑多任务之间的替代和互补关系。[①] 也就是说，当对任务集合中的某项任务强化激励时，必将减少其他替代任务的努力水平。对于中央政府代理人的地方政府，承担了发展地方经济、维护社会稳定以及提供公共物品等多项任务，在现行绩效考评制度的激励下，追求晋升最大化的地方政府会非常理性地把其所有的努力投向能获得高额回报（政治利益）的任务中，亦即加快地方经济发展，以此向中央政府传递出更为明显的政绩信号。这就意味着，以经济增长为核心的考核制度构成了地方政府推动本地区发展的又一强大动力。

总的来说，与经济体制逐渐由计划经济向市场经济转型相适应，我国财政体制也逐步由集权型向分权型演进，因此，财政分权是经济转型的重要内容。这种财政分权制度使地方政府从此享有一定的受制度保障的财政收入剩余索取权和财政支出控制权，客观上就承认了各个地方政府相对独立的经济主体地位，对各个地方政府产生了强烈的财政竞争激励。但我国在经济领域分权的同时保持了政治领域的集权，中央政府对地方政府官员的考核、晋升具有绝对的权威，在现行以经济绩效为核心的考核机制下，地方政府为实现晋升或政治利益最大化而相互竞赛。因此，中国转轨时期政府多级财政分权与单一政治集权相结合的分权模式，赋予了地方政府特有的双重激励即财政激励和政治激励，共同驱使地方政府为推进本地区经济增长而展开激烈的标尺竞争。

第三节　地方政府财政竞争行为特征和形式

在中国转型背景下，财政分权体制诱使地方政府加快本辖区经济增长，以此可以支配更大的财政或预算规模，同时在政治市场上累积更好的声誉。而经济增长需要资本、劳动力等要素的持续投入，并且这些要

[①] 霍姆斯特罗姆、米尔格罗姆：《多任务委托代理分析：激励合同、资产所有权和工作设计》，载路易斯·普特曼《企业的经济性质》，上海财经大学出版社 2003 年版，第 314—332 页。

素是稀缺的,在此约束下,理性的地方政府纷纷采取相应的策略留驻本辖区的要素以及吸引辖区外要素的流入。那么,地方政府对哪类要素更为偏好呢?以及地方政府为了吸引所偏好的要素会采取哪些竞争策略或方式呢?

一 资本偏好、流动性约束与外资依赖

从新古典增长模型 $Y = F(K, L, A)$（式中,K 为资本存量,L 为劳动力投入,A 为常数,表示初始的技术水平）可以看出,资本要素和劳动要素都是经济增长的源泉,特别是资本要素对经济增长的贡献非常重要。尽管后来的内生增长模型[①]抛弃了新古典增长模型所主张的要素同质性假设,把人力资本内生于该生产函数,用以分析更为复杂的现实增长,但资本[②]的作用并未被忽视。已有经验研究运用上述增长模型,结合中国改革开放以来的经济事实,也证实了资本是经济增长的主要推动力量。樊纲和王小鲁（2000）的研究发现,1979—1999 年中国经济增长率（调整后）为 8.3%,其中资本的贡献就占到了 61.4%,而劳动的贡献仅为 9.8%。[③]王小鲁（2001）同时也表明,改革期间（1979—1998 年）资本投入对经济增长做出了重要贡献,使经济增长率比改革前提高了 2.5 个百分点。[④]邱晓华等（2006）通过估计 1980—2004 年经济增长率的来源发现,这段时期经济增长率平均为 9.8%,其中资本贡献为 59.2%,劳动贡献为 5.1%,技术进步贡献为 35.7%。[⑤] 理论和经验两个层面都说明,中国经济增长主要得益于资本的贡献。既然如此,吸引更多有价值的资本流入本

[①] 为了修正新古典增长模型,卢卡斯（1988）构造了一个包含人力资本贡献的内生增长模型,其基本形式是 $Y = AK^\beta (uhL)^{1-\beta} h_\alpha^\psi (\psi > 0)$,其中,$Y$ 表示总产出,K 表示物质资本存量,u 表示劳动者的工作时间,h 表示以教育水平衡量的劳动力平均质量,L 表示劳动力数量,uhL 定义为人力资本,h_α^ψ 反映了人力资本的外溢效应。与新古典增长模型不同的是,内生增长模型认为当人力资本具有正的溢出效应时,要素将呈现规模报酬递增的特征;此外,技术进步也被视为人力资本积累和知识的函数,即技术进步是内生的而非外生给定的参数。

[②] 资本是在生产过程中物资和货币的投入,可从形态上分为物质资本、人力资本和知识资本。这里分析的是物质资本,我们试图考察物质资本的流动性对政府财政竞争的影响以及由此引致的后果。这种分析思路同样适用于人力资本。

[③] 樊纲、王小鲁:《中国经济增长的可持续性——跨世纪的回顾与展望》,经济科学出版社 2000 年版。

[④] 王小鲁:《改革 20 年和今后 20 年：投资对经济增长的贡献》,《国家行政学院学报》2001 年第 4 期。

[⑤] 邱晓华等:《中国经济增长动力及前景分析》,《经济研究》2006 年第 5 期。

辖区，加快本辖区资本的形成与积淀，促进地方经济增长，就成为转型期分权经济下地方政府的现实选择，从而强化了地方政府以资本为中心的增长模式。与此相伴随的问题是，地方政府资本偏好的对象是国有资本，还是私人资本抑或外资呢？这取决于三种资本的流动性程度，同时，探究此问题仍然需要放置于转型时期财政分权体制的框架下。

分税制改革后，随着财政收入向中央政府的上移，地方政府财政收入占国家财政预算总收入比重明显减少，从改革前的70%以上降为改革后的50%以下[1]，削弱了地方政府的机动财力。另外，由于财政制度变迁的路径依赖性质，分税制改革并没有在地方政府建立起完备的地方税收体系。在此情形下，地方政府所能控制的企业上缴的所得税和利润就成为政府的主要税基和收入来源，所以，各地政府必然采取严格的措施阻碍本辖区资本，尤其是国有资本的外流。[2] 那么，在国有资本和私人资本面临流动性约束的情况下，一个自然而然的逻辑推理是，吸引外资成为地方政府经济工作的重中之重，全国各地如火如荼的"招商引资"热潮便是很好的例证。为何外资或外商直接投资（FDI）如此受到地方政府的青睐呢？这源于改革开放后，尤其是20世纪90年代以来，我国正式确立了市场经济体制改革的战略目标，外资不仅没有受到制度约束，反而在市场准入、融资以及税收政策等方面享受着"超国民待遇"，外资的流动性逐步增强，并成为我国资本投资中的重要组成部分。图3-8显示，改革开放后外商直接投资规模不断扩大，在全社会固定资产投资总额中的比重也逐渐上升，从1983年的2.65%增至1993年的49.12%，之后有所下降，但1999年后也基本维持在15%之上，远高于改革开放初始水平。此外，外商直接投资通过在当地投资设厂或合作经营，不仅可以给当地带来稀缺的资本，还可以带来先进的技术和管理经验，产生较强的技术外溢效应[3]，

---

[1] 数据来源于《新中国五十五年统计资料汇编》（中国统计出版社），经整理而得。

[2] 需要说明的是，转型时期私人资本不仅受财政分权制度的约束，还在市场准入和融资时面临一定的制度歧视。以间接融资为例，在2003年的全国工业产值中，民营企业贡献了全国工业产值的20%，而实际获得贷款份额仅占贷款总额的11%；相比之下，国有企业控制了全部贷款资源的35%，而在工业总产值中的贡献仅有26%（张宇，2009）。由此看来，即使私人资本可以流动，制度约束也使其投资的空间有限，这自然不会成为地方政府财政竞争的首要对象。

[3] 陈琳、林珏（2009）认为，外商直接投资的溢出渠道通常有两类：一类是行业间溢出（垂直溢出），一般是通过跨国公司和当地厂商的前向和后向联系来实现；另一类是行业内（水平）溢出，途径有竞争效应、示范效应以及人员培训效应等。

使当地企业受益。基于上述考虑,地方政府便纷纷运用财税和支出政策试图吸引更多的外资流入,由此也使中国经济整体上凸显出"外资依赖"的特征。据统计,截至2007年年底,中国累计批准设立的外商直接投资企业为63.5万家,实际吸引的外商直接投资额已超过7700亿美元,成为世界上吸引外资最多的国家之一(徐和连等,2009)。[①] 从外商直接投资的区位分布看,1987年以来,我国东部地区是外商直接投资的主要聚集区域,这一地区所吸引的外商直接投资占全国的份额基本稳定在80%以上。[②] 随着我国改革开放的逐渐深化,外资在我国的区位分布也逐步从东部地区向中西部地区扩散。图3-9显示了这一动态变化过程。从中可以看出,省际间外商直接投资占国内生产总值比重的变异系数经短期波动后,整体呈现出缓慢下降的趋势,从1987年的1.28降为2004年的0.78,反映出外资向中西部经济欠发达地区扩散的迹象。这说明,无论是经济较发达的东部地区,还是经济落后的西部地区,地方经济的发展依赖于外来资本的贡献。

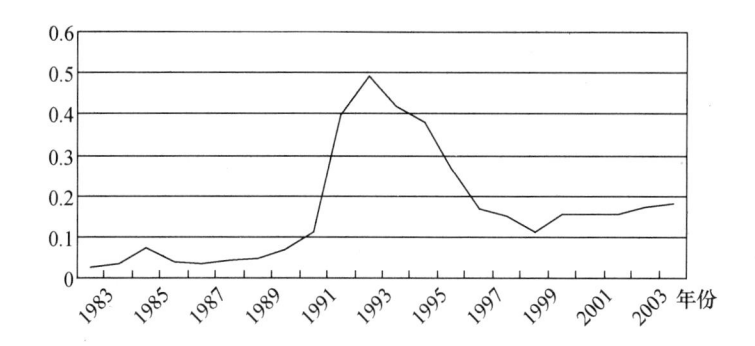

图3-8 改革开放后外商直接投资占全社会固定资产投资比重的变化趋势(1983—2004年)

资料来源:外商直接投资和全社会固定资产投资数据均来源于《新中国五十五年统计资料汇编》(中国统计出版社),人民币汇率(年平均价)数据来源于《中国统计年鉴》(历年),经整理而得。关于外商直接投资的数据,我们选用各年人民币对美元的平均汇价进行折算。

[①] 徐和连等:《外商直接投资、劳动力市场与工资溢出效应》,《管理世界》2009年第9期。

[②] 该数据来源于《新中国五十五年统计资料汇编》(中国统计出版社),经整理而得。

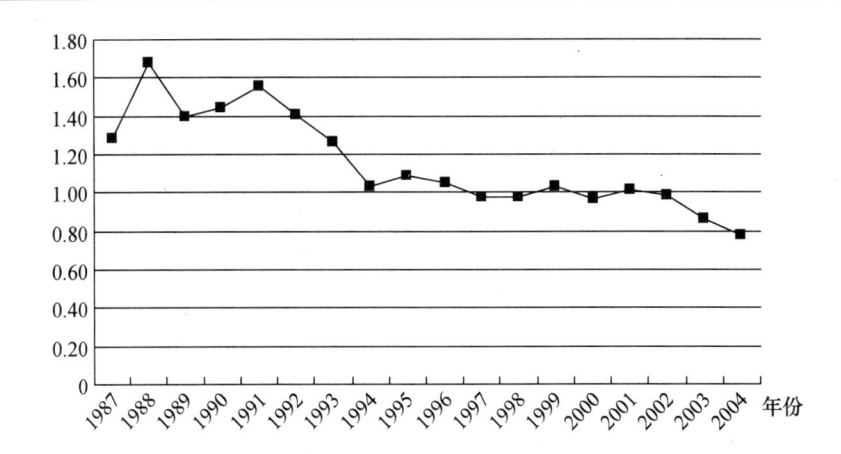

图 3-9 省际外商直接投资占地区国内生产总值比重的变异系数（1987—2004 年）

注：这里使用的数据是 1987—2004 年省际面板数据，样本包括了除西藏和重庆（重庆 1997 年及以后的数据加权并入四川省）以外的 29 个省、自治区和直辖市。其中，"四川 + 重庆" 1997 年及以后的外商直接投资与国内生产总值数据并不是简单加总，而是运用四川与重庆 1997 年及以后名义外商直接投资与名义国内生产总值进行人口规模加权平均的方法获得。关于外商直接投资的数据，我们选用各年人民币对美元的平均汇价（中间价）进行折算。

资料来源：外商直接投资和国内生产总值数据均来源于《新中国五十五年统计资料汇编》（中国统计出版社），人民币汇率（年平均价）数据来源于《中国统计年鉴》（历年），经整理而得。

二 地方政府财政竞争的形式

外资的内在属性决定了其向回报率最高的区域流动，正是由于外资的跨区域流动，某个地方政府为吸引外资要素而采取的策略会对其他地方政府产生溢出效应。比如，某一地区所实行的增减税政策会使外资流出或流入，外资的跨区域流动将扩散或影响到其他地区，其他地区调整后的税收政策也会经同样的路径传导进来。因此，从理论上说，在财政分权的体制下，伴随着外资的跨区域流动，各地区的经济利益由此紧密联系在一起，某个地方政府的财政政策将深刻影响其他地方政府的政策选择，从而演变出地方政府之间以吸引外商直接投资为导向的财政竞争。这种横向的财政竞争主要包括税收竞争、支出竞争以及转移支付竞争三种形式。

与西方严格意义上的财政分权不同[①]，我国的税种、税率由中央政府

---

① 严格意义上的财政分权体制允许地方政府拥有相对充分的税收和支出的支配权，在税收的自主权方面，既包括设置税种的权利，也包括设置税率的权利。

统一制定，除了筵席税、屠宰税①等非常不重要的税收之外，地方政府不存在完整且独立的税收制定权，尽管1994年分税制改革已将各税种划分为中央税、地方税以及中央地方共享税。但并不意味着我国地方政府无法运用财税政策吸引外资。实际上，分税体制下仍然承认地方政府拥有一定的税收减免权。财政部、国家税务总局〔1994〕1号文件就明确规定了企业所得税优惠的适用范围、减免幅度和减免期限，《中华人民共和国外商投资企业和外国企业所得税法》及其实施细则进一步对投资于不同地域（是否沿海经济开放区、经济特区）、不同区域（是否经济技术开发区、高新技术产业园区等）、不同产业与项目（是否为能源、交通以及国家鼓励的其他项目）的涉外企业确定不同的所得税优惠政策。② 显然，国家在改革开放初期采取的是一种区域性税收倾斜政策，这些政策帮助沿海经济特区和经济开放区以及整个东部地区吸引了大量外来资本，加快了这些地区的经济发展。为了缩小与发达地区的差距，经济欠发达的中西部地区政府也在国家统一的税收优惠政策之外越权制定地区性的所得税优惠政策，对城镇土地增值税、土地使用税的减免，尤其是各类园区和开发区用地的减免税都比较随意（张晏，2005）。③ 到20世纪90年代中期，全国各地已经形成形式各样且多层次的税收优惠体系（马静，2009）。④ 实际上，无论是制度内税收优惠还是制度外税收优惠，都有效降低了外商投资企业的实际税率。据统计，2004年"三资"企业的实际税率仅为10.54%，远远低于国有企业（19.51%）和民营企业（19.78）的税率水平（张宇，2009）。⑤ 因此，尽管我国不是标准意义上的财政分权国家，我国地方政

---

① 张晏（2005）认为，由于筵席税、屠宰税等税种所对应的税基流动性差，地方政府差别性的税收政策并不构成税收竞争。

② 《中华人民共和国外商投资企业和外国企业所得税法》第七条规定："设在经济特区的外商投资企业，在经济特区设立机构、场所从事生产、经营的外国企业和设在经济技术开发区的生产性外商投资企业，减按15%的税率征收企业所得税；设在沿海经济开放区和经济特区、经济技术开发区所在城市的老市区的生产性外商投资企业，减按24%的税率征收企业所得税；设在沿海经济开放区和经济特区、经济技术开发区所在城市的老市区或者设在国务院规定的其他地区的外商投资企业，属于能源、交通、港口、码头或者国家鼓励的其他项目的，可以减按15%的税率征收企业所得税，具体办法由国务院规定。"

③ 张晏：《分权体制下的财政政策与经济增长》，上海人民出版社2005年版，第125—126页。

④ 马静：《财政分权与中国财政体制改革》，上海三联书店2009年版，第198页。

⑤ 张宇：《制度约束、外资依赖与FDI的技术溢出》，《管理世界》2009年第9期。

府依然具备吸引外资的财税途径,地方政府之间的税收竞争是普遍存在的,且这种竞争主要是税收优惠的竞争。

支出竞争也是地方政府之间财政竞争的一种形式,它通过供给公共产品和公共服务的方式来竞争稀缺性的流动性要素。上述分析表明,始于1994年的分税制改革重新调整了中央政府与地方政府的财政收入分配格局,明显削减了地方政府财政收入占国家财政预算总收入的比重,但从地方政府本级预算内财政支出占中央政府本级预算内财政支出的比率来衡量,分税制改革并没有降低反而提高了财政分权程度,这就说明地方政府在分税制改革后实际上拥有更加广泛的资源配置权力。其中可能的原因是,市场化改革要求政府逐步退出经济领域,但政府在退出过程中仍然掌握了大量经济资源,由于中央政府缺乏足够的直接配置这些资源的能力,不得不依赖地方政府实施资源配置(周业安,2003)。[①] 另外,改革开放后,中央政府为了激励地方政府把工作的重心转移到地区经济增长上来,不得不把制定本地经济发展战略以及各种投资项目的决策权等资源配置权力赋予地方政府。魏新亚(2002)就发现,中央投资的项目比例在1991年之前一直保持在50%以上的水平,而到1999年仅占32.5%,这说明中国对经济建设项目的投入逐渐转入以地方投资为主的阶段。[②] 在竞争外资过程中,地方政府充分运用了这些资源配置权力,加大公共投资力度,提高公共服务供给的数量和质量,积极为外商投资企业营造良好的发展环境。因此,分税制改革后,随着财政分权程度的扩大,地方政府实际拥有的财政支出权力也随之扩大,地方政府则就有更好的途径或条件吸引外商投资企业的流入。

如果说税收竞争与支出竞争是最直接的竞争形式,那么,地方政府间争取中央财政对本辖区更多的财政转移支付便是一种间接的财政竞争形式。地方政府尤其是中西部省份在推动地区经济发展过程中,除了充分运用本辖区自有的财政收入外,更多的还要依赖中央财政资源的大力支持,这也是地方政府竞争转移支付资源的根本原因。更为重要的是,虽然转移支付制度伴随财政体制的改革经历了多次调整,但现行的转移支付制度框架仍不完善,大部分转移支付项目如税收返还、体制补助等依然沿用

[①] 周业安:《地方政府竞争与经济增长》,《中国人民大学学报》2003年第1期。
[②] 魏新亚:《中国基础设施建设投资构成的地区差异》,《上海经济研究》2002年第12期。

"基数法",转移支付额度的确定带有相当的主观性和随意性,这为地方政府间向中央政府争取更多的转移支付资源留下了博弈空间。当然,转移支付资源究竟向谁倾斜取决于地方政府之间向中央政府施加的政治影响的对比情况。

第四节 异质性地方政府财政竞争行为的结果

正是中国式分权体制提供的双重激励所诱发出的地方政府间异质性的财政竞争行为,导致了地区之间财政能力水平的差距和公共支出偏好的差异,进而在转型中的大国引发了区域民生类公共服务差距的问题。下面将对这一判断给出更为系统的解释,并提出有待实证检验的理论假说。

一 地方政府财政竞争对地区财政能力的作用机制

财政能力是指各地区供给大致相当的公共物品或公共服务的能力。现有文献主要从理论财力和实际财力两个不同角度来理解该能力,前者考虑的是某一辖区理论上的财力规模,后者则讨论的是该辖区实际上的财力水平,两者主要差异在于税收努力程度。鉴于各地区税收努力程度的不同,本书主要考察各地方政府可支配的实际财力,亦即地方本级财政收入与上级政府的净转移支付之和。

地方政府推动经济增长需要相应要素特别是资本要素的持续投入,在要素稀缺约束下,理性的地方政府竞相采取税收优惠策略留驻本辖区的要素以及吸引辖区外要素的流入。落后地区由于经济规模、市场化程度以及产业集聚水平不及发达地区,在面临刚性的财政支出的约束下,地方政府不得不更多地依赖税收优惠途径吸引要素,结果在短期内毁灭了当地未来的税源;而发达地区一方面凭借其在资本市场上的相对垄断势力,可以保持相对较高的税率,另一方面又积极改善公共服务的质量以增强投资的吸引力。

理论假说1:地方政府的这种异质性的税收竞争行为将对不同地方政府的财政能力造成影响,可能导致初始财政就相对脆弱的落后地区进一步陷入财政的困境,进而扩大地区之间财政能力的差距。

此外,地方政府为获取更大的财政规模,纷纷向中央政府竞争财政转移支付资源。尽管以分权为核心的改革赋予地方政府更多资源控制权,但中央政府仍然占有或能够配置很大一部分社会资源,并直接或间接主导社会经济的发展。在此背景下,财政转移支付政策的实质就是中央政府将社会资源在地方政府之间的再分配,地区利益集团之间为增进集团自身的利益而进行的博弈必将改变这种资源的分配格局。由于东部发达地区往往处于竞争的绝对优势地位,转移支付资源的分配自然是更多地向发达地区倾斜,本身基础财力较弱的西部落后地区反而获得相对较少的转移支付。从转移支付政策演进的脉络看,分税制改革前的1980—1993年,我国实行了"财政包干"的财政管理体制,与此相适应,中央政府对地方政府采取了定额补助、结算补助、差额包干补助、总额收入分成、专项拨款、体制补助和体制上解等多种自上而下与自下而上相结合的转移支付形式。1994年的分税制财政体制改革中,中央政府实施了与原体制"双轨并行"、逐步过渡的转移支付改革办法。在保存原有转移支付形式基础上,引入了中央对地方的税收返还和过渡期转移支付形式,随着经济的发展,转移支付形式又经历了多次调整与补充,从而建立了现有转移支付政策的基本框架。该框架主要包括以下几种转移支付形式:体制补助(或体制上解)、结算补助、税收返还、专项转移支付、财力性转移支付。其中以税收返还为主的前四种转移支付形式构成了现行转移支付政策的重要组成部分。这充分说明,分税制财政体制改革主要是对东部发达地区既得利益的承认与维护,并部分兼顾了缺乏话语权的西部落后地区的利益。

理论假说2:地区利益集团之间为增进集团自身的利益纷纷向中央政府竞争具有再分配性质的转移支付资源。由于东部发达地区往往更具有发言权和竞争力,使得转移支付资源的分配更多地向发达地区倾斜,本身基础财力较弱的西部落后地区自然获得相对较少的转移支付,这将进一步扩大地区之间的财力差距。因此,现行的转移支付政策总体上可能并不具有财政均等化效应。

综合来看,地方政府的财政收入水平与中央对地方政府的转移支付规模共同决定了某个地区供给公共服务的财政能力。在现行分级财政体制下,各辖区居民享受的公共服务主要由两部分构成:一部分是由中央政府提供的全国性公共服务;另一部分是各地方政府提供的地方性公共服务,其主要取决于各地方政府的财政能力。因此,各地区财政能力的差异是导致不同地区公共服务供给水平差异的重要原因。财力较差的地区政府提供的基础教育、医疗卫生、社会保障等民生类公共服务严重不足，从而加剧了地区间居民享有民生类公共服务的不平等。为了对区域之间财政能力差异造成公共服务供给差距的传导机制做出进一步的解释，本书构造一个在地方政府支出偏好一致的条件下，基于财政收入与转移支付的公共支出选择模型。结合吕炜、王伟国（2008）的模型[①]，本书假设：（1）地方政府只提供两种公共物品，一种是基本建设等公共投资（硬公共物品），另一种是教育、医疗、社会保障等公共服务（软公共物品）；（2）公共服务的纯公共属性决定了只能由政府提供，而私人部门难以供给；（3）辖区居民对公共服务的需求是真实且有效的。

图 3-10 显示的是基于财政能力的地方政府的公共支出选择模型。其中，IC_w 和 IC_e 分别表示落后地区与发达地区政府的无差异曲线（Indifferent Curve）。这两条曲线的边际替代率相等，说明无论是发达地区还是落后地区的政府对公共投资与公共服务的偏好是一致的。AB 和 CD 则表示转移支付之前落后地区与发达地区的生产可能性曲线，该曲线远离原点的距离由本辖区的经济发展水平和财政收入规模决定。正是源于财政收入的差异，发达地区在公共服务和公共投资的最优供给数量（分别为 g_e^s 与 g_e^i）上都远大于落后地区（分别为 g_w^s 与 g_w^i）。在接受中央政府的转移支付后，发达地区与落后地区的财政能力都有所提升，这突出表现为图 3-10 的生产可能性曲线向外移动，由 AB 和 CD 变为 A'B' 和 C'D'，使得两个地区在公共服务与公共投资供给上都有显著增加。但是，两种公共物品特别是公共服务供给的地区差距并没有因此而缩小。由于两个地区在向中央政府争取转移支付资源的博弈中，发达地区施加的政治影响力更大，从而获得了比落后地区更多的财政转移支付，这反映在发达地区的生产可能性曲线 CD 向外移动的距离比 AB 更大。在新的情况下，两个地区在公共服务和公共投资的供给差距分别为 $g_w^{s*}g_e^{s*}$ 和 $g_w^{i*}g_e^{i*}$，大于转移支付之前的距离 $g_w^s g_e^s$ 和 $g_w^s g_e^s$，说明转移支付进一步拉大了地区之间的财政能力差距，进而扩大了公共服务的供给差距。

[①] 吕炜、王伟同等：《发展失衡、公共服务与政府责任》，《中国社会科学》2008 年第 4 期。

(1) 转移支付前　　　　　　　　(2) 转移支付后

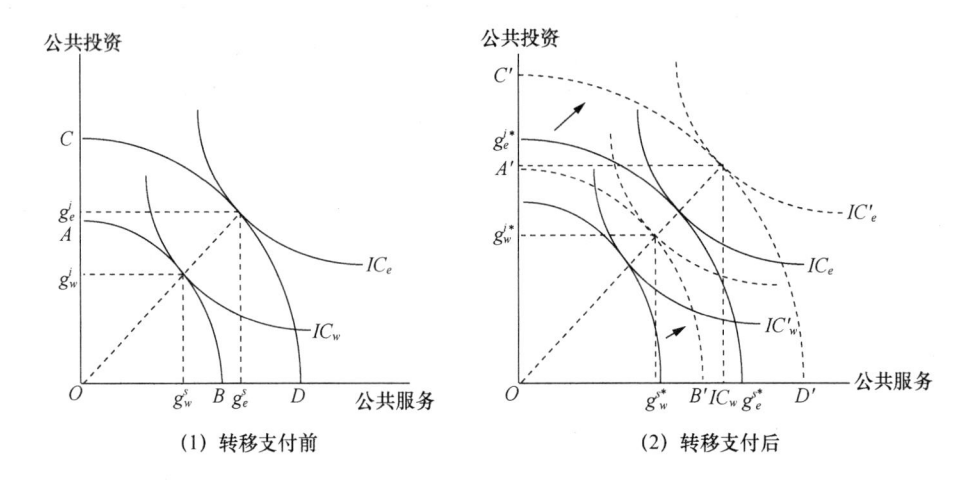

图 3-10　基于财政能力的公共支出选择模型

二　地方政府财政竞争对政府支出偏好的作用机制

假定其他条件不变，区域民生类公共服务差距不仅取决于地方政府的财政能力水平，还取决于地方政府的支出偏好。在这里，政府支出偏好或供给偏好是指政府作为决策主体，其价值观在财政支出领域的一种具体反映，包括政府支出的规模偏好和结构偏好，本书研究的是后者。如果从居民福利是否最大化的角度看，政府支出偏好存在三种情形：第一种是符合居民需求偏好的，第二种是偏离居民需求偏好的，第三种则是完全对抗性的。当然，第三种情形比较少见，更多的是前面两种情形。

中国转轨时期政府多级财政分权与单一政治集权相结合的分权模式，赋予了地方政府特有的双重激励，即财政激励和政治激励，共同驱使地方政府为推进本地区经济增长而展开标尺竞争，这就派生出地方政府支出偏好扭曲地来自竞争的激励。在此激励下，地方政府财政支出的整体取向可能是加大基本建设等公共投资，这不仅可以直接改善当地投资环境有助于吸引 FDI，从而实现任期内更快的经济增长和提升政绩，而且显著改善的硬性投资环境本身就是最容易度量的政绩。尽管科教文卫等公共服务对于提高居民的福利水平和促进长期的经济增长是至关重要的，但短期增长效应并不显著，自然不会成为地方政府的优先选择。因此，由于面临集权的政治体制与分权的财政体制的混合激励，中国地方政府被驱动的方向可能是重视增长效用显著的公共投资，而忽视公共服务的供给。从这个角度说，我国地方政府这种扭曲的支出偏好与我们采取的特殊分权模式是高度关联的。

更为重要的是,我国各地区政府之间其支出偏好扭曲的程度并不相同。也就是说,地方政府的支出偏好具有异质性。因为,由于我国幅员辽阔,地区间社会经济发展水平很不平衡,各地区的财政分权程度上也存在显著的差异。图3-11显示了1978—2006年三大地区各省财政分权指标的横截面均值的变化趋势,从中可以看出,经济较发达的东部地区财政分权程度明显高于中西部地区。这说明,相对于经济欠发达的中西部地区而言,东部地区在吸引FDI的财政竞争中拥有更大的财政规模和更多的财政支出自主权,因而拥有更好且更灵活的途径竞争FDI。当然,发展地方经济仍然是东部地区政府首要的职责。为此,地方政府不得不加强基本建设等公共投资,努力改善当地投资环境以吸引FDI。此外,地方政府也相对提高了科教文卫等公共服务支出水平。这可以从两个方面来解释:一是随着这些发达地区(如北京、上海、广东等)经济的不断发展,能反映公众合理诉求的呼吁机制或渠道也在逐步趋于完善,在此条件下,当地居民对公共服务的需求已能通过包括民意表达在内的各种形式传递到地方政府,使地方政府的支出偏好在某种程度上做出反应;二是为了吸引经济发展需要的高层次人才,某些发达地区(如上海)的户籍制度已开始松动,地方政府为此不得不增加如医疗、社会保障等公共服务的供给。尽管发达

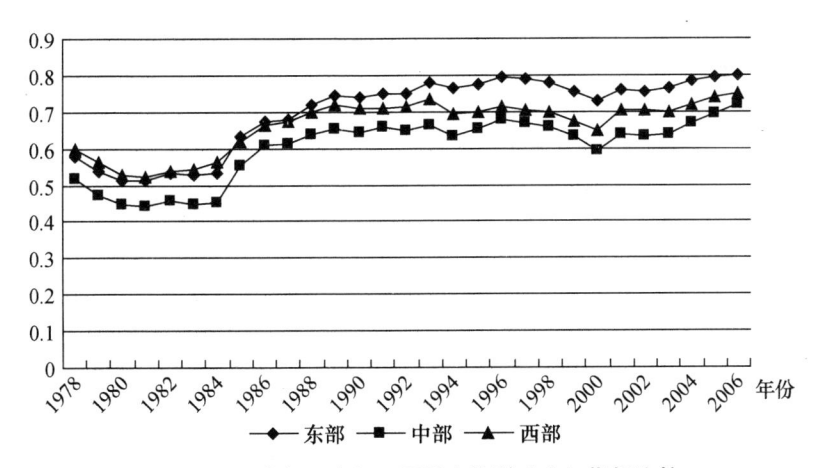

图3-11 东部、中部、西部人均财政分权指标比较

注:这里的财政分权指标是指1978—2006年人均各省财政支出占总财政支出的份额,其中,总财政支出为人均各省财政支出与人均中央财政支出之和。

地区政府已开始从"发展型政府"向"公共服务型政府"转型,但在现行"自上而下"的政治体制背景下,地方政府依然相对偏重于短期增长效应明显的公共投资支出。

对于中西部地区而言,地方政府拥有更强烈的动机加快本辖区经济发展,这反映在为竞争外资而如火如荼进行的大规模基本建设方面。在财政资源本身有限的条件下,不断加大公共投资势必减少与民生相关的公共服务支出。此外,落后地区居民的流动性比较差,不管地方政府如何改善公共服务水平,具有条件流动的那部分高素质劳动力也总是从经济落后地区向发达地区单一流动,这使经济欠发达地区的地方政府更加忽视公共服务的供给。另一方面,落后地区政治体制改革的进程比较缓慢,反映居民需求偏好的呼吁机制不完善,当地居民日益增长的公共服务需求缺乏有效的传递途径。因此,财政分权引导落后地区政府拥有更强支出动力的可能仅仅是基本建设等公共投资,而普遍忽视对辖区居民诸如教育、医疗、社会保障等公共服务需求的满足。

理论假说3:我国转型时期的"自上而下"的政治体制和财政分权相结合的分权模式,激励地方政府为经济增长而展开财政竞争,结果导致地方政府偏重于短期增长效应显著的基本建设等公共投资,忽视科教文卫等公共服务供给。并且,这种扭曲的政府支出偏好具有空间异质性。

为了刻画更真实的地方政府行为以及剖析区域公共服务差距形成的系统因素,本书在基于财政能力的公共支出选择模型(见图3-10)的基础上,进一步放松政府偏好一致的假定。在图3-12中,落后地区与发达地区政府的无差异曲线由初始的 IC'_w 和 IC'_e 向左上方移至 IC''_w 和 IC''_e,两条曲线的边际替代率不再相等,说明两个地区政府的公共支出偏好是异质的。在财力有限的约束下,无论是发达地区还是落后地区都偏好外部效应不大且短期增长效应显著的公共投资,相对忽视公共服务的供给,这表现为减少公共服务的财政投入以增加公共投资的力度。但是,发达地区公共服务减少的程度 $g_e^{s*}g_e^s$ 远小于落后地区的 $g_w^{s*}g_w^s$,同样,发达地区公共投资增加的程度 $g_e^i g_e^{i*}$ 也远小于落后地区的 $g_w^i g_w^{i*}$,表明落后地区对基本建设等公共投资更为偏好,而与民生息息相关的公共服务供给则令人担忧。综合来看,地区之间的财政能力差距与支出偏好的异质性共同导致了区域公共服务的供给差距,在图3-12中就表现为 $g_w^{s*}g_e^s$。

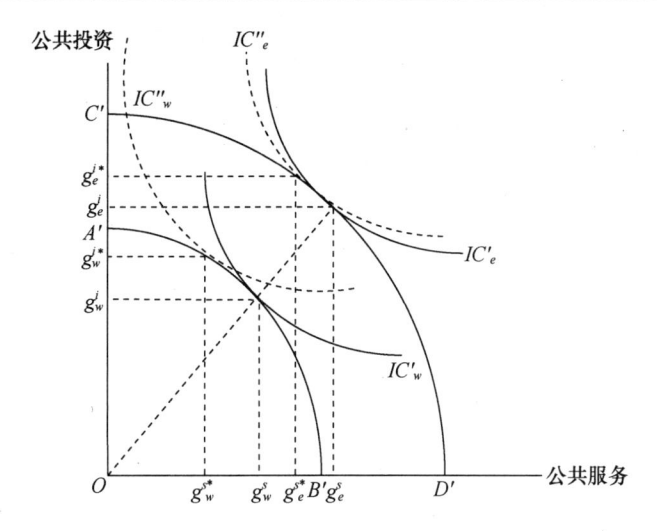

图 3-12 基于财政能力与地方政府偏好的公共支出选择模型

第四章 财政分权、地方政府财政竞争行为与地区间财力差距

地区财力是地方政府供给民生类公共服务的物质保障，在现行的分级财政体制下，该财力主要取决于地方政府的财政收入水平与中央对地方政府的转移支付规模。地区之间财力的差异是导致各地区政府民生类公共服务供给水平差距的主要原因之一。本章选择分税制改革以来1997—2010年31个省（自治区、直辖市）的财政数据，综合运用收入分配文献发展出的基尼系数和广义熵值数等不平等度量指标，对地区间的财力差距及变动趋势进行更为合理且系统的刻画。在此基础上，利用Lerman和Yitzhaki（1985）的基尼系数分解方法与Shorrocks（1982）的分解方法，系统探究我国地区间财力差距的形成机制，以此验证第三章提出的理论假说1和理论假说2，并为本书治理地区间财力差距问题的政策建议提供理论的指导和经验的支持。

第一节 地区之间财力差距的特征事实

地区间财力差距可以运用不同的指标加以度量和分解，本节在相关文献述评的基础上，介绍了收入分配不平等程度的主要度量指标和分解方法，并对本章实证分析所运用的样本数据做出说明。最后，综合利用各种不平等程度的度量指标对地区之间的财力差距进行动态评价，以获取当前地区间财力差距的特征事实。

一 引言

1994年中央政府推行了影响深远的分税制改革，这从根本上规范了中央政府与地方政府之间的财政利益关系，当前的财政分权体制框架也由此基本确定。作为市场经济条件下政府间关系的承载体，分税制在支出分

配上维持了地方政府承担更多责任的原有格局,在收入分配上却让中央政府重新集中了大部分财政收入,从而显著扭转了自改革开放以来"两个比重"即国家财政收入占 GDP 的比重和中央财政收入占国家财政预算总收入的比重下降的趋势。但与此同时,地方政府之间的财力差距呈现出不断扩大之势,造成各地区在教育、医疗、社会保障等民生类公共服务供给水平上的巨大差异,这主要表现为财力雄厚的东部地区公共服务水平整体优于财力较差的中西部地区。

近年来国内学者对分税制改革以来我国地区之间财力差距进行了深入研究。项中新(1999)运用总体差异系数动态刻画了 1988—1997 年我国地区间的财力差异情况,认为分税制改革以来地区间财力差距总体呈拉大趋势,并分近期目标、中期目标与远期目标三个阶段提出了调解地区间财力差距的建议。[1] 刘溶沧和焦国华(2002)运用 1988—1999 年省级数据,利用差异系数分析了我国各地区之间的财政能力差距,研究结论显示,我国各地区间财政能力的差距十分明显,而中央对各地区的财政补助也未能明显缩小这种财力差异。[2] 李凌、卢洪友(2007)通过 1980—2005 年的样本数据,同样运用变异系数揭示了 1980 年以来我国省际财政差异变化趋势,以及这种变化趋势的影响因素。[3] 与上述文献不同的是,尹恒等(2007)则利用收入来源不平等分解法对 1993—2003 年中国县级地区政府的财力差距进行了经验考察,发现中国县级政府间的财力差距悬殊且存在上升趋势。[4]

从已有文献可以看出,国内学者主要采用变异系数方法来衡量地区之间的财力差异程度,只有较少学者选择了基尼系数。在政策主张方面,绝大多数学者建议将转移支付作为调节地区间财力差距的重要手段。实际上,在对地区间财力差异进行合理刻画基础上需要进一步厘清的是,这种差异形成的内在机制是什么?对此问题的解释将影响我们治理地区间财力差距的政策选择。遗憾的是,现有文献在该问题的系统研究方面略显不

---

[1] 项中新:《中国地区间财力差异及其调节的对策建议》,《中国软科学》1999 年第 1 期。
[2] 刘溶沧、焦国华:《地区间财政能力差异与转移支付制度创新》,《财贸经济》2002 年第 6 期。
[3] 李凌、卢洪友:《我国省际财政差异趋势与影响因素的实证研究》,《财经问题研究》2007 年第 8 期。
[4] 尹恒等:《中国县级政府间财力差距:1993—2003》,《统计研究》2007 年第 11 期。

足。有鉴于此，本书选择分税制改革以来1997—2010年31个省（自治区、直辖市）的财政数据，综合运用Lerman和Yitzhaki（1985）的基尼系数分解方法与Shorrocks（1982）的分解方法，系统探究我国地区间财力差距的变动趋势以及生成机制，以此验证第三章提出的理论假说1和理论假说2。

二 分析方法与数据来源

无论是发达国家，抑或发展中国家，还是如中国这样的转型国家，都存在不平等的问题，只是程度不同而已，可以说不平等属于一个世界现象。不平等尤其是收入不平等的存在将导致大量的社会、经济甚至政治问题，这引起了国内外学者的高度关注，并提出了各种度量不平等程度及变化趋势的指标（如变异系数、泰尔指数以及基尼系数等）。

其中，最广泛应用的指标是基尼系数（Gini Coefficient）。这是因为基尼系数不仅满足匿名性、齐次性、人口无关性、转移性、强洛伦兹一致性以及标准化等相对指标的六个优良性质，而且基尼系数本身具备特定的经济学含义。[1] 基尼系数有很多不同的算法，本章选用Lerman和Yitzhaki（1985）[2] 的方法。

假定全国地区可支配总收入 y 由 y_1，y_2，y_3，$\cdots$，y_n 共 n 个分项组成，则有：

$$y = \sum_{i=1}^{n} y_i \tag{4.1}$$

式中，y 的样本容量为 n（地区数），$y = (y_1, y_2, y_3, \cdots, y_n)$；$y_i$ 表示第 i 个地区的人均可支配收入，即 $y_i = (y_{i1}, y_{i2}, y_{i3}, \cdots, y_{in})$；$i = 1, 2, \cdots, n$。

可支配总收入 y 的分布函数为 $F(x)$：

$$F(x) = P(y \mid y \leq x) \tag{4.2}$$

式中，x 为各分项收入。

则可支配总收入的基尼系数为：

$$G = 2COV[y, F(y)]/\mu \tag{4.3}$$

---

[1] 万广华：《不平等的度量与分解》，《经济学》（季刊）2008年第1期。

[2] R., Lerman, Yitzhaki, S., "Income Inequality Effects by Income Source: A New Approach and Applications to the United States". *The Review of Economics and Statistics*, Vol. 67, No. 1, Febrary 1985, pp. 151 – 156.

式中，$COV[y, F(y)]$ 表示两个随机变量 y 和 $F(y)$（总收入按升序排列下累积的收入分配）之间的协方差。μ 为可支配总收入的平均值，即 $\mu = \frac{1}{n}\sum_{j=1}^{n} y_j$。

除基尼系数外，常用的度量收入分配不平等指标还包括广义熵（Generalized Entropy，GE）指数。假定 f_i 表示第 i 个地区的人口比例，则广义熵指数的计算公式①为：

$$GE = \frac{1}{\alpha(1-\alpha)}\sum_{i=1}^{n} f_i\left[1 - \left(\frac{y_i}{\mu}\right)^{\alpha}\right] \qquad (4.4)$$

式中，α 为参数，代表给予收入分配不同地区之间收入的差距的权重，根据取值的不同，广义熵指数可以细分为不同类型的指数。在实际运用中，α 最常见的取值为 0 和 1。若取 $\alpha = 0$，表示其在整个收入分配中给予低收入阶层的权重最大，此时我们得到均值对数偏差指数 [the Mean Logarithmic Deviation，MLD 或 $GE(0)$]：

$$GE(0) = \sum_{i=1}^{n} f_i \ln\frac{\mu}{y_i} \qquad (4.5)$$

若取 $\alpha = 1$ 时，表示其在整个收入分配中给予不同收入的权重相同，此时我们得到泰尔指数 [the Theil Index，$GE(1)$]：

$$GE(1) = \sum_{i=1}^{n} f_i \frac{y_i}{\mu}\ln\frac{y_i}{\mu} \qquad (4.6)$$

此外，如果取 $\alpha = 2$，广义熵指数就等价于统计中常用的半平方变异系数。显然，选用变异系数，而非 $GE(0)$ 指数和 $GE(1)$ 指数来度量不平等意味着我们对收入差距持有更加接纳的态度（万广华，2008）。②

从 α 的取值可以看出，泰尔指数对高层收入水平变化敏感，而均值对数偏差指数对低层收入水平变化敏感。考虑到基尼系数对低收入阶层收入的变化并不敏感，为了研究的互补性，本章主要选用基尼系数和均值对数偏差指数对我国地区间财力分配的不均等进行动态刻画。

在对收入分配不平等度量基础上，需要进一步对不平等加以分解，挖掘出总体不平等的构成和起因，以便寻找相关政策以减少不平等。为此，自 20 世纪 70 年代以来，收入分配领域的经济学家提出了根据收入来源分

---

① 万广华：《不平等的度量与分解》，《经济学》（季刊）2008 年第 1 期。
② 同上。

解收入不平等的统计方法。Fei、Ranis 和 Kuo（1978）开创性地将总基尼系数分解为某项收入来源占总收入的比重和拟基尼系数（Pseudo – Gini Coefficient）两个部分，具体分解公式如下：

$$G = \sum_{k=1}^{K} S_k \overline{G_k} \tag{4.7}$$

式中，G 代表基尼系数，S_k 代表某项收入来源 k 在总收入中所占的比重，$\overline{G_k}$ 代表拟基尼系数或伪基尼系数，它所使用的权重仍然是依据总收入的排序，而非收入来源 k 的排序。Lerman 和 Yitzhaki（1985）将 $\overline{G_k}$ 进一步分解为[1]：

$$G = \sum_{k=1}^{K} S_k G_k R_k \tag{4.8}$$

式中，G_k 表示收入来源 k 的基尼系数，R_k 则表示收入来源 k 与总收入之间的基尼相关系数，其计算公式为：$R_k = \text{COV}(Y_k, F)/\text{COV}(Y_k, F_k)$，$F$ 为总收入的累积分布函数，F_k 为收入来源 k 的累积分布函数，R_k 的取值区间为 $[-1, 1]$，R_k 的符号取决于人们在总收入中排序与在收入来源 k 中的排序的关系，如果两者排序基本一致，则 $R_k > 0$，此时该项收入来源对总收入不平等的贡献为正；反之，如果 $R_k < 0$，则表示该项收入来源对总收入不平等的贡献为负。根据 Lerman 和 Yitzhaki（1985）的分解公式，我们可以清晰地把某项收入来源对总收入不平等的贡献分解为三个因素：该项收入来源的相对规模（S_k）、该项收入来源自身的不平等（G_k）和该项收入来源与总收入分布的相关关系（R_k）。式中，R_k 是决定某项收入来源 k 是否具有均等化效应以及程度如何的关键因素，因此，本章可以利用 R_k 衡量本级财政收入和转移支付对总体财力的均等化效应，R_k 为正，表明财政收入和转移支付的分配倾向于经济较发达地区，R_k 取值越大，分配的非均等性越大；反之亦然。

值得一提的是，收入不平等分解方法较多。[2] 但是，究竟哪一种方法最为恰当，经济学家并没有达成一致意见，因为不同的分解方法有不同的

---

[1] Lerman 和 Yitzhaki：《中国县级政府间财力差距：1993—2003》，《统计研究》2007 年第 11 期。

[2] 万广华（2008）讨论了收入不平等分解的四类方法：一是不平等水平的要素子成分分解或分项收入分解；二是不平等水平的人口分组分解或子样本分解；三是不平等变化的分解；四是以回归方程为基础的分解。

第四章 财政分权、地方政府财政竞争行为与地区间财力差距

侧重点(Lerman, 1999)。[①]为了对基于 Lerman 和 Yitzhaki (1985) 方法的分解结果进行稳健性检验,本书也运用了 Shorrocks (1980) 提出的收入不平等的分解方法。Shorrocks (1980) 认为,只要不平等指数可以设计成按照分项收入进行加权相加的形式,该指数便能够基于收入来源进行不平等的分解。[②] 更进一步地,Shorrocks (1980) 提出了至今广为应用的按照收入来源进行不平等分解的方法。在该方法中,某项收入来源贡献率的计算公式为:

$$S(Y_k, Y) = [COV(Y_k, Y) / \sigma^2(Y)] \times 100\% \tag{4.9}$$

式中,$COV(Y_k, Y)$ 为收入来源 k 与总收入之间的协方差值,$\sigma^2(Y)$ 为总收入的样本方差值,$S(Y_k, Y)$ 是收入来源 k 对总收入不平等的贡献率。$S(Y_k, Y)$ 的符号取决于收入来源 k 与总收入间的相关系数,如果两者正相关,则收入来源 k 对总收入不平等的贡献为正,亦即该项收入扩大了收入不平等;反之亦然。

本章将省级财力定义为本级地方政府所有可以用于提供本辖区公共服务的财政收入,即为本级财政收入与中央对地方政府的净转移支付(中央向地方转移支付与地方向中央上缴收入之差)总和。具体来说,省级财力 = 本级财政收入 + 税收返还 + 财力性转移支付 + 原体制补助 + 结算补助 + 其他补助 + 专项转移支付 - 原体制上解 - 其他上解。[③] 其中,税收返还是指两税(增值税和消费税)返还和所得税基数返还;财力性转移支付具体包括:一般性转移支付、民族地区转移支付、调整工资转移支付、艰苦边远地区津贴补助、农村税费改革转移支付,以及降低农业税率转移支付等;专项转移支付即专项拨款,包含增发国债补助收入。考虑到地方政府应该为本辖区的全体居民而不仅仅是财政供养人口提供最基本的公共服务,本章将所有财政变量均采取人均形式,具体选择辖区内常住人口作为计算平均财力和转移支付的分母。为了消除价格因素可能造成的影响,

---

[①] Lerman, R. I., How Do Income Sources Affect Income Inequality. in Silber, J. ed., *Handbook of Inequality Measurement*, Kluwer Academic Publishers, Dordrecht, 1999, p.355.

[②] Shorrocks. Anthony F., "The Class of Additively Decomposable Inequality Measures". *Econometrica*, Vol. 3, 1980, pp. 613 – 625.

[③] 鉴于分析的需要和数据的可获得性,本书在对省级财力不均等的分解时分别把原体制补助、结算补助以及其他补助合并为"各种补助"一项,把原体制上解与其他上解合并为"地方上解中央"一项,这样,省级财力 = 本级财政收入 + 税收返还 + 财力性转移支付 + 各种补助 + 专项转移支付 - 地方上解中央。

增强财力数据的可比性，本章以1994年为不变价格，选用GDP平减指数把名义财政变量调整为实际财政变量。本章的省级财政数据主要来源于财政部预算司编写的1998—2005年《地方财政统计资料》、1998—2011年《中国财政年鉴》以及1998—2011年地方统计年鉴；价格指数和各地区常住人口的数据来源于1998—2011年《中国统计年鉴》。

三　地区之间财力差距的总体评价

表4-1显示了省级财力的描述性统计情况。从横截面看，以2010年为例，全国省级人均财力为1609.02元，其中最高的为西藏自治区，高于全国平均水平3603.97元，最低的是河南市，相当于全国平均水平的51.67%，仅仅是西藏财力水平的18.75%。从动态上看，分税制改革以来省级财力的标准差总体呈上升趋势，从1997年的423.58增加至2010年的854.78，上升了198.46%；财力最强地区与财力最弱地区的人均实际财力比值也基本维持在8倍左右，2004年更是达到了11.6倍。如果按照不同地区政府提供公共服务的能力应该大致相当这一普遍接受的原则来衡量，表4-1给我们的直观印象就是分税制改革后我国省级之间的财力差距依然较大。

表4-1　　　　省级财力的描述性统计（1997—2010年）

年份	样本数	均值（元）	标准差	最小值（元）	最大值（元）	最大值/最小值
1997	31	539.11	423.58	236.93	2245.57	9.48
1998	31	582.36	451.99	247.64	2347.02	9.48
1999	31	641.30	495.78	267.97	2409.21	8.99
2000	31	687.06	507.50	281.31	2556.85	9.09
2001	31	817.39	589.13	306.80	2532.28	8.25
2002	31	881.88	688.54	335.18	3110.55	9.28
2003	31	934.76	837.11	344.08	3786.21	11.00
2004	31	971.99	831.27	401.23	4476.62	11.16
2005	31	1062.68	896.47	465.40	4736.77	10.18
2006	31	1135.82	873.40	544.79	4677.31	8.59
2007	31	1231.66	819.83	635.33	3878.34	6.10
2008	31	1377.44	849.00	689.75	3937.68	5.71
2009	31	1516.73	904.28	780.98	4485.40	5.74
2010	31	1609.02	854.78	831.44	4435.41	5.33

为了对省际财力差距及变动趋势进行更为合理且系统的刻画,本章考察了各种不平等指标。表4-2和图4-1正好列示了1997—2010年省级人均实际财力变异系数、半对数变异系数、均值对数偏差指数以及基尼系数的度量结果。从中可以看出,尽管各种指标测度的省际人均实际财力的不平等程度有一定的差异,但描绘出的基本趋势是一致的,1997—2003年呈现出小幅上升的状态,之后又略微下降。以基尼系数为例,1997年为0.3397,随后缓慢下降至2000年的0.3306,但2001年后出现上升态势,并于2003年达到最大值0.3819,2010年又降至0.2527。综合来看,基尼系数在本章考察的时间窗口内始终保持在0.25以上的水平,这在个人收入分配领域都属于不平等较高的情形。因为在我国的收入分配格局中,国民收入的初次分配是在保证效率原则的前提下根据生产要素的贡献进行分配,因此要素禀赋不同的个体之间可能存在较大的收入差距,而以公平原则为核心的财政主导的国民收入再分配旨在缩小地区之间的财力差距。所以,从理论上说,省际财力的不平等程度应该远低于个人收入分配的不平等。此外,在构建社会主义和谐社会背景下,无论居住在任何地区的居民都应该享有大体相当的民生类公共服务,地方政府之间的财力也应该实现基本的均等化。但是,省际财力差距的特征事实表明,我们并没有实现这种合意的结果。因此,要从真正意义上实现不同辖区居民享有基本相同的公共服务的任务还十分艰巨,这需要引起中央政府的高度重视。

表4-2　　省际财力不平等指标的度量结果(1997—2010年)

年份	变异系数	半对数变异系数	均值对数偏差指数	基尼系数
1997	0.7857	0.3087	0.1688	0.3397
1998	0.7761	0.3012	0.1662	0.3342
1999	0.7731	0.2988	0.1733	0.3380
2000	0.7387	0.2728	0.1701	0.3306
2001	0.7207	0.2597	0.1791	0.3346
2002	0.7808	0.3048	0.1884	0.3483
2003	0.8955	0.4010	0.2088	0.3819
2004	0.8552	0.3657	0.1831	0.3477
2005	0.8436	0.3558	0.1771	0.3457

续表

年份	变异系数	半对数变异系数	均值对数偏差指数	基尼系数
2006	0.7690	0.2956	0.1584	0.3215
2007	0.6656	0.2215	0.1409	0.2938
2008	0.4612	0.1064	0.1338	0.2767
2009	0.4548	0.1034	0.1320	0.2707
2010	0.4854	0.1178	0.1226	0.2527

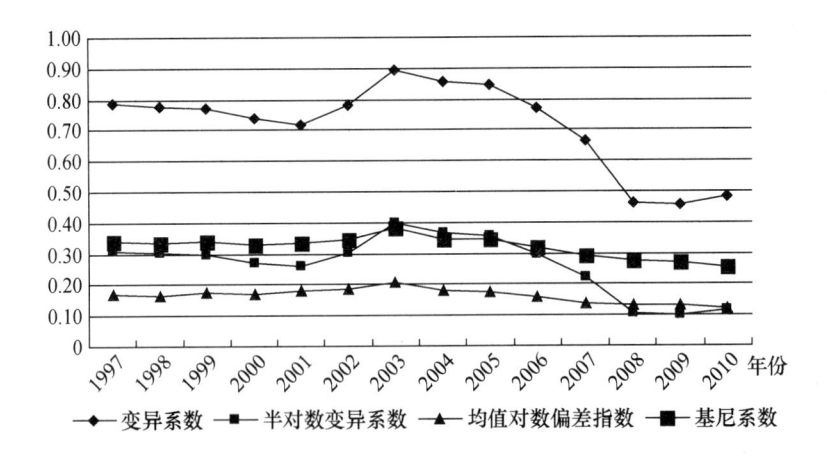

图 4-1 省际财力差距变化趋势（1997—2010 年）

第二节 分权体制下的税收竞争与地区之间财力差距

虽然我国并不是标准意义上的财政分权国家，但是我国地方政府依然具备吸引外资的财税途径，地方政府之间的税收竞争是普遍存在的，且这种竞争主要是税收优惠的竞争。那么，地方政府减免税收的竞争对各地区财力水平会产生怎样的影响呢？本节将运用经验数据对此做出实证解释，并对财政收入对地区间财力差距的贡献做出统计分析。

一 地方政府间税收竞争的异质性

从理论上讲，外资选择某个地区投资是因为外资拥有者（外商投资企业或跨国公司）预期到该地区能获得比其他地区更高的回报率。显然，地方政府提供的税收优惠政策无疑会降低外商直接投资的经营成本，提高其投资的利润率，从而吸引外资的流入。不仅如此，邦德和萨缪尔森（Bond and Samuelson，1986）研究发现，对于发展中国家而言，当外国直接投资者与本国政府存在信息不对称时，税收优惠政策不仅可以直接影响外商投资企业的税后利润，更重要的是向外国投资者发出了表明本国经济发展潜力的一种信号，因此，该政策具有显著的税收激励效应。[1] OECD（2001）也认为，税收优惠政策将提高 FDI 的流入量。[2] 改革开放以来，中国政府对外商投资企业的税收优惠政策经历了一个从以地区性税收优惠为主向行业性税收优惠为主以及向经济欠发达的中西部地区倾斜的演变过程（樊丽明，2002）。[3] 税收优惠政策为外商投资企业释放了一种开放的姿态、巨大的发展潜力等强烈信号，成为我国政府吸引外商直接投资的重要条件。

本章以地方预算内收入占 GDP 比重反映宏观税负水平，首先对宏观税负与外商直接投资之间的经验关系作出直观判断。图 4-2 显示的是 1983—2004 年地方预算内收入占 GDP 比重与外商直接投资占 GDP 比重之间的散点图。从中可以看到，宏观税负水平与外商直接投资之间一直呈现出显著的负相关关系，这意味着地方政府降低税负可以吸引外商直接投资的流入。

更进一步需要厘清的是，政府间开展的税收竞争对资本税率会产生怎样的影响？国外主流文献一般认为税收竞争存在税率的趋同且趋低效应。戈登（Gordon，1983）最早在新古典框架下建构了税收竞争理论的一般模型，并假定经济中存在 N 个同质的政府，地方政府间处于完全竞争的状态，资本回报率并不受政府行为的影响。在此严格的假定下，戈登（1983）

---

[1] Eric Bond, Larry Samuelson, "Tax Holidays as Signals". *The American Economic Review*, Vol. 76, No. 4, September 1986, pp. 820–826.

[2] OECD, "Corporate tax incentives for foreign direct investment". *OECD Tax Policy Studies*, No. 4, 2001.

[3] 樊丽明：《中国外商投资企业税收政策的评价与完善》，《经济学》（季刊）2002 年第 4 期。

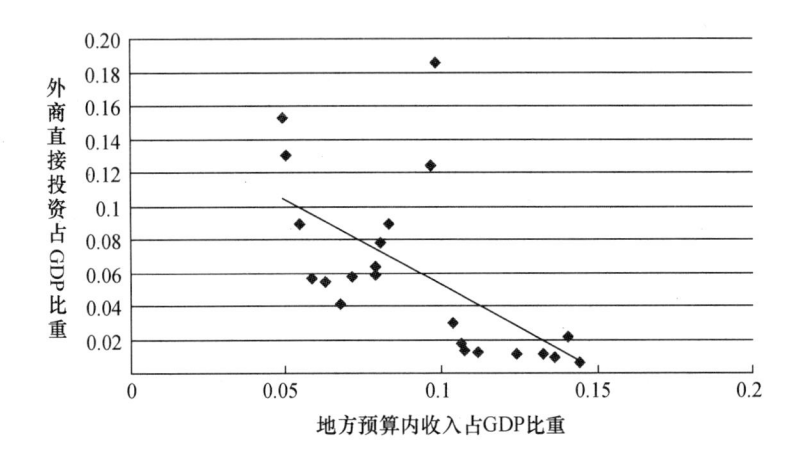

图4-2 宏观税负与外商直接投资（1983—2004年）

注：关于外商直接投资的数据，我们选用各年人民币对美元的平均汇价（中间价）进行折算。

资料来源：外商直接投资和全社会固定资产投资数据均来源于《新中国五十五年统计资料汇编》（中国统计出版社），人民币汇率（年平均价）数据来源于《中国统计年鉴》（历年），经整理而得。

认为，地方政府常常忽略其政策引致的溢出效应，因此会选择比较低的税率。在极端情况下，如果资本可以完全流动，各个地方政府为了争夺税基，竞相降低税率，最终纳什均衡的结果是资本税率将逼为零。[①] 但现实的地方政府并不吻合完全竞争的情形，比如一个经济体中地方政府的数量通常是有限的，而且，地方政府行为也会影响资本回报率。有鉴于此，威尔达森（1988）[②] 和霍伊特（Hoyt, 1991）[③] 通过放松戈登（1983）模型的假定，探讨了地方政府数目较少时政府间税收竞争的策略效应，研究结果显示纳什均衡税率比戈登（1983）完全竞争模型高。但其研究结论本质上与戈登（1983）模型是一致的，即政府间税收竞争的纳什均衡或非

[①] Gordon, R. H., "An Optimal Taxation Approach to Fiscal Federalism". *Quarterly Journal of Economics*, Vol. 98, No. 4, 1983, pp. 567–586.

[②] Wildasin, D. E., "Nash Equilibria in Models of Fiscal Competition". *Journal of Public Economics*, Vol. 35, No. 2, March 1988, pp. 229–240.

[③] Hoyt, W. H., "Poverty Taxation, Nash Equilibrium, and Market Power". *Journal of Urban Economics*, Vol. 30, July 1991, pp. 123–131.

合作均衡结果是地方税率的减少,而税率的递减将导致各地方政府财政税收的普遍下降。其内涵的逻辑推论是地方政府之间在税收政策方面存在效仿的策略性博弈行为,西方学者通过考察地区间税收竞争的反应函数也证实了此行为。Heyndels 和 Vuchelen(1998)[1] 对比利时的589个自治市之间的财产税和收入税竞争中的策略性行为进行了估计;Brueckner 和 Saavedra(2001)[2] 利用美国波士顿地区的70个城市样本对地区间财产税中的模仿问题进行了检验,他们都发现了斜率显著为正的税收竞争反应函数,说明在地方政府之间所采取的税收政策中的确存在比较明显的效仿或趋同行为。

但与发达国家地方政府间税收竞争的特征和结果不同,我国地方政府间并不存在同质的策略性博弈行为,当然,也不存在各地方税率普遍降低现象。因为作为转型中的大国,地域辽阔,各地区的资源禀赋、产业结构、经济基础、人口规模以及历史文化等存在较大差异,所以,分权框架下的地方政府是异质的,在财政竞争方面采取的自然也是差异化的策略。具体在吸引外资的税收优惠竞争中,欠发达地区的经济规模、市场化程度以及产业集聚水平不及发达地区,此外,在吸引外商投资企业的类型上也与发达地区不同[3],欠发达地区不得不更多地依赖税收优惠途径吸引外资;而发达地区凭借其在资本市场上的相对垄断势力[4],可以保持相对较高的税率,同时,积极改善公共服务的数量和质量,采取与欠发达地区差异化的策略参与引资竞争。[5] 这类似于厂商之间的竞争,当厂商的经济规

---

[1] Heyndels, B. and Vuchelen, J., "Tax Mimicking among Belgian Municipalities". *National Tax Journal*, Vol. 51, No. 1, March 1998, pp. 89 - 101.

[2] Brueckner, J. K. and Saavedra, Luz, "Do Local Governments Engage in Strategic Property Tax competition". *National Tax Journal*, Vol. 54, June 2001, pp. 203 - 230.

[3] 西部地区为数不多的外商直接投资主要是中小型跨国投资。调查显示,2001年西部吸收的FDI总额中的90%以上来源于中国香港、中国台湾和韩国、东南亚等亚洲国家和地区;投资项目也大都是中小型项目,多数项目投资额小于50万美元(约占项目总量的70%),单个项目的平均投资额仅为100万美元左右(何军,2004)。中小型跨国企业对税收优惠政策更为敏感。

[4] Zodrow 和 Mieszkowski(1986)认为,对经济规模较大的地区,其在区域资本市场内拥有一定的买方垄断势力,因而该地区可以对流动性资本制定较高的最优税率,相当于向流动性资本转嫁一定的税负。

[5] Buckovsky(1991)分析了政府地位不对称时的税收竞争行为,发现小区域(人口数量较少)通常有较低的均衡税率,而大区域(人口数量较多)的资本供给对税收变化的敏感性较弱,所以会选择较高的税率。显然,我国地方之间的税收优惠政策或税率差异与此结论完全不同。

模较小时，竞争策略主要采取价格（税率）的竞争方式，而随着厂商的经济规模不断扩大，便倾向于品牌或服务的竞争方式。

二 异质性的税收竞争对财政收入的影响

分税制改革以来，伴随市场经济体制改革目标的正式确立，外资的流动性逐步增强，资本偏好的地方政府为吸引外资而展开的税收竞争也逐渐升级。在面临财政支出的刚性约束下，经济落后地区或省份受地方经济规模、市场化程度、产业集聚水平以及外资类型等影响，竞相选择了税收优惠策略，实则降低了外商投资企业所支付的有效税率，进而引起地方财政收入的普遍下降。而对于发达地区来说，即使面临与落后地区同等的财政支出压力，发达地区也可以依托其在资本市场上的相对垄断势力而保持相对较高的税率，并积极改善公共服务的数量和质量，在税收优惠的基础上采取与欠发达地区差异化的策略参与引资竞争，这样就充分保证了发达地区在竞争外来投资中拥有相对优势，持续获取较为充足的税源，财政收入水平也将远大于落后地区，这为公共服务的有效供给奠定了坚实的财政基础。因此，本书逻辑推理的基本结论是，转型时期地方政府间日益激化的税收竞争不断扩大了地区之间的财政收入差距，使初始财政就相对脆弱的落后地区进一步陷入财政的困境，在地方公共服务的供给上更是捉襟见肘。

为了更好地验证上述结论，本章综合运用各种不平等指标对省际的财力差距及变动趋势进行合理的描述。表4-3和图4-3列示了1997—2010年时间窗口内省际人均实际本级财政收入变异系数、半对数变异系数、均值对数偏差指数以及基尼系数的度量结果。从中可以看出，各种指标测度的省际人均实际财政收入的不平等程度在总体上保持了相同的趋势，都呈现出小幅波动的状态，既没有显著的扩大，也没有明显的缩小。以基尼系数为例，1997年为0.4307，随后缓慢增加并于2003年达到最大值0.5176，2004年后有所下降，但2010年仍为0.3657。综合来看，基尼系数1997—2010年始终维持在0.4左右的水平[1]，显著高于省际总体财力的不平等程度，说明分税制改革后省际财政收入差距较大，同时也反映了地方政府税收竞争策略的地区差异性，此结论充分印证了本书提出的第一个

---

[1] 除2010年外，1997—2009年基尼系数保持在0.4以上的水平，明显超过国际标准的收入分配差距的"警戒线"，即0.4。

理论假说。

表4-3　省际本级财政收入不平等指标度量结果（1997—2010年）

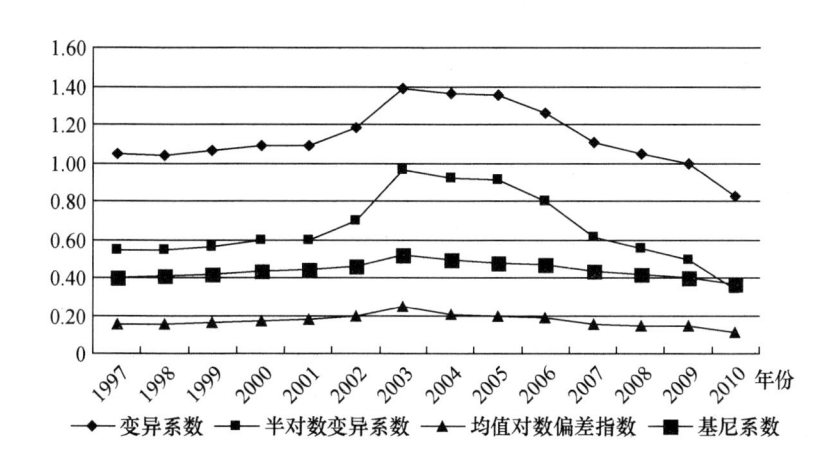

年份	变异系数	半对数变异系数	均值对数偏差指数	基尼系数
1997	1.0433	0.5442	0.1539	0.4037
1998	1.0402	0.5410	0.1572	0.4070
1999	1.0636	0.5656	0.1640	0.4165
2000	1.0877	0.5916	0.1707	0.4301
2001	1.0900	0.5940	0.1784	0.4402
2002	1.1841	0.7011	0.1936	0.4582
2003	1.3878	0.9630	0.2489	0.5176
2004	1.3578	0.9218	0.2066	0.4933
2005	1.3501	0.9114	0.1996	0.4794
2006	1.2630	0.7975	0.1857	0.4657
2007	1.1095	0.6155	0.155243	0.4333
2008	1.0502	0.5514	0.148279	0.4172
2009	0.9926	0.4926	0.142088	0.4042
2010	0.8281	0.3429	0.1115439	0.3627

图4-3　省际本级财政收入差距的变化趋势（1997—2010年）

三　财政收入对区域财力差距的贡献

地方政府间差异化的税收竞争均衡结果使经济较发达地区获得了更多

财政资源，经济落后地区的财政收入却在相对减少，最终导致两个地区的财政收入差距不断拉大。本章接下来关注的问题是，地区之间的财力差距有多少是由财政收入的差异来解释的？或者说，财政收入对地区间财力差距的贡献有多大？前面已指出，地方政府的财力主要来源于两部分：一是本级财政收入；二是中央对地方的转移支付。这两者共同决定了各地区的财政收入水平与供给公共服务的能力。在这里，本节首先分析财政收入对地区间财力差距的贡献，至于转移支付的贡献留在下一节分析。

表4-4显示了本级财政收入对省际财力不均等的基尼系数分解和Shorrocks（1980）分解的贡献度。从两种分解结果可以明显看出，分税制改革以来的1997—2010年本级财政收入对财力不均等的贡献始终为正，且一直是造成省际财力不均等的最大因素。以基尼系数分解的结果为例，该贡献度呈现出先缓慢下降后急速上升的趋势，1997年的贡献度为64.62%，2002年下降至最小55.57%，之后开始显著上升，2006年达到67.71%，之后有所下降。从总体上看，本级财政收入解释了60%左右的省级财力差距。

表4-4　　　　　本级财政收入对财力不均等的贡献度　　　　单位：%

年份	基尼系数分解	Shorrocks（1980）的分解
1997	64.62	71.63
1998	64.35	70.82
1999	61.04	65.59
2000	62.92	68.71
2001	57.94	57.92
2002	55.57	55.41
2003	68.51	74.44
2004	62.15	71.65
2005	64.17	72.40
2006	67.71	75.62
2007	64.54	65.94
2008	62.47	61.79
2009	53.92	49.42
2010	50.01	39.63

注：基尼系数分解的贡献度＝贡献值/总体财力基尼系数，下同。

基尼系数分解的优势在于可以分析本级财政收入对财力不均等的影响途径,表4-5将本级财政收入对总体财力不均等的影响进一步分解为三个因素:财政收入的相对规模(S_k)、财政收入自身的基尼系数(G_k)以及财政收入与总财力之间的相关关系(R_k)。从表4-5可以看出,分税制改革后的1997—2002年财政收入对总财力不均等的贡献值呈下降趋势(从1997年的0.2195下降到2002年的0.1933),其主要原因是财政收入与总财力的相关系数R_k从0.8816减少至0.8303,财政收入占总财力的比重S_k从0.6168减少至0.5080,两者分别下降了5.82%和17.64%,共同抵消了财政收入自身的基尼系数G_k上升的影响;2002年所得税分享改革后,特别是2004年后,财政收入对总财力不均等的贡献值有略微上升(从2004年的0.2161上升到2006年的0.2177),在财政收入自身的基尼系数G_k下降的格局下,其贡献值反而上升的原因是R_k与S_k分别从2004年的0.8338和0.5253增加至2006年的0.8474和0.5516,各自上升了1.63%和5%。2007年后财政收入对总财力不均等的贡献值有所下降(从2007年的0.1896下降到2010年的0.1264),这是因为R_k、G_k和S_k分别从0.8184、0.4333、0.5348减少至0.7069、0.3627、0.4929,各自下降了13.62%、16.29%以及8.02%。

表4-5 本级财政收入对财力不均等影响结构分解(1997—2010年)

年份	R_k	G_k	S_k	贡献值
1997	0.8816	0.4037	0.6168	0.2195
1998	0.8707	0.4070	0.6070	0.2151
1999	0.8651	0.4165	0.5726	0.2063
2000	0.8591	0.4301	0.5630	0.2080
2001	0.8409	0.4402	0.5238	0.1939
2002	0.8303	0.4582	0.5080	0.1933
2003	0.8960	0.5176	0.5641	0.2616
2004	0.8338	0.4933	0.5253	0.2161
2005	0.8464	0.4794	0.5468	0.2219
2006	0.8474	0.4657	0.5516	0.2177
2007	0.8184	0.4333	0.5348	0.1896
2008	0.7905	0.4172	0.5241	0.1729
2009	0.7382	0.4042	0.4893	0.1460
2010	0.7069	0.3627	0.4929	0.1264

注:贡献值 = $R_k \times G_k \times S_k$,下同。

第三节 分权体制下的转移支付竞争与地区之间财力差距

财政转移支付是各级政府之间在既定支出权和收入权划分框架下财政资金的无偿转移，这种资金转移的规则、程序和方法构成政府间的财政转移支付制度（The Intergovernmental Transfer System）。作为分权化财政体制的重要组成部分，财政转移支付既是中央或上级政府调控经济，实现资源有效配置的重要工具，也是弥补地方财政缺口，平衡地区间财力差异以实现民生类公共服务均等化的基本保障。从财政资金转移方向考虑，政府间转移支付主要有两种模式：一是纵向转移支付模式，即财政资金在上、下级政府之间的转移；二是横向转移支付模式，即财政资金从发达地区向落后地区转移。从世界范围考察，无论是联邦制国家还是单一制国家一般都建立了财政转移支付制度，并普遍采用了纵向转移支付模式。值得一提的是，由于纵向转移支付存在广义和狭义之分，一般通常把只涉及上级政府对下级政府的财政转移支付称为狭义的财政转移支付，而把既包括上级政府对下级政府的财政转移支付，也包括下级政府对上级政府的收入转移支付称为广义的财政转移支付。[①] 本书讨论的是狭义的纵向转移支付。

一 转移支付形式及其演变的政治逻辑

始于1994年的分税制财政体制改革，在重新界定中央和地方政府财政收入与支出范围基础上，相应建立了转移支付制度来协调各级地方政府间的财政分配关系。该制度除保留原体制下中央对地方的定额补助、结算补助、专项拨款和体制上解等多种转移支付形式外，着重建立了中央对地方的税收返还制度和过渡期转移支付制度，并随着经济的发展，转移支付形式又经历了多次调整与补充。可以说，现行的转移支付制度是从"分级包干"财政体制下的转移支付制度逐渐演变而来的，它是原财政包干体制中的转移支付因素与分税制中提出的转移支付因素的融合。从转移支付具体项目看，我国现行转移支付主要包括以下几种形式：

---

① 钟晓敏：《政府间财政转移支付论》，立信会计出版社1998年版，第1页。

(一) 税收返还

为了确保分税制改革的顺利推行，补偿各地方政府在新税制下的损失，中央政府将上划中央的增值税和消费税的一部分，按照来源地原则再次返还给地方政府。税收返还的核算基础是以 1993 年为基期年，按照分税制改革规定中央从地方净上划的"两税"（增值税的 75% 和消费税的 100%）作为 1994 年中央向地方的税收返还基数。以后在此基础上逐年递增，递增率按增值税和消费税平均增长率的 1:0.3 系数确定，即当地方增值税和消费税的平均增长率每增加 1%，中央政府将向地方政府的税收返还增长 0.3%。[1] 如果 1994 年以后，中央净上划收入达不到 1993 年的基数，则相应扣减税收返还数额。[2] 这也意味着地方必须从自己财政收入中拿出一部分收入填补缺口。1994 年后税收返还的核算公式为：

$$TR_t = TR_{t-1} + TR_t \times 0.3 \times \frac{(C_t + 0.75 \times VAT_t) - (C_{t-1} + 0.75 \times VAT_{t-1})}{(C_{t-1} + 0.75 \times VAT_{t-1})}$$

式中，TR_t 为 1994 年后第 t 年的税收返还额，C_t 为第 t 年的消费税，VAT_t 为第 t 年的增值税。假定消费税和增值税的增长率为 R，该核算公式可以进一步简化为：

$$TR_t = TR_{t-1}(1 + 0.3R)$$

同时，2002 年所得税分享改革[3]又规定，以 2001 年地方企业所得税和个人所得税数额为基数实行所得税返还。因此，2002 年以后税收返还包括了增值税、消费税返还（以下简称两税返还）和所得税基数返还。税收返还是中央政府向地方政府财政转移支付的最主要形式，这部分的规模在分税制改革后每年都有所增加，且增长幅度较为稳定，从 1994 年的 1799 亿元增加到 2010 年的 5004 亿元，不过税收返还占总体转移支付的比重却逐年下降，从 1994 年的 75.4% 降至 2010 年的 19.55%，尽管如此，税收返还仍然是我国转移支付资金规模中重要组成部分。

(二) 原体制补助（或体制上解）

原体制补助是中央政府对地方政府自上而下的财政补助，体制上解则

---

[1] 《国务院关于实行分税制财政管理体制的决定》（国发〔1993〕85 号），http://news.xinhuanet.com/ziliao/2005-03/17/content_2709622.htm。

[2] 李齐云：《分级财政体制研究》，经济科学出版社 2003 年版，第 236 页。

[3] 在中央和地方所得税的分享中，不包括铁路运输、国家邮政、中国工商银行、中国农业银行、中国建设银行、中国银行、国家开发银行、中国农业发展银行、国家进出口银行以及海洋石油资源天然气企业缴纳的所得税，这些税收仍然作为中央财政收入。

是地方政府对中央政府自下而上的财政上解,因此,原体制补助和体制上解是一种中央政府与地方政府之间上下双向流动的转移支付形式。1994年的分税制改革规定,原体制(分税制改革前的分级包干体制)下中央对地方①的补助继续按规定补助;原体制下地方②上解则按照不同体制类型继续上解。③ 目前,这部分占总体转移支付的比重3%左右。

(三) 结算补助

为了保持我国财政体制的稳定性,中央财政将在每个财政年度末对一些由于特殊因素(比如企业或事业单位隶属关系的变化、体制变动、预算执行过程中中央出台了新措施等)引起的中央与地方财力转移,以及因政策变化和因中央与地方间交叉收支从而对地方财政收支所带来的影响,通过年终结算的方式进行调整。④ 其调整的结果有的是中央政府对地方政府的补助,有的是地方政府对中央政府的上解,形成财政资金在上下级政府间的双向转移,它是包干财政体制的补充。

(四) 专项转移支付

专项转移支付指中央财政根据特定用途和地方的特殊情况以项目的形式拨付给地方财政的专项资金。按照现行中央政府与地方政府事权划分范围,专项转移支付可以分为以下几种类型:一是中央政府对地方政府代理某些中央政府职能进行补偿而设立的专项拨款;二是中央与地方共同承担的职责,但由地方政府负责办理,中央将本应由自己承担的费用拨付给地方;三是中央政府为调控宏观经济运行以及调解地区间经济社会平衡而对地方的专项拨款;四是历来财政体制特殊规定的需要中央财政适当支持的事项。这种专项资金并不包含在地方财政体制规定的正常支出范围内,在每年预算编制时列为中央财政支出,预算执行中划拨给地方政府按规定的

---

① 主要包括内蒙古、吉林、福建、江西、山东、广西、海南、四川、贵州、云南、西藏、陕西、甘肃、青海、宁夏、新疆等当时财政收入普遍较低的地方政府。

② 主要包括北京、天津、河北、山西、辽宁、大连、黑龙江、上海、江苏、浙江、宁波、安徽、厦门、山东、青岛、河南、湖北、湖南、广东、深圳、重庆等当时财政收入普遍较高的地方政府。

③ 其上解方法针对不同地区而言,主要包括以下三种情况:一是实行递增上解的地区,按原规定继续递增上解;二是实行定额上解的地区,按确定的上解额,继续定额上解;三是实行总额分成和分税制试点的地区,暂按递增上解办法,即按1993年实际上解数,并核定一个递增率,每年递增上解(中国社会科学院财政与贸易经济研究所,2005)。

④ 李齐云:《分级财政体制研究》,经济科学出版社2003年版,第237页。

用途使用。① 专项转移支付也是我国转移支付的一种重要形式，在1994年分税制财政体制改革后其范围越来越大，规模呈现出上升态势，从1994年的361亿元升至2010年的13311亿元，其占转移支付总额的比重也从15.1%增加到52%。

（五）财力性转移支付

为了平抑地区间财力差距，促进民生类公共服务的均等化，中央政府逐步建立了财力性转移支付。从其演进历程看，作为1994年分税制改革的配套措施，2005年中央推行了较为规范的一般性转移支付②办法。一般性转移支付按照公平、公正以及适当照顾老少边地区的原则，根据各地区自然条件、社会条件以及经济条件等客观因素，确定各地区标准财政收入和标准财政支出的差额，以各地标准财政收支的差额作为转移支付的主要分配依据，同时考虑各地区的收入努力程度及支出结构的差异。1998年后为了配合中央出台的某些政策措施，中央政府新增了调整工资转移支付、民族地区转移支付、农村税费改革转移支付以及"三奖一补"转移支付等形式，这些与一般性转移支付共同构成中央对地方的财力性转移支付。③ 尽管近年来财力性转移支付占总体转移支付的比重有所增加，但总体来看还比较低。

更深层次的问题是，为什么现行转移支付框架是以税收返还、专项补助等形式为主？这可以从转移支付演进的政治逻辑中加以解释。在中央政府仍然占有或能够配置很大一部分社会资源的背景下，财政转移支付政策的实质就是中央政府将社会资源在地方政府之间的再分配。而在高度集权的计划经济体制向分散化的市场经济体制转型的过程中，以分权为核心的财政体制改革尤其是分税制改革使地方政府逐渐成为利益意识和利益取向都独立化且明晰化的利益主体。由此，地区利益集团之间为增进集团自身

---

① 中国社会科学院财政与贸易经济研究所：《走向"共赢"的中国多级财政》，中国财政经济出版社2005年版，第159页。

② 一般性转移支付是从"过渡期转移支付"演变而来的。1995年中央实行了"过渡期转移支付"，2002年所得税分享改革后，中央把改革所增加的收入全部用于一般性转移支付，建立了一般性转移支付资金的稳定增长机制，同时，过渡期转移支付概念不再使用，改为一般性转移支付。

③ 与税收返还、原体制补助以及部分专项转移支付在分配方法上采用"基数法"不同的是，财力性转移支付主要采用了更为客观、科学的"因素法"，这是财政转移支付分配方式的重大突破，从这个角度说，财力性转移也可称为"因素法转移支付"。

的利益纷纷向中央政府竞争具有再分配性质的转移支付资源。尤其是对于试图加快本辖区经济发展以追赶发达地区的落后地区来说，对转移支付资源的依赖程度更高。因此，1994 年分税制改革以来的转移支付制度便是发达地区、落后地区与中央政府三方博弈的结果，这种博弈也将决定转移支付资源的分配格局，影响地区之间财力的不均等程度。下面将通过现行转移支付均等化效应的经验分析来证实本书提出的第二个理论假说。

二 现行转移支付均等化效应实证分析

近年来，国内外学者对于现行转移支付财政均等化效应的研究也取得了一些进展。曾军平（2000）比较分析了 1994—1997 年转移支付前后省级人均财政收入与人均财政支出的相对差异系数和基尼系数，发现财政转移支付反而扩大了地区间的人均财政收入差距。[1] 刘溶沧和焦国华（2002）运用 1988—1999 年省级数据，同样利用相对变异系数评估了现行转移支付制度的财政平衡效应，研究结论显示现行的转移支付制度未能有效地控制地区间公共财政能力差距的扩大。[2] 曹俊文和罗良清（2006）则测算了 1996—2003 年省级财政收入和支出标准差系数，发现转移支付在平衡省际的财力差距方面起到了一定的均等作用。[3] 上述研究主要运用比较转移支付前后财力不均等指标的方法来考察转移支付的均等化效应，但这种传统方法存在内生的缺陷。[4] 此外，上述文献仅仅实证分析了转移支付的总体效应，缺乏对各种具体转移支付项目均等化效应的结构考察，因而，我们无法准确判断究竟是哪种转移支付项目对总体财力不均等产生了影响以及影响的程度。对此，Tsui（2005）运用 Shorrocks（1982）分解方法考察了 1994—2000 年各收入项目对县级间财力不均等的贡献，研究发现财政转移支付并没有起到均等化县级财力的效应。[5] 尹恒等（2007）则进一步利用 1993—2003 年县级数据，选择基尼系数分解方法

---

[1] 曾军平：《政府间转移支付制度的财政平衡效应研究》，《经济研究》2000 年第 6 期。

[2] 刘溶沧、焦国华：《地区间财政能力差异与转移支付制度创新》，《财贸经济》2002 年第 6 期。

[3] 曹俊文、罗良清：《转移支付的财政均等化效果实证分析》，《统计研究》2006 年第 1 期。

[4] 正如 Lerman（1999）指出的，仅仅通过比较有无某项收入的不平等指标的变化来判断该项收入是否存在均等化效应，这种方法可能出现严重的问题。

[5] Tsui, K., "Local Tax System, Intergovernmental Transfers and China's Local Fiscal Disparities". *Journal of Comparative Economics*, Vol. 33, No. 1, March 2005, pp. 173 – 196.

和通熵值数 I_2 分解方法，系统分析了财政转移支付对县级财力的均等化效应，发现上级财政转移支付扩大了县级财力差异。[①] 但是，Tsui（2005）和尹恒等（2007）运用的都是县级财政数据，因此考察结论也主要反映省以下转移支付制度的财政均等化效应，但是现行的分税财政体制中省以下转移支付制度的设计与运行仍不规范且存在较大的地区差异（李萍、徐宏才，2006）[②]，那么，以县级数据为基础的研究结果自然不能真实反映由我国地方政府间博弈产生的规范的转移支付制度的均等化效应。同时，由于中央对地方转移支付资金的分配绝大多数是直接针对省级政府的，因而，运用省级数据较之于县级数据更能从整体上考察中央政府均等化目标的实现程度。

有鉴于此，为了更真实地刻画中央对地方转移支付的财政均等化效应，验证本书提出的理论假说，本书选择分税制改革以来1997—2010年31个省（自治区、直辖市）的财政数据，运用 Lerman 和 Yitzhaki（1985）的基尼系数分解方法，系统探究我国总体转移支付及其各分项转移支付的横向财政均等化效应。

表4-6显示了总转移支付与各转移支付项目对省级财力不均等的基尼系数分解结果。由此可以看出，分税制改革以来的1997—2010年总转移支付对财力不均等的贡献始终为正，且呈现出总体上升趋势，1997年的贡献度为35.39%，2002年上升至44.42%，之后开始略微下降，不过2006年后又呈现出上升的态势，2010年保持了高达49.99%的贡献度。说明分税制改革后转移支付总体上扩大了省级财力差距。此结论验证了本书提出的理论假说，也与曾军平（2000）、刘溶沧和焦国华（2002）等学者的实证结论是一致的。从各个具体转移支付项目看，税收返还对财力不均等的贡献度最大，尽管1997—2004年税收返还的贡献率呈整体下降趋势，但在2004年它依然解释了省级财力差异的18.77%。这是由税收返还的性质决定的。为了维护地方既得利益，减少分税制改革的阻碍成本，

[①] 尹恒、康琳琳、王丽娟：《政府间转移支付的财力均等化效应》，《管理世界》2007年第1期。

[②] 李萍、徐宏才（2006）认为，虽然各地在分税制改革后都初步建立了省以下转移支付制度，但制度设计和运行仍然不尽科学规范，如各地在分配省以下转移支付资金时计算办法千差万别，既有"因素法"又有"基数增长法"、"定额补助法"、"来源地返还法"等，各种算法政策导向也各不相同。

税收返还的额度通过基数法①确定。这就使得原本财力充裕的经济发达省份（主要是东部地区）获得的返还额较多，而财力薄弱需要财政支持的落后地区获得的返还额却较少，所以税收返还制度不仅未能从根本上解决初始财力分配不均的问题，反而会进一步扩大地区之间的财力差距。各种补助是造成财力非均等的另一重要因素。1997 年解释了高达 17.71% 的财力差异，不过其贡献度随后出现总体下降趋势，2004 年为 9.28%。原体制补助是从 1988—1993 年实行的财政包干体制保留下来的转移支付形式，即在分税制改革之后原体制中央财政对地方财政的体制补助仍按照原来约定的额度继续执行。原体制补助的本来意图是通过对富裕省份实行上解而对困难省份实行补助的方式，缩小地区之间财力差距。但由于补助额是根据当时各省的财力状况加以确定的，现在财力分布格局已经发生较大变化，仍采取保持不变的分配模式已显得不合时宜，必然偏离原体制补助初始设置的均衡地区间财力的目标。此外，结算补助主要是对下级政府在过去财政年度内因特殊因素（如体制变动、中央出台了新的政策等）而遭受的损失进行的财政补助。显然，无论是原体制补助还是结算补助实质上都是对地方既得利益的维护，各种补助对省级财力非均等的贡献度为正也就不难理解了。专项转移支付也是引起省级财力差异的主要因素。它对省级财力不均等的贡献从 1997 年的 6.57% 大幅上升到 2002 年的 19.38%，2003 年后又出现缓慢下降，2004 年带来了 10.89% 的财力差异。这主要是由于，专项转移支付资金的分配存在很大的随意性，缺乏统一、规范的科学依据和标准。② 这种随意性也赋予了地方政府之间向中央政府争取专项转移支付资金的博弈空间，由于经济落后省份往往要价能力低，处于竞争的相对弱势地位，专项转移支付资金的分配结果自然是更多地向富裕省份倾斜。令人欣喜的是，地方上解中央对省级财力不均等的贡献为负，说

---

① 该制度规定了消费税和增值税的税收返还按照 1993 年的基数逐年递增，递增率按增值税和消费水平均增长率的 1:0.3 系数确定；同时，2002 年所得税分享改革又规定以 2001 年地方企业所得税和个人所得税数额为基数实行所得税返还。

② 国家审计署《2003 年度中央预算执行和其他财政收支的审计报告》指出，目前中央补助地方基本建设专项资金和其他 19 项专项转移支付资金，没有具体的管理办法或办法未公开，涉及金额 111.72 亿元。时隔两年，国家审计署《关于 2005 年度中央预算执行的审计工作报告》又指出，2005 年中央财政分配的 239 项专项转移支付项目中，有 41 项存在内容交叉重复的问题，涉及资金 156137 亿元；有 65 项没有具体的管理办法或管理办法未公开，涉及资金 705189 亿元，占专项转移支付资金总额的 20%。这些说明专项转移支付资金的管理并不规范，分配的标准也不统一，使资金分配存在一定的随意性。

明地方上解中央发挥了均衡省级财力差异的效应,只不过此影响相对较弱且呈下降趋势,从1997年的17.3%降到2004年的5.70%。

表4-6　　　　　各项转移支付对财力不均等的贡献度　　　　单位:%

年份	总转移支付	税收返还	财力性转移支付	各种补助	专项转移支付	地方上解中央
1997	35.39	27.11	1.3	17.71	6.57	-17.3
1998	35.65	24.08	1.64	16.59	8.2	-14.86
1999	38.95	20.52	1.76	15.19	13.79	-12.31
2000	37.09	18.86	2.46	16.13	11.01	-11.37
2001	42.05	15.31	3.71	14.31	17.47	-8.75
2002	44.42	16.8	3.29	12.18	19.38	-7.23
2003	31.49	14.43	2.43	8.85	11.04	-5.26
2004	37.85	18.77	4.60	9.28	10.89	-5.70
2005	35.83	N.A	N.A	N.A	N.A	N.A
2006	32.29	N.A	N.A	N.A	N.A	N.A
2007	35.46	N.A	N.A	N.A	N.A	N.A
2008	37.53	N.A	N.A	N.A	N.A	N.A
2009	46.08	N.A	N.A	N.A	N.A	N.A
2010	49.99	N.A	N.A	N.A	N.A	N.A

注:(1)总转移支付指的是净转移支付,即总转移支付=税收返还+财力性转移支付+原体制补助+结算补助+其他补助+专项转移支付-原体制上解-其他上解;(2)根据不平等分解独立性公理,中央对地方净转移支付的贡献度等于其中各项具体转移支付项目的贡献度之和,因此,第2列数值应等于第3—7列数值之和;(3)由于缺乏2005—2010年间各省份转移支付结构数据,因此,这里只测算了1997—2005年的各转移支付项目对省际财力不均等的贡献度。

从中央政府政策意图上说,财力性转移支付制度旨在调节地区间财力差距,促进民生类公共服务的均等化。对此,财力性转移支付资金一般按照客观、公正的原则,根据各地区自然条件、社会条件以及经济条件等客观因素,设计统一公式进行分配,因此,财力性转移支付资金的分配理论上应具有较强的均等化效果。从表4-6可知,虽然财力性转移支付对财力不均等的贡献度较低,但该贡献度自1997年来呈现上升的态势,2004年还解释了4.60%的财力差异,说明财力性转移支付整体上没有实现预期的缩小地区间财力差距的政策意图。究其原因,我国现行财力性转移支付制度主要根据各省标准财政收支的差额作为转移支付资金分配的依据，但在确定标准财政支出需求时考虑的是财政供养人口，而非辖区总人口因素。这对于总人口较多的落后地区来说，可能表面上比发达地区分享的财力性转移支付资金多，可实际上按总人口分摊的资金并不多。① 所以，基于财政供养人口的财力性转移支付资金分配模式不利于人口众多的落后地区，导致其难以有效地发挥平衡省级财力差异的效应。

从财力性转移支付结构看，其中最为重要的一般性转移支付项目是由1995年财政部出台的《过渡期转移支付办法》演变而来的，其初始目标定位于逐步缩小地区间的财力差距，实现地方政府基本公共服务供给能力的均等化。② 但是，表4-7的结果显示，一般性转移支付不仅没有起到均衡省级财力的作用，反而扩大了省级财力差距，其对省级财力不均等的贡献从2002年的1.73%增加至2004年的3.46%。可以说，财力性转移支付对地区间财力不均等的影响主要是由一般性转移支付贡献的。为何一般性转移支付未能实现预期的政策目标呢？因为，在受到客观条件的限制下，近期内一般性转移支付的目标是保障机关事业单位职工工资发放和机构正常运转等最基本的需要，资金的分配过程自然考虑的是标准财政供养人口。除此之外，一般性转移支付分配的资金规模也相当有限，且缺乏稳定的资金来源，难以实现预期的促进地区间财政均等化目标。民族地区转移支付③和艰苦边远地区津贴补助是中央政府专门针对民族地区和艰苦边远地区出台的转移支付项目，但这两个项目也是财力非均等的，在2004年分别解释了总体财力差异的1.20%和0.38%。为了保证农村税费改革的顺利推行，确保农民负担得到明显减轻，确保乡镇机构和村级组织正常运转，确保农村义务教育经费的正常需要，中央政府在2001年实施了农

---

① 以2004年为例，西部地区的四川省获得的财力性转移支付资金规模为170.49亿元，排在全国前列，远大于东部地区海南省的23.09亿元，可从人均来看，海南省的人均财力性转移支付资金为124.15元，则大于四川省的85.44元。

② 中国社会科学院财政与贸易经济研究所：《走向"共赢"的中国多级财政》，中国财政经济出版社2005年版，第157页。

③ 为配合西部大开发战略，支持民族地区发展，国务院决定从2000年起实施民族地区转移支付制度。关于民族地区转移支付的资金来源，一是2000年专项增加对民族地区转移支付资金10亿元，以后每年按上年中央分享的增值税收入增长率递增；二是对8个民族地区及非民族地区的民族自治州的增值税（75%部分）收入，采用环比办法，将每年增值税收入增长部分的80%补助给民族地区。

村税费改革转移支付，其资金的分配①全部按照统一规范、公正、合理、公开透明的原则进行，并重点向农业大省、粮食主产区倾斜。从表4-7中可以看出，农村税费改革转移支付整体上具有一定的均等化效应，尽管2003年呈现出非常弱的非均等性。1998年以来，为了刺激国内有效需求增长，中央政府采取了积极的财政政策，在1999—2003年间，中央财政四次增加了机关事业单位在职职工工资和离退休人员离退休费，为了有效配合这些积极财政政策的实施，中央政府适时出台了调整工资转移支付。鉴于地区间财政状况差异较大，中央财政同时规定，实施这些政策增加的支出，沿海经济发达地区由当地财政自行解决；财政困难的老工业基地和中西部地区由中央财政给予适当补助。从表4-7可以看出，2003年调整工资转移支付起到了一定的均衡省级财力差异作用。

表4-7　　　　　财力性转移支付对财力不均等的贡献度　　　　　单位：%

年份	财力性转移支付	一般性转移支付	民族地区转移支付	调整工资转移支付	艰苦边远地区津贴补助	农村税费改革转移支付
2002	3.29	1.73	0.93	0.14	0.54	-0.05
2003	2.43	1.60	0.73	-0.27	0.33	0.04
2004	4.60	3.46	1.20	0.10	0.38	-0.54

如上所述，基尼系数分解的优势在于可以分析转移支付对财力不均等的影响途径，表4-8和表4-9将各项转移支付对总体财力不均等的影响进一步分解为三个因素：转移支付的相对规模（S_k）、转移支付自身的基尼系数（G_k）以及转移支付与总财力之间的相关关系（R_k）。从表4-8可以看出，分税制改革后的1997—2002年转移支付对总财力不均等的贡献值呈增加趋势（从1997年的0.1202增加到2002年的0.1550），其主要原因是转移支付自身的基尼系数G_k从0.3643增加至0.3883，转移支付占总财力的比重S_k从0.3832增加至0.4920，两者分别上升了6.59%和28.39%，共同抵消了转移支付与总财力的相关系数R_k下降的影响；2002

---

① 农村税费改革转移支付资金的分配一般按照地方必不可少的开支和因政策调整造成的收入增减变化相抵后的净减收数额，并根据各地财政状况以及农村税费改革实施过程中各地不可预见的减收增支等因素计算确定。

年所得税分享改革后，转移支付对总财力不均等的贡献值有所下降（从 2002 年的 0.1550 降到 2004 年的 0.1316），在转移支付的相对规模并未发生明显变化的格局下，其贡献值呈现下降的原因是 R_k 与 G_k 分别从 2002 年的 0.8114 和 0.3883 下降至 2004 年的 0.7990 和 0.3469，各自下降了 1.53% 和 10.67%。这也反映出 2002 年以来我国对转移支付制度实施的相关改革措施在某种程度上改善了转移支付资源分配的非均等性状况。从各个具体的转移支付项目对财力不均等的影响看，尽管分税制改革以来税收返还占总财力的比重 S_k 在下降，从 1997 年的 0.2756 降到 2004 年的 0.1665，但 R_k 和 G_k 本身较大（2004 年两者分别高达 0.8617 和 0.4550）且总体呈现上升趋势，从而导致税收返还一直是引起总体财力不均等的最大贡献因素。各种补助对省级财力不均等的贡献总体呈下降趋势，其贡献值从 1997 年的 0.0602 下降到 2004 年的 0.0323，这并不是各种补助分配的非均等 R_k 和自身的不均等 G_k 下降所致，而是因为各种补助占总财力的比重的大幅下降，S_k 从 1997 年的 0.0966 下降到 2004 的 0.0580，下降了 39.96%。专项转移支付的不均等贡献呈现先增加后下降的趋势，1997—2002 年呈现增加趋势的主要原因是 G_k 从 1997 年的 0.3833 逐年增加到 2002 年的 0.5042，S_k 则从 0.0904 增加到 0.2054；2002 年后出现下降趋势的原因是三个因素 R_k、G_k 和 S_k 都在不同程度的下降。地方上解中央对总财力的均衡作用也呈下降趋势，其贡献值从 1997 年的 -0.0588 降至 2004 年的 -0.0198，其主要原因是占总财力的比重 S_k 从 1997 年的 0.0941 下降到 2004 年的 0.0339。

表 4-8　各项转移支付对财力不均等的影响结构分解（1997—2004 年）

年份	总转移支付 贡献值	R_k	G_k	S_k	税收返还 贡献值	R_k	G_k	S_k
1997	0.1202	0.8610	0.3643	0.3832	0.0921	0.8435	0.3963	0.2756
1998	0.1191	0.8579	0.3533	0.3930	0.0805	0.8348	0.3979	0.2423
1999	0.1317	0.8376	0.3679	0.4274	0.0694	0.8381	0.3979	0.2080
2000	0.1226	0.7812	0.3591	0.4370	0.0623	0.8490	0.3966	0.1852
2001	0.1407	0.7519	0.3930	0.4762	0.0512	0.8455	0.3988	0.1520
2002	0.1550	0.8114	0.3883	0.4920	0.0584	0.8395	0.4173	0.1669
2003	0.1203	0.7683	0.3591	0.4359	0.0551	0.8548	0.4127	0.1562
2004	0.1316	0.7990	0.3469	0.4747	0.0653	0.8617	0.4550	0.1665

续表

年份	财力性转移支付				各种补助			
	贡献值	R_k	G_k	S_k	贡献值	R_k	G_k	S_k
1997	0.0044	0.4341	0.6859	0.0148	0.0602	0.7822	0.7961	0.0966
1998	0.0055	0.5196	0.6066	0.0174	0.0555	0.8009	0.7967	0.0869
1999	0.0060	0.4077	0.4734	0.0308	0.0514	0.7930	0.7759	0.0835
2000	0.0081	0.3794	0.4989	0.0429	0.0533	0.8093	0.6688	0.0985
2001	0.0124	0.3391	0.4408	0.0830	0.0479	0.8001	0.6894	0.0868
2002	0.0115	0.2697	0.4279	0.0992	0.0424	0.8510	0.7606	0.0655
2003	0.0093	0.2162	0.4303	0.0997	0.0338	0.7824	0.7556	0.0572
2004	0.0160	0.2944	0.4711	0.1152	0.0323	0.8078	0.6896	0.0580

年份	专项转移支付				地方上解中央			
	贡献值	R_k	G_k	S_k	贡献值	R_k	G_k	S_k
1997	0.0223	0.6440	0.3833	0.0904	-0.0588	-0.7720	-0.8088	-0.0941
1998	0.0274	0.6120	0.3570	0.1255	-0.0497	-0.7792	-0.8073	-0.0790
1999	0.0466	0.6658	0.4074	0.1719	-0.0416	-0.7752	-0.8033	-0.0668
2000	0.0364	0.5358	0.3914	0.1735	-0.0376	-0.8113	-0.7343	-0.0631
2001	0.0585	0.6218	0.4598	0.2045	-0.0293	-0.8016	-0.7296	-0.0501
2002	0.0674	0.6508	0.5042	0.2054	-0.0252	-0.7946	-0.7135	-0.0444
2003	0.0422	0.5651	0.4695	0.1589	-0.0201	-0.7854	-0.7069	-0.0362
2004	0.0379	0.5182	0.4324	0.1690	-0.0198	-0.8014	-0.7285	-0.0339

表4-9 各项财力转移支付对财力不均等的影响结构分解（2002—2004年）

年份	财力性转移支付				一般性转移支付			
	贡献值	R_k	G_k	S_k	贡献值	R_k	G_k	S_k
2002	0.0115	0.2697	0.4279	0.0992	0.0060	0.4113	0.6280	0.0233
2003	0.0093	0.2162	0.4303	0.0997	0.0061	0.3599	0.6295	0.0270
2004	0.0160	0.2944	0.4711	0.1152	0.0120	0.4227	0.6191	0.0460

年份	民族地区转移支付				调整工资转移支付			
	贡献值	R_k	G_k	S_k	贡献值	R_k	G_k	S_k
2002	0.0032	0.6491	0.8256	0.0060	0.0005	0.0281	0.4066	0.0438
2003	0.0028	0.5195	0.8167	0.0066	-0.0010	-0.0645	0.3963	0.0404
2004	0.0042	0.6183	0.8162	0.0083	0.0003	0.0217	0.3987	0.0395

续表

年份	艰苦边远地区津贴补助				农村税费改革转移支付			
	贡献值	R_k	G_k	S_k	贡献值	R_k	G_k	S_k
2002	0.0019	0.4333	0.7995	0.0054	-0.0002	-0.0276	0.3003	0.0206
2003	0.0012	0.3510	0.7968	0.0044	0.0001	0.0304	0.2145	0.0213
2004	0.0013	0.3839	0.7971	0.0043	-0.0019	-0.3281	0.3169	0.0180

注：贡献值 $= R_k \times G_k \times S_k$。

表4-9显示，2002年以后，财力性转移支付对财力不均等的贡献值呈略微增加之势，其自身的基尼系数 G_k 从2002年的0.4279增加到2004年的0.4711，S_k 从0.0992大幅增加到0.1152。其中，对财力不均等具有正向贡献的依次是一般性转移支付、民族地区转移支付和艰苦边远津贴补助，2004年解释的基尼系数分别为0.0120、0.0042和0.0013，三个转移支付项目自身的不均等 G_k 和分配的非均等 R_k 都保持在较高的水平，由于一般性转移支付占总财力的比重 S_k 相对较大，使其成为三个项目中财力非均等贡献最大的项目。农村税费改革转移支付和调整工资转移支付分配方式非均等和自身的不均等程度都较低，表明这两个项目都具有一定的均等化效应，只不过它们占总财力的比重 S_k 很低，使得均等化效应较弱。正如前面指出的，分配方式的非均等因素 R_k 是决定某项转移支付项目是否具有均等化效应以及程度如何的关键因素，综合来看，税收返还和各种补助的分配方式最不均等（2004年 R_k 分别为0.8617和0.8078），其次为民族地区津贴补助（0.6183）、专项转移支付（0.5182）、一般性转移支付（0.4227）以及艰苦边远地区转移支付（0.3839）；农村税费改革转移支付和地方上解中央的 R_k 在2004年都为负数，说明这两种项目的分配较为均等。

三 现行转移支付均等化效应的稳健性检验

表4-6到表4-9是基于Lerman和Yitzhaki（1985）方法的基尼系数分解结果，为了得到更加稳健的结论，本部分将引入Shorrocks（1980）提出的收入不平等的分解方法。从表4-10可以看出，基于Shorrocks（1980）的分解结果与基尼系数的分解结果是一致的。总体转移支付不仅没有达到平衡地区之间财力差异的预期效果，反而进一步扩大了地区之间财力非均等。从具体转移支付项目看，反映既得利益的税收返还、各种补

助以及专项转移支付依然是引起财力不均等的主要因素，其中以税收返还的贡献度最大，而财力性转移支付是总体财力不均等贡献最弱的项目，此外，地方上解中央发挥了一定程度的均等化效应。因此，本书的研究结论在不同的分解方法下也是十分稳健的。

表4-10　各项转移支付对财力不均等的贡献度：基于Shorrocks分解　单位:%

年份	总转移支付	税收返还	财力性转移支付	各种补助	专项转移支付	地方上解中央
1997	25.15	31.55	0.67	13.9	3.7	-24.68
1998	25.96	28.17	0.69	12.8	4.83	-20.52
1999	31.18	23.17	0.82	14.17	9.24	-16.21
2000	28.06	21.7	1.03	14.7	5.59	-14.96
2001	38.86	15.74	2.26	16.77	14.29	-10.2
2002	41.36	17.11	1.78	14.23	16.52	-8.33
2003	22.34	14.35	0.23	7.13	6.71	-6.08
2004	25.12	22.04	0.70	6.49	3.39	-7.50
2005	24.37	N.A	N.A	N.A	N.A	N.A
2006	21.16	N.A	N.A	N.A	N.A	N.A
2007	30.83	N.A	N.A	N.A	N.A	N.A
2008	34.99	N.A	N.A	N.A	N.A	N.A
2009	47.35	N.A	N.A	N.A	N.A	N.A
2010	57.15	N.A	N.A	N.A	N.A	N.A

第四节　研究结论与政策启示

本章选择分税制改革以来1997—2010年31个省级辖区的财政数据，综合运用Lerman和Yitzhaki（1985）的基尼系数分解方法与Shorrocks（1980）的分解方法，系统地考察了我国总体转移支付及其各分项转移支付的横向财政均等化效应。研究结果表明：（1）1994年分税制改革后的转移支付不但不能有效发挥平衡地区之间财力差距的作用，反而造成了40%左右的地区间财力差异，分权体制下的转移支付具有"逆向"调节功能；（2）税收返还、各种补助以及专项转移支付三种转移支付形式是引起地区间财力不均等的主要因素，其中以税收返还的贡献度最大，地方上解中央具有一定程度的均等化效应；（3）财力性转移支付对财力不均等的贡献度较低，但该贡献度整体依然为正，这主要是由其中基于财政供养人口的一般性转移支付所做的贡献，说明旨在调节区间财力差距的财力性转移支付也未能从根本上实现预期的政策意图；（4）税收返还、各种补助和专项转移支付之所以对总体财力差异的贡献度较大，主要是其分配方式的不均等程度较高，尽管农村税费改革转移支付与地方上解中央的分配较为均等，但它们占总财力比重太低，使得均等化效应较弱。

现行转移支付是分权体制下地方政府间与中央政府博弈均衡的结果，在这种"跑部钱进"的博弈过程中，由于富裕省份往往处于竞争的优势地位，转移支付资金的分配自然更多地向富裕省份倾斜，本身基础财力较弱的落后省份反而获得较少的转移支付，从而逐步扩大了地区之间的财力差距，使居住在不同辖区的居民享受着不同水平的民生类公共服务，这对我国和谐社会的构建以及国民经济的持续健康增长将带来损害。因而，在现行的分级财政体制框架下，改变地方政府的激励结构、重新界定转移支付目标、优化转移支付的结构及分配方式等措施，将是未来政府推进财政体制改革的可行的政策路径，从真正意义上建立以居民享有民生类公共服务大致均等的均衡性转移支付制度。

第五章 地区差异、财政分权与地方政府支出偏好

区域民生类公共服务差距不仅取决于地方政府的财政能力水平,还取决于地方政府的支出偏好。更为重要的是,我国幅员辽阔,各地区不仅在财政分权程度上存在显著的差异,而且在要素禀赋、产业结构以及经济基础上也存在较大差别,因此,财政分权框架下各地方政府所受激励和约束不同,从而表现出差异化的支出偏好。有鉴于此,本章将运用省级面板数据,实证考察转型中的财政分权与地方政府财政竞争对不同地区地方政府支出偏好影响的方向和程度,以此检验地方政府支出偏好的空间异质性,并根据实证结论揭示出其政策意蕴。

第一节 引言

改革开放以来,与经济体制逐渐由计划经济向市场经济转型相适应,我国财政体制也逐步由集权型向分权型演进,地方政府逐渐拥有更多的财政支出控制权,这种新的制度安排为地方政府发展本地经济提供了重要动力,促进了中国经济的持续增长与繁荣。这一点得到了众多学者的经验证实(Qian and Weingast, 1997; Qian, Roland and Xu, 1998; 张晏、龚六堂,2006;等等)。但财政分权激励出的地方政府为经济增长而展开的财政竞争产生了一系列成本。[1] 本书更为关注的是,财政分权导致了地方政府的支出偏好明显偏离于公众日益增长的对基本教育、医疗、社会保障等民生类公共服务需求,且这种偏好在经济发展水平不同的地区表现出显著

---

[1] 转型时期中国式财政分权体制引发的成本逐渐受到诸多学者的关注,但现有文献主要研究的是地方保护、市场割据、重复建设以及公共物品供给效率等方面,鲜有研究财政分权对政府支出偏好的影响以及这种偏好的区域差异性。

的差异，从而内生出区域之间民生类公共服务供给水平的差距，这将危及我国和谐社会的构建与国民经济的稳定、健康增长。因此，基于中国转型时期财政分权的视角，研究地方政府支出偏好的形成机制与空间差异性，对于优化地方政府的财政竞争行为，重塑公共服务型政府，以此实现区域民生类公共服务的均等化，具有重要的理论价值与现实意义。

政府支出偏好或供给偏好是指政府作为决策主体，其价值观在财政支出领域的一种具体反映，包括政府支出的规模偏好和结构偏好，本书研究的是后者。如果从居民福利是否最大化角度看，政府支出偏好存在三种情形：第一种符合居民需求偏好，第二种偏离居民需求偏好，第三种则是完全对抗性的。当然，第三种情形比较少见，更多的是前面两种情形。本书关心的问题是，在财政分权体制下，地方政府的支出偏好是否与居民需求偏好趋于一致呢？

西方传统财政分权理论认为，财政分权可以使地方政府的支出偏好与分散居民的需求偏好相匹配，因为，联邦制下的居民拥有"用脚投票"[1]和"用手投票"[2]两种特殊机制。在这两种机制的作用下，不同地方政府之间的财政竞争将激励地方政府调整财政支出结构，且以更有效率的方式迎合分散居民的偏好。这说明，联邦制下的财政分权不会扭曲地方政府的支出偏好，自然有利于提高教育、医疗和社会保障等居民急需的公共服务支出水平，进而提升整个社会的总福利水平。但是，与上述主流财政分权理论相反，不少学者发现，财政分权引发的地方政府竞争可能扭曲政府支出偏好，降低社会总福利水平。正如 Prudhomme（1995）指出，财政分权体制下拥有自身目标函数的地方政府不会天然地对本辖区居民的福利需求偏好作出积极回应（Responsiveness）。[3] 竞争会使政府的支出偏好朝着什么方向改变呢？West 和 Wong（1995）基于中国的经验事实发现，财政分权导致地方政府在卫生和教育等公共服务方面的配置显著减少。[4] Qian 和

---

[1] Tbieout, "A Pure Theory of Local Expenditures". *Journal of Political Economy*, Vol. 64, No. 5, October 1956, pp. 416 – 424.

[2] W. E. Oates, *Fiscal Federalism*. New York: Harcourt Brace Jovanovich, 1972.

[3] Prudhomme, "Dangers of Decent ralization". *World Bank Research Observer (International)*, Vol. 10, No. 2, 1995.

[4] Loraine A. West and Christine P. W. Wong, "Fiscal Decent ralization and Growing Regional Disparities in Rural China: Some Evidence in the Provision of Social Services". *Oxford Review of Economic Policy*, Vol. 11, No. 4, 1995, pp. 70 – 84.

Roland（1998）也指出，财政分权一定程度上硬化了地方政府的预算约束，使资本性公共物品供给显著大于集权体制下的供给，但地方政府对于社会性公共物品依然缺乏供给激励。[1] Keen 和 Marchand（1997）则证明，财政分权体制下的地方政府竞争会导致地方政府偏好于生产性公共物品的供给，服务于当地居民福利的公共服务供给则明显不足。[2] Demurger（2001）也认为，地方政府为了推动本地区经济增长把过多的财政资源配置到生产性投资之中而忽视了社会性公共物品的建设，从而导致了区域经济发展的不平衡。[3]

近年来，国内有关财政分权对政府支出偏好影响的研究也取得了一些进展。乔宝云等（2005）以中国小学义务教育为例，研究发现财政分权导致了各地区激烈的财政竞争，结果使地方政府支出偏好向追求资本投资与经济增长率的方向转变，相应挤占了义务教育等与民生相关的财政支出。[4] 平新乔等（2006）则考察了人均预算内和预算外财政支出对公共需求的敏感性，发现财政分权背景下的财政激励导致了公共支出的系统性偏差。[5] 傅勇、张晏（2007）利用 1994—2004 年的省级面板数据，同样证实了中国的财政分权与地方政府竞争造成了地方公共支出结构的明显扭曲。[6]

已有研究尽管在财政分权对政府支出偏好的影响问题上结论并不一致，但几乎都隐含了一个相同假定，即分权体制下地方政府的支出偏好是同质的。显然，这一隐含假定使已有文献忽略且并不能对我国地方政府之间支出偏好的差异，进而对区域民生类公共服务供给差距的现象给出合乎逻辑的解释。为此，本章试图进一步揭示财政分权对地方政府支出偏好的

---

[1] Qian, Y., G. Roland, "Federalism and the soft Budget Constraint". *American Economic Review*, Vol. 88, No. 5, 1998, pp. 265–284.

[2] M. Keen, M. Marchand, "Fiscal Competition and the Pattern of Public Spending". *Journal of Public Economics*, Vol. 66, No. 1, October 1997, pp. 33–53.

[3] Demurger, S., "Infrastructure Development and Economic Growth: An Explanation for Regional Disparities in China". *Journal of Comparative Economics*, Vol. 29, No. 1, March 2001, pp. 95–117.

[4] 乔宝云、范剑勇、冯兴元：《中国的财政分权与小学义务教育》，《中国社会科学》2005 年第 6 期。

[5] 平新乔、白洁：《中国财政分权与地方公共品的供给》，《财贸经济》2006 年第 2 期。

[6] 傅勇、张晏：《中国式分权与财政支出结构偏向：为增长而竞争的代价》，《管理世界》2007 年第 3 期。

作用机制，以及运用改革开放以来的省际面板数据实证检验政府支出偏好的空间差异性。基于此目的，本章的结构安排为：第二部分建立计量模型，并对本章研究中的分析方法、指标选择与数据来源做出说明；第三部分将对实证结果做出解释和说明；最后是本书的结论与政策启示。

第二节　计量模型设定、指标选择与数据说明

为了进一步检验本书提出的第三个理论假说，本章将对转轨时期财政分权与政府支出偏好的关系作出实证分析。本节首先给出实证分析的计量模型，讨论指标的选择问题，并对数据的来源给予详细说明。

一　计量模型设定

为了考察财政分权对政府支出偏好的作用机理，参照 Barro（1990）、Mauro（1998）、Zhang 和 Zou（1998）以及傅勇和张晏（2007）等建立的研究模型，结合本章的研究重点，设定如下基础回归计量模型：[①]

$$INVEST_{it} = \alpha_0 + \alpha_1 FD_{it} + \alpha_2 PGDP_{it} + \alpha_3 INSTITU_{it} + \alpha_4 MIGRAT_{it} +$$
$$\alpha_5 MIDSCH_{it} + \alpha_6 PRISCH_{it} + \alpha_7 DUM94 + \alpha_8 DUM96 + \lambda_i + \mu_t + \varepsilon_{it} \quad (5.1)$$

$$SERVIC_{it} = \beta_0 + \beta_1 FD_{it} + \beta_2 PGDP_{it} + \beta_3 INSTITU_{it} + \beta_4 MIGRAT_{it} +$$
$$\beta_5 MIDSCH_{it} + \beta_6 PRISCH_{it} + \beta_7 DUM94 + \beta_8 DUM96 + \lambda_i + \mu_t + \varepsilon_{it} \quad (5.2)$$

本章采用省际面板数据（panel data）。其中，i 表示区域，鉴于数据的可获得性，本书的样本只包括除西藏和重庆（重庆1997年及以后的数据并入四川）以外的29个内地省、自治区和直辖市[②]；t 表示年份，时间

[①] 本章采用的是面板模型，这是一类利用平行数据分析变量间相互关系并预测其变化趋势的计量经济模型，相比单纯的横截面模型和时间序列模型而言，面板模型的优点在于：一是面板数据同时包含了时序数据与截面数据，这样就可以分析个体之间的差异又可以描述个体动态变化的特征；二是面板模型可以有效削弱模型中的多重共线性问题的影响，从而得到更为精确的估计结果；三是面板模型可以反映一些被忽略的时间因素与个体因素的综合影响（Cheng Hsiao, 1986）。这正是本书选择面板模型的原因。

[②] 需要说明的是，由于西藏部分年份的数据不全，将其删除；重庆在1997年从四川省分离成立直辖市，将其并入到四川省；此外，鉴于数据的可获得性，面板数据不包括港澳台地区，这样我们共有29个样本。

跨度为1987—2006年；① λ 表示不随时间变化的个体特定效应，μ 表示仅随时间变化的时间效应，ε 表示与解释变量无关的随机扰动项。模型Ⅰ和模型Ⅱ分别反映财政分权体制下地方政府获得更多资源配置权力以后，地方政府的财政竞争行为对支出偏好的影响。

值得注意的是，这里只给出面板模型的一般形式，具体采用哪种模型需要经过检验。总体来说，面板模型可以划分为三种形式，亦即无个体影响的不变系数模型、含有个体影响的变截距模型以及含有个体影响的变系数模型。在对面板模型进行估计时，使用的样本数据包含了横截面、时间和指标三维信息，如果模型形式设定错误，估计的结果将偏离所要模拟的经济现实。为此，本节首先利用协方差分析检验确定面板模型的正确形式，以避免模型设定的偏差，改进参数估计的有效性。该方法主要检验如下两个假设：②

$H_1: \beta_1 = \beta_2 = \cdots = \beta_n$

$H_2: \alpha_1 = \alpha_2 = \cdots = \alpha_n; \beta_1 = \beta_2 = \cdots = \beta_n$

基于模型：

$$y_{it} = \alpha_{it} + \beta_{it} x_{it} + u_{it}, \quad t = 1, 2, \cdots, T; i = 1, 2, \cdots, N \tag{5.3}$$

如果接受假设 H_2，则可以认为样本数据符合无个体影响的不变系数模型，那就无须进行更进一步的检验。如果拒绝假设 H_2，则需检验假设 H_1。如果进一步检验拒绝假设 H_1，则认为样本数据符合变系数模型；反之，则认为样本数据符合变截距模型。

当确定了面板模型的正确形式后，需要再进一步识别究竟使用固定效应模型还是随机效应模型。

基于变截距模型：

$$y_{it} = \alpha_i + \beta x_{it} + u_{it}, \quad t = 1, 2, \cdots, T; i = 1, 2, \cdots, N \tag{5.4}$$

抑或基于变系数模型：

$$y_{it} = \alpha_i + \beta_i x_{it} + u_{it}, \quad t = 1, 2, \cdots, T; i = 1, 2, \cdots, N \tag{5.5}$$

---

① 由于《中国统计年鉴》从2007年开始调整各地区财政支出项目，主要包括一般预算支出、一般公共服务、外交、国防、公共安全、教育、科学技术、文化体育与传媒、社会保障和就业、医疗卫生、环境保护、城乡社区事务、农林水事务、交通运输、工业商业金融等事务以及其他支出，缺乏明细的基本建设支出项目，因此，为了不引起数据的测量误差，本章实证分析的时间窗口为1987—2006年。

② 高铁梅：《计量经济分析方法与建模》，清华大学出版社2006年版，第305页。

对此，Hausman 提出了判别固定效应和随机效应两种效应的检验方法。该方法的原理是，在解释变量与不可观测效应不相关备择假设条件下，固定效应的估计量和随机效应的估计量都是一致的，但是随机效应的估计却更有效；而在解释变量与不可观测效应相关的原假设条件下，固定效应的估计量依然是一致的，但随机效应的估计量却不再一致。[①]

二 模型指标选择

转型时期财政分权将在地方政府之间诱发出差异化财政竞争行为，改变地方政府的支出偏好，这对于财政能力本来脆弱的欠发达地区来说，可能进一步恶化民生类公共服务的供给状况。为了验证这一假说，本章把地方政府本级预算内财政支出中公共投资支出比重（INVEST）和公共服务支出比重（SERVIC）作为检验的因变量，以此分别反映地方政府的公共投资支出偏好和公共服务支出偏好。对于公共投资支出，选择基本建设支出作为代理解释变量。因为，基本建设支出占据了公共投资支出的绝大比重；另外，在吸引 FDI 的财政竞争中，基本建设支出成为地方政府财政支出结构中的特别偏好，这可能是选择基本建设支出变量的最为重要的原因。而对于公共服务支出，选择科教文卫支出即科学事业费、教育事业费、文体广播事业费和卫生事业费作为代理解释变量。需要说明的是，我国地方政府预算体制有内外之分，在正式财政体制外还存在大量管理相对松散的非正式的财政安排，如果纳入这部分预算外支出更能反映出地方政府的财政竞争状况，但从国家统计局公布的数据看，我国的预算外支出主要用于行政事业费、基本建设费等，缺乏完整的预算外支出结构数据（见表 5-1）。因此，本章主要考察财政分权对省级预算内支出结构的影响。

表 5-1　　　　　　　　　　预算外资金分项目支出

年份	合计	基本建设支出	专项支出	行政事业费支出	城市维护费支出	乡镇自筹、统筹支出	其他
1996	3838.32	1490.23	307.27	1254.36		136.39	650.07
1997	2685.54	502.03	311.59	1280.19		288.69	303.04

---

① 储德银、闫伟：《地方政府支出与农村居民消费需求——基于 1998—2007 年省级面板数据的经验分析》，《统计研究》2009 年第 8 期。

续表

年份	合计	基本建设支出	专项支出	行政事业费支出	城市维护费支出	乡镇自筹、统筹支出	其他
1998	2918.31	393.98	423.60	1588.28		335.26	177.19
1999	3139.14	539.82		1816.13	127.45	350.34	305.40
2000	3529.01	426.20		2225.09	146.38	387.39	343.96
2001	3850.00	350.00		2500.00	150.00	400.00	450.00
2002	3831.00	260.00		2655.00	160.00	268.00	488.00
2003	4156.36	269.86		2836.55	202.62	283.11	564.22
2004	4351.73	287.28		3133.80	193.82	205.09	531.74
2005	5242.48	346.74		3866.10		198.01	831.63

资料来源：《中国统计年鉴》（2007），中国统计出版社。

财政分权（FD）是本章关心的一个重要解释变量。源于对财政分权定义的不同理解和偏重，现有文献对财政分权的度量存在较大争议。[①] 为了较好刻画中国财政分权的程度，充分反映地方政府财政自主权的大小，本章选择了人均各省财政支出占总财政支出的份额指标，其中，总财政支出为人均各省财政支出与人均中央财政支出之和。固然，财政分权表现在收入预算和支出预算两个方面，但本章仅把研究的重心置于财政支出上。这主要基于三个层面的考虑：其一，本章研究的主要问题是财政分权引发的财政竞争对地方政府支出偏好的影响以及这种偏好的区域差异，财政支出自然成为我们关注的焦点；其二，选择财政支出水平衡量财政分权度是现有经济学文献的通常做法，比如 Zhang 和 Zou（1998）、乔宝云（2005）、周业安和章泉（2008）等；其三，财政收入在中央政府和地方政府之间的分配相对于财政支出而言比较复杂，因此，运用财政收入数据可能难以准确度量财政分权的水平。此外，为了消除转移支付影响，[②] 地方政府的财政支出运用省、直辖市和自治区的预算内本级财政支出，鉴于计算口径的一致性，中央政府的财政支出也为预算内本级财政支出。

[①] 已有文献出现了从不同维度刻画财政分权的指标，一种是采用下级政府财政收支份额指标，如 Davoodi 和 Zou（1998）、Zhang 和 Zou（1998）等；另一种是采用自有收入的边际或平均增量，如 Lin 和 Liu（2000）等。

[②] 如果不能排除中央政府的转移支付，我们会错误地度量不同地区的财政分权水平，如我们可能高估中西部地区的财政分权水平（周业安和章泉，2008）。

关于控制变量的选择，参考 Granado、Martinez Vazquez 和 Mcnab (2005)[①] 的研究方法，在模型中首先引入各省人均实际 GDP 变量（以 PGDP 表示），以控制经济发展水平对地方政府财政支出结构的约束。人均实际 GDP 刻画了各省的经济发展水平和市场规模大小，引入该指标也是为了检验瓦格纳法则[②]在中国的存在性。第二个控制变量是制度变革因素。改革开放以来，我国开始了市场化取向的体制变革或转型，在这种转型经济条件下政府的职能也逐渐发生转变，随之带来的是政府支出结构的变化。由于国有经济比重和职工人数的变化较好地体现了我国转型过程中诸多体制的变革效应，因此，本章选择国有经济单位职工占总职工人数的比重（INSTITU）来刻画体制变革因素的影响。第三个控制变量是居民流动因素。为了验证居民跨区域流动是否对地方政府的财政支出行为产生影响，本章引入了人口迁移率（MIGRAT）变量。类似于傅勇和张晏(2007)[③] 的指标构造方法，本章利用人口增长率与人口自然增长率之差来衡量。另外，地方的财政支出尤其是教育和科技的支出还受到本地在校学生人数的影响，为此，本章控制了学生人数变量。借鉴 Mauro (1998)[④] 利用学龄人口比重刻画教育需求的方法，同时考虑到数据的可获得性，本章选择一个地区的小学和中学在校学生人数占年底总人口的比重指标[⑤]，

---

① Granado、Martinez Vazquez 和 Mcnab (2005) 研究了财政分权对地方教育和卫生支出占总支出的比重的影响，在其研究模型中，除引入财政分权变量之外，还采用了人均 GDP、人口总数和人口密集度的控制变量。

② 瓦格纳法则是指随着经济中人均收入的增长，公共部门的相对规模将扩大，公共支出也随之不断增长。德国财政学家瓦格纳（Wagner）考察了 19 世纪许多西欧国家以及美国和日本的公共部门增长状况，研究发现公共支出的增长是政治因素和经济因素共同作用的结果。他指出，随着经济的工业化和城市化，急需公共部门进行干预和管理。这样，公共部门的财政支出就具有了紧迫性。特别是教育、文化、医疗和服务等方面的公共支出，瓦格纳认为这些代表着更高一级的或具有收入弹性的需要。因此，随着经济的发展，公共部门对这些服务的支出比例也会提高。后来的学者将瓦格纳的这些观点概括为瓦格纳法则或瓦格纳定律。

③ 傅勇、张晏：《中国式分权与财政支出结构偏向：为增长而竞争的代价》，《管理世界》2007 年第 3 期。

④ Mauro, P., "Corruption and the Composition of Government Expenditure". *Journal of Public Economics*, Vol. 69, 1998, pp. 263 – 279.

⑤ 1985 年，中共中央《关于教育体制改革的决定》中明确提出，实行九年制义务教育，实行基础教育由地方负责、分级管理的原则。基础教育管理权属于地方，除大政方针和宏观规划由中央决定外，具体政策、制度、计划的制定和实施，以及对学校的领导、管理和检查，责任和权力都交给地方。随后，在 1986 年的《义务教育法》中明确规定，"义务教育事业，在国务院领导下，实行地方负责，分级管理"。也就是说，义务教育的财政支出是地方政府必须承担的职责。从这个意义上说，采用义务教育阶段在校学生人数比重作为控制变量是比较恰当的。

分别以 *PRISCH* 和 *MIDSCH* 表示。最后，本章引入一组政策虚拟变量控制宏观经济政策对地方政府财政支出结构的影响。众所周知，始于 1994 年的分税制改革试图通过基本的法律框架把中央和地方的分权模式加以制度规定，从根本上改变中央财政和地方财政之间的不完全契约关系，以使两者关系走向制度化和法制化。为刻画分税制的改革效应，本章加入虚拟变量 DUM94（1994 年及以后的年份赋值 1，其他的则为 0）；1996 年中央政府在全国推行了意义深远的科教兴国战略，以此促进科技进步和教育发展，作为拥有特殊利益偏好的地方政府是否响应了这一政策呢？为此，引入虚拟变量 DUM96（1996 年及以后的年份赋值 1，其他的则为 0）来刻画科教兴国战略的影响。

三 研究数据说明

本章将运用 1987—2006 年省级面板数据进行经验研究。数据主要来源于相应各年的各省、自治区、直辖市的《统计年鉴》、相应各年的《中国统计年鉴》与《中国财政年鉴》、《新中国五十年统计资料汇编》（中国统计出版社 1999 年版）以及《新中国五十五年统计资料汇编》（中国统计出版社 2005 年版）等。需要说明的是，本章利用价格指数对省际 GDP 数据进行了消胀，以此扣除物价因素的影响。关于价格指数的选择，现有文献中所采用的价格指数主要包括 GDP 平减指数、居民消费价格指数、商品零售价格指数和固定资产投资价格指数四类。由于缺乏省际的 GDP 平减指数数据，本章所选的价格指数为各省 1987—2006 年居民消费价格指数，并将以上年为 100 的环比居民消费价格指数换算成以 1987 年为基期的定基比指数。定基比指数的换算方法为：本年以 1987 年为 100 的定基比的居民消费价格指数 = 本年以上年为 100 的环比的居民消费价格指数（上年以 1987 年为 100 的定基比的居民消费价格指数/100）。

由于行政区划的调整，1997 年重庆市成为直辖市，为保证数据的一致性，本章将重庆市并入四川省。1997 年前的数据取自《四川统计年鉴》等，而 1997 年及以后的数据由四川省和重庆市相应年份的数据计算而得。合并后的财政总支出、分项目支出（包括基本建设支出与公共服务支出）、实际 GDP、人口规模、国有经济单位职工人数、总职工人数、在校学生人数等直接由两个地方的数据加总，并根据上面指标构造方法计算财政分权指标和相关的控制变量。在对重庆市名义 GDP 进行消胀时，由于缺乏 1997 年之前的居民消费价格指数，本章运用四川省 1997 年之前的以上年为100的环比居民消费价格指数来加以弥补，并在此基础上计算重庆市以1987年为基期的定基比指数。

第三节 计量结果分析

改革开放30多年来，中国经济保持了持续且高速增长势头，但区域之间的差距却在不断加剧。虽然如此，在共同面临财政分权体制所内生的中央政府对地方政府的激励下，经济发展的差距并未影响各地方政府运用财政支出手段参与引资竞争的热情。本章进一步关心的问题是，财政分权所诱发的引资竞争对地方政府的支出结构偏好会产生怎样的影响？这种支出偏好是否存在区域的差异？下面根据各地区的经济发展水平、地理位置等的差异，分样本进行分析。

一 经济较发达地区和经济欠发达地区

首先，本章对1987—2006年各省人均GDP的均值进行排序，并按照人均GDP 5900元的标准将样本划分为两个部分，前13个地区人均GDP的均值显著高于5900元，本章将其划为经济较发达地区样本，具体包括北京、河北、上海、辽宁、山东、浙江、天津、江苏、广东、福建、吉林、黑龙江以及新疆等省份；后16个地区人均GDP的均值都低于5900元，本章将其划为经济欠发达地区样本，具体包括海南、山西、安徽、江西、河南、湖北、湖南、内蒙古、陕西、甘肃、青海、宁夏、广西、云南、贵州以及四川等省份。为了避免观察值的丢失，本章没有对经济较发达地区和经济欠发达地区两个子样本进行单独实证分析，而是在基础回归模型中引入虚拟变量来刻画子样本之间经济发展水平的差异。因此，经过调整后的计量模型为：

$$INVEST_{it} = \alpha_0 + \alpha_1 DUMU_{it} \times FD_{it} + \alpha_2 DUMD_{it} \times FD_{it} + \alpha_3 PGDP_{it} + \alpha_4 INSTITU_{it} + \alpha_5 MIGRAT_{it} + \alpha_6 MIDSCH_{it} + \alpha_7 PRISCH_{it} + \alpha_8 DUM94 + \alpha_9 DUM96 + \lambda_i + \mu_t + \varepsilon_{it}$$
(5.6)

$$SERVIC_{it} = \beta_0 + \beta_1 DUMU_{it} \times FD_{it} + \beta_2 DUMD_{it} \times FD_{it} + \beta_3 PGDP_{it} + \beta_4 INSTITU_{it} + \beta_5 MIGRAT_{it} + \beta_6 MIDSCH_{it} + \beta_7 PRISCH_{it} + \beta_8 DUM94 + \beta_9 DUM96 + \lambda_i + \mu_t + \varepsilon_{it}$$
(5.7)

式中，DUMU和DUMD代表发达地区与欠发达地区样本的虚拟变量，分别对发达地区与欠发达地区省份赋值1，其他地区省份赋值0。

根据（5.6）式和（5.7）式，本章对不分地区的全样本数据进行实证分析，相应的F检验在1%显著性水平下拒绝没有组别效应，Hausman检验不能拒绝零假设，因此，本章采取随机效应模型。表5-2报告了回归分析的结果。在以公共投资支出比重为被解释变量的模型中（见第一列和第二列），无论是发达地区还是欠发达地区，财政分权指标的系数 FD 都为正，且在1%的水平下显著，说明地方政府在获得更大的支出自主权后，将偏向于加大资本性支出的力度，积极改善投资环境以吸引更多的FDI流入；但这种偏好程度并不是相同的，以第一列为例，欠发达地区财政分权对公共投资支出比重的影响系数为0.2393，高于发达地区2.22个百分点，这意味着，在吸引FDI的公共支出竞争中，欠发达地区政府比发达地区更偏好于公共投资。而在以公共服务支出比重为被解释变量模型中（见第三列和第四列），两个地区财政分权指标的系数 FD 都在1%的水平下显著负，表明转型时期我国的财政分权引起的地区间财政竞争导致了地方政府降低公共服务投资的偏好，并且这种偏好在欠发达地区表现得更为突出。第三列显示，欠发达地区财政分权对公共服务支出比重的负面影响系数为0.3236，远大于发达地区（0.2832）4.04个百分点。从财政分权对公共支出结构的综合影响来看，正如本书推论所揭示的，财政分权使欠发达地区政府演变出重视公共投资等资本性支出，忽略公共服务等社会性支出的偏好，而且这种偏好在吸引FDI的支出竞争中逐步得到强化。即使在回归模型中纳入政策控制变量（见第二列和第四列），仍然支持上述结论。张晏、龚六堂（2005）指出，宁夏、青海、新疆、云南等地区由于人均享受的财政转移支付资源较多，那么财政分权指标可能并没有真实地反映出这些地区实际的财政分权状况。[①] 因此，在进一步分析中，删除这些省份，再来考虑发达地区（剩下12个）和欠发达地区（剩下13个）财政分权对政府支出偏好的影响。同样地，采用随机效应模型对引入地区虚拟变量的全样本进行回归（表略），研究结果仍然显示，两个地区财政分权对公共投资支出比重的影响在1%的水平下显著为正，而对公共服务支出比重的影响在1%的水平下显著为负，且欠发达地区财政分权对两个

---

① 张晏、龚六堂：《分税制改革、财政分权与中国经济增长》，《经济学》（季刊）2005年第10期。

比重的影响程度都大于发达地区，这再一次证实了本书的结论。

本章再来考察其他政策和因素对地方政府支出结构的影响。

（1）人均 GDP 对公共投资支出产生显著正向影响，说明经济发展有利于提高公共投资的相对规模；与 Mauro（1998）[1] 对教育的实证研究结果一致，人均 GDP 对公共服务支出比重的影响并不显著，但其影响系数为正。以上表明瓦格纳法则在转型中的我国是非对称的，经济发展更有利于改善公共支出结构中的公共投资水平。

（2）制度变革因素对公共投资支出比重的影响比较显著，说明越是改革比较滞后的地区（主要是欠发达地区，$INSTITU$ 指标较大），其财政支出中公共投资所占的份额也越大。与此相对应，制度变革因素对公共服务支出比重的影响系数为负[2]，这在某种程度上表明改革比较活跃的地区（主要是发达地区，$INSTITU$ 指标较小），政府可能改善公共服务的供给状况。

（3）人口的跨区域流动对地方政府财政支出结构的影响不显著，说明地方政府支出对流动性人口的公共需求并不敏感。[3] 其中的体制根源是，我国的户籍制度并未赋予流动人口与当地居民同等的社会福利。

（4）小学在校学生人数比例对地方政府公共支出结构的影响系数显著异于 0，而中学在校学生人数比例仅仅对公共投资比重具有显著正面影响。这说明在现有的教育法制框架下，义务教育阶段特别是小学阶段的教育财政支出是比较刚性的。

（5）在政策效应方面（见第二列和第四列），中央政府推行科教兴国战略的良好意图没有得到地方政府的有效贯彻。毋庸置疑，教育和科技的发展有利于推动经济的长期增长，但是，地方政府的偏好与中央政府的偏好并非一致，地方政府更倾向于能带来短期增长效应的公共投资项目，于是挤占了本应供给公共服务的财政资源。幸好，肇始于 1994 年的分税制改革一定程度修正了地方政府扭曲的支出偏好，显著提高了公共服务的有

---

[1] Mauro, P., "Corruption and the Composition of Government Expenditure". *Journal of Public Economics*, Vol. 69, 1998, pp. 263–279.

[2] 第四列显示，经济体制改革因素对公共服务支出比重的影响系数在 10% 的水平下不显著异于 0，这可能是控制变量选择的问题，但并不影响我们的主要结论。

[3] 此外，这从另一个侧面说明，目前地方政府之间的财政竞争主要是以吸引外来资本为目的的竞争，而不是以吸引人才为主要目的，这与前面章节的理论分析是一致的。

效供给，这一点与学者乔宝云等（2005）以及傅勇、张晏（2007）的研究结论一致。

表 5-2　　财政分权与地方政府支出偏好的区域差异：
发达地区与欠发达地区比较

解释变量	被解释变量：INVEST		被解释变量：SERVIC	
	(1)	(2)	(3)	(4)
C	-0.1639***	-0.1719***	0.4741***	0.4686***
	(-5.6630)	(-6.0260)	(13.5583)	(16.2708)
DUMU×FD	0.2171***	0.2373***	-0.2832***	-0.2714***
	(5.0633)	(8.0344)	(-6.7718)	(-9.1142)
DUMD×FD	0.2393***	0.2563***	-0.3236***	-0.3068***
	(4.4064)	(7.9034)	(-8.1011)	(-9.4253)
PGDP	0.0427***	0.0351**	0.0086	0.0141
	(3.2375)	(2.4887)	(0.5160)	(1.1842)
INSTITU	0.0798**	0.0835***	-0.0329	-0.0338
	(2.3144)	(2.9908)	(-0.9379)	(-1.3448)
MIGRAT	-0.0474	-0.0573	-0.0654	-0.0611
	(-0.8474)	(-0.8351)	(-1.5473)	(-1.1206)
MIDSCH	0.3493***	0.0611	-0.2248	-0.0883
	(2.6239)	(0.3609)	(-1.0656)	(-0.6074)
PRISCH	0.1199**	0.1704*	0.2280***	0.1854*
	(2.3423)	(1.7518)	(3.4107)	(2.1469)
DUM94		-0.0178***		0.0258***
		(-2.5927)		(3.7404)
DUM96		0.0277***		-0.0453***
		(3.8502)		(-6.3712)
Obs.	580	580	580	580
R^2	0.3392	0.3581	0.2352	0.3548

注：(1) 括号内是 t 统计量，符号 *** 表示在1%的水平下显著，** 表示在5%的水平下显著，* 表示在10%的水平下显著；(2) 第二列和第四列分别在第一列和第三列的基础上加入政策控制变量。

二　东部、中部与西部地区

为了更好地考察财政分权对地方政府支出偏好影响的区域差异，本章进一步将样本划分为东部、中部和西部。① 从人均 GDP 均值和财政分权程度均值可以看出，东部地区的人均 GDP 水平和财政分权水平都比较高，而中西部地区的人均 GDP 和财政分权程度比较低（部分少数民族地区除外）。为刻画各省份所处地理位置和经济发展水平差异，本章在基础模型中引入区域差异虚拟变量 DUMEAST（东部省份赋值1，其他省份赋值0）、DUMMID（中部省份赋值1，其他省份赋值0）以及 DUMWEST（西部省份赋值1，其他省份赋值0）。因此，经过调整后的计量模型为：

$$INVEST_{it} = \alpha_0 + \alpha_1 DUMEAST_{it} \times FD_{it} + \alpha_2 DUMMID_{it} \times FD_{it} + \alpha_3 DUMWEST_{it} \times FD_{it} + \alpha_4 PGDP_{it} + \alpha_5 INSTITU_{it} + \alpha_6 MIGRAT_{it} + \alpha_7 MIDSCH_{it} + \alpha_8 PRISCH_{it} + \alpha_9 DUM94 + \alpha_{10} DUM96 + \lambda_i + \mu_t + \varepsilon_{it} \quad (5.8)$$

$$SERVIC_{it} = \beta_0 + \beta_1 DUMEAST_{it} \times FD_{it} + \beta_2 DUMMID_{it} \times FD_{it} + \beta_3 DUMWEST_{it} \times FD_{it} + \beta_4 PGDP_{it} + \beta_5 INSTITU_{it} + \beta_6 MIGRAT_{it} + \beta_7 MIDSCH_{it} + \beta_8 PRISCH_{it} + \beta_9 DUM94 + \beta_{10} DUM96 + \lambda_i + \mu_t + \varepsilon_{it} \quad (5.9)$$

根据（5.8）式和（5.9）式，本章对不分地区的全样本数据进行实证分析，与前面分析方法一样，相应的 F 检验在 1% 的显著性水平下拒绝没有组别效应，Hausman 检验不能拒绝随机效应，本章采用 PLS 回归方法得到表 5-3。如果以公共投资支出比重为被解释变量（见第一列和第二列），东部地区财政分权指标 FD 的系数在 1% 的水平下显著为正，中部和西部地区财政分权系数也都为正，且在 5%（第一列中）与 1%（第二列中）的水平下显著异于 0。从财政分权对公共投资比重的正面影响程度看，以列 1 为例，西部地区对公共投资比重的影响程度为 0.1499，分别略大于中部地区和东部地区 4.31 个、0.22 个百分点。如果以公共服务支出比重为被解释变量（见第三列和第四列），东部、中部和西部地区财政分权指标系数都为负且在 1% 的水平下显著，但 DUMEAST × FD 项的系数与 DUMMID × FD 和 DUMWEST × FD 项的系数存在明显的差异。具体来说，以第三列为例，东部地区财政分权对公共服务支出比重的负面影响程度最小（0.2826），比中部地区低 4.88 个百分点，比西部地区低 2.71 个百分点，中部和西部地区的负面影响程度比较接近。这一点与前面分析结果一致，说明在中国式分权

---

① 参照王小鲁、樊纲（2004）的划分方法，我们这里的东部地区包括北京、河北、上海、辽宁、山东、浙江、天津、江苏、广东、福建、海南 11 个省市；中部地区包括山西、吉林、黑龙江、安徽、江西、河南、湖北、湖南 8 个省份；西部地区包括内蒙古、陕西、甘肃、青海、宁夏、新疆、广西、云南、贵州以及四川（重庆并入四川）10 个省区。

的双重激励下,试图加快推进本辖区经济增长的中西部地区政府严重降低了财政支出中用于安排公共服务的支出。如果将中部和西部地区样本合并,相应18个省份组成的子样本的财政分权指标系数在1%的显著性水平下为负(采取随机效应回归方法),而且对公共服务支出比重的负面影响仍然显著大于东部地区(表略),可见,敏感性检验同样支持上述的结论。纳入其他控制变量的回归结果与分两个地区的回归结果也基本一致。

表 5-3 财政分权与地方政府支出偏好的区域差异:东部、中部和西部地区比较

解释变量	被解释变量：INVEST		被解释变量：SERVIC	
	(1)	(2)	(3)	(4)
C	-0.1058***	-0.1041***	0.4830***	0.4854***
	(-3.8542)	(-3.0875)	(16.2082)	(16.5690)
DUMEAST×FD	0.1447***	0.1460***	-0.2826***	-0.2814***
	(3.6661)	(4.4278)	(-9.2574)	(-9.4511)
DUMMID×FD	0.1068**	0.1059***	-0.3314***	-0.3267***
	(2.2235)	(2.8090)	(-9.4311)	(9.5582)
DUMWEST×FD	0.1499**	0.1475***	-0.3097***	-0.3035***
	(2.5135)	(4.2280)	(-9.5340)	(-9.6149)
PGDP	0.0357**	0.0311**	0.0062	0.0136
	(2.4563)	(2.1135)	(0.5190)	(1.1459)
INSTITU	0.0864**	0.0911***	-0.0404	-0.0432*
	(2.3643)	(2.9760)	(-1.5795)	(-1.7218)
MIGRAT	-0.0624	-0.0690	-0.0675	-0.0627
	(-1.1777)	(-0.9943)	(-1.2238)	(-1.1549)
MIDSCH	0.5788***	0.4077**	-0.1872	0.0091
	(4.0144)	(2.4189)	(-1.3447)	(0.0622)
PRISCH	0.0459	0.0793	0.1811**	0.1283
	(0.7966)	(0.7723)	(2.0794)	(1.4875)
DUM94		-0.0174***		0.0256***
		(-3.1035)		(3.477)
DUM96		0.0238***		-0.0479***
		(3.9669)		(-6.3329)
Obs.	580	580	580	580
R^2	0.3458	0.3641	0.2407	0.3650

注:(1)括号内是t统计量,符号***表示在1%的水平下显著,**表示在5%的水平下显著,*表示在10%的水平下显著;(2)第二列和第四列分别在第一列和第三列的基础上加入政策控制变量。

第四节 研究结论与政策意蕴

总的来说,本章把所考察的全样本划分为发达地区与欠发达地区和东部、中部与西部地区,并通过引入区域虚拟变量,利用随机效应模型进行全样本实证分析。从表5-2和表5-3可以发现,无论是经济较发达地区还是欠发达地区,无论是东部、中部还是西部地区,财政分权对地方政府财政支出中公共投资支出比重存在显著的正面影响,而对公共服务支出比重则是显著的负面影响。更为重要的是,这种影响在区域之间并不是同质的,而是表现出明显的空间差异性,特别是在公共服务支出比重方面,经济欠发达地区、中西部地区财政分权对公共服务支出比重的负面影响显著大于经济较发达地区和东部地区。也就是说,在共同面临中国式分权内生的财政激励与政治激励混合激励下,初始经济条件较为薄弱的欠发达地区主要是中西部地区政府不得不加快推进经济增长,于是在吸引FDI的激烈竞争中逐渐形成了降低公共服务支出比重,以增加公共投资支出份额的扭曲性偏好。这种偏好的生成逻辑是什么?由前面的分析可知,财政分权诱致的地方政府竞争削弱了中西部地区的财政能力,加之中央政府对这些地区转移支付的收入分配效应也不明显,两者的共同作用恶化了中西部地区政府财政的预算软约束。因此,在财政资源有限的条件下,中西部地区政府官员在引资竞争中的理性选择是削减见效慢、周期长的公共服务支出份额,加强见效快、周期短的基础设施建设,以更直接有效的方式实现任期内本辖区经济的较快发展,最终为在政治市场上更好地升迁,积累声誉。同时,经济欠发达地区在与发达地区人才竞争中总处于弱势地位,以及这些地区呼吁机制的不完善,使地方政府更加忽视对辖区居民公共服务需求的满足。由此看来,中西部地区政府的这种扭曲性偏好就有了自然而然的生成逻辑,实证研究结果验证了本书的理论假说。正是源于地方政府支出偏好的空间差异性,才从主观的层面上导致了民生类公共服务供给水平的区域差距。此外,实证研究还发现,尽管财政分权扭曲了地方政府尤其是中西部地区政府的财政支出偏好,但分税制改革本身使地方政府增加了公共服务支出比重,减少了公共投资比重,即在一定程度上修正了地方政府扭曲的支出偏好。这可能的原因是,相比于20世纪80年代中后期的过度分权现象，始于1994年的分税制改革规范了中央政府和地方政府的征税范围，合理配置了中央政府和地方政府的支出责任，从而在某种程度上规范了地方政府的分权状况。

中国式分权具有财政分权和"自上而下"政治集权相结合的"二元结构"特征，正是这种分权模式，激励了地方政府通过财政支出手段竞争流动性强的外资，从而显著促进了地区经济增长，但也造成地方政府尤其是经济欠发达地区政府的支出偏好显著偏离于公众日益增长的对基本教育、医疗、社会保障等民生类公共服务需求，从而逐步扩大了区域之间民生类公共服务供给水平的差距。为了增强地方政府支出偏好对居民需求偏好的回应性，实现区域民生类公共服务的均等化，发挥财政分权体制的正面激励效应，我们需要在现有的财政分权体制下，进一步加大体制和机制的创新。这正如Shah（2004）指出的，分权能否增强地方政府对居民公共需求偏好的回应性，关键在于，在实施财政分权体制的同时，政府本身（如政府服务能力、工作透明度以及地方民主等）的制度建设是否完善。[1]具体来说，本书的政策意蕴是：构建公共财政体制，加快地方政府从"经济增长型"政府向"公共服务型"政府的转型。此政策的核心是在保持适度财政分权的同时，优化地方政府的激励机制，使地方政府从过度的税收、支出以及转移支付竞争转向公共服务的竞争，从而提高全社会居民的福利水平。

---

[1] Shah, A., "*Fiscal decentralization in Developing and Transition Economies: Progress, Problems and the Promise*". Word Bank Policy Research Working Paper, 2004.

第六章 财政分权框架下地方政府行为转型：以公共服务型政府为取向

我国正处于经济转轨和社会转型的新时期。分权体制下形成的增长型政府模式所导致的经济社会发展失衡问题迫切要求加快公共服务供给主体的再造，亦即推动地方政府的转型进程，而转型的逻辑归宿必然是构建公共服务型政府。但在现有的体制框架下，拥有自身利益的地方政府缺乏内生的动力去响应中央政府的号召而实现自动转型。因此，推动地方政府的顺利转型必然需要结合中国政治经济制度特征重新设计地方政府的激励与约束机制。

第一节 地方政府转型的内在逻辑：动因与目标模式

政府转型可以从不同的理论视角加以阐释，对于正处在转轨进程中的我国来说，新政治经济学为政府转型赋予了新的理论内涵。政府转型是一个在特定的制度背景下所产生的动态的逻辑过程，必然存在转型的逻辑起点（动因）以及转型的逻辑归宿。西方各国在政府转型过程中积淀了较为成熟的理论框架和实践模式，这也为我国政府转型提供了方向性的参考。但是，由于我国特殊的经济社会转型背景，自改革开放以来我国政府转型的内在逻辑必须契合中国特殊的分权模式加以理解。

一 政府转型的理论内涵

"转型"一词最早从化学领域中的"构型"与生物学上的"进化"等词演变而来，其含义是指事物结构和事物运用机制由一种运动类型向另一种运动类型转变的过程（郑杭生、李强；1993）。[1] 转型这一概念后来被广泛运用于经济学和社会学领域，以描述和解释经济社会结构和运行机制变迁的性质和过程。而经济社会的演化和发展，也催生了在其中扮演重要角色的政府转型。因此，政府转型就是为了动态适应经济、政治和社会发展的需要，政府的管理理念、职能结构、治理体制，以及运行机制等从一种类型向另一种类型的整体式、全方位的演进与变迁，这是更深刻、更广泛的政府治理的革命性变革。

关于政府转型的理论内涵，可从以下几个方面加以理解：一是政府转型表面上是政府模式或形式的变迁，实质上是政府各项制度以及与之对应的组织结构的变革与创新。新制度经济学认为，制度对于一个国家政治、经济和社会的变迁至关重要。正是源于制度的稀缺，才使发展中国家政治、经济和社会生活的规范化程度降低，进而导致发展中国家的经济增长长期停滞不前。同样，政府的成功转型需要相应制度的创新。从这个层面上说，政府转型的过程也是制度变革的过程。那么，政府转型就可以纳入新制度经济学的理论框架进行分析。二是政府转型的动因可能来源于一定时期政府模式与此时经济社会发展格局的非均衡，政府转型就是为了实现政府模式与经济社会发展或转型的动态均衡。当然，这种均衡是相对静止的状态，经济社会环境的变化可能产生新的非均衡。正如托马斯、诺斯（1994）所指出的，产权结构和政治规则在均衡状态中是一致的，但是其中任何一个都会随着另一个的变化而发生变化。[2] 那么，政府转型过程可以理解为政府模式与经济社会转型之间由均衡向非均衡再向新均衡不断转变的过程，这个过程也是帕累托改进的过程。三是政府模式与经济社会发展格局的失衡仅仅是为政府转型提供了某种可能性，这并不逻辑必然地导致政府的转型，因为，政府的顺利转型还需要相应的制度环境培育和实施机制构建。四是政府转型既可能是"自下而上"的诱致性变迁过程，也可能是"自上而下"的强制性变迁过程。

二　西方国家政府转型的历史逻辑

20世纪以来，政府转型成为世界各国应对经济和社会环境变化而做出的重大战略性变革，并且在变革过程中不断积淀出政府转型的成功经验

---

[1] 郑杭生、李强：《社会运行导论——有中国特色的社会学基本理论的一种探索》，中国人民大学出版社1993年版。

[2] 道格拉斯·C. 诺斯：《制度、制度变迁与经济绩效》，上海三联书店1994年版。

和模式。一般来说，西方国家政府模式主要经历了三种范型的变革，亦即从"传统管理型政府模式"到"新公共管理型政府模式"再到"公共服务型政府模式"的变更。① 毋庸置疑，通过梳理西方国家政府模式演变的脉络，借鉴其理论、方法及行为模式中的合理因素，对于我国政府转型具有重要的理论和实践意义。

19世纪末20世纪初，随着资本主义从自由向垄断过渡后经济危机的频繁爆发，传统的"守夜人"② 政府模式已经难以适应社会经济发展的要求，取而代之的是，政府应该对经济和社会生活进行全面的干预，扩大政府行为边界或职能范围。在此背景下，以需求管理为核心内容的凯恩斯主义逐渐成为市场经济国家扩大政府职能的指导思想，并长期运用于政策实践。同时，威尔逊（1987）政治和行政二分理论③ 的提出，为政府专门从事公共事务的管理活动提供了理论上的可行性。此外，马克斯·韦伯（1911）官僚制或科层制理论④ 的提出，为政府高效率地完成其承担的公共事务管理职能提供了组织上的保障。因此，随着政府对国家和社会公共管理职能的扩大，逐渐形成传统的管理型政府模式。这种模式实现了政府管理的科学性，但这种模式因过分强调科层管理与直接控制，强调政府是公共事务管理的唯一主体地位，结果使政府普遍陷入财政危机和管理危

---

① 这里仅仅是对自20世纪以来世界各国政府转型的过程进行逻辑描述。不少学者如井敏（2006）认为，统治型政府是人类历史上最早的一种政府模式，其所处的时期是国家产生到资本主义制度逐渐完善的阶段（19世纪末）。这种政府模式的特征是，政治上以追求政治秩序、维护统治阶级的统治地位为主，经济上是封闭的自给自足的农业经济占据主导地位，人民则作为统治者的私有财产而被束缚在土地上，此时的统治阶级就以其掌握的强制性的公共权力将整个社会控制在不危及其统治地位秩序内。

② 古典主义经济学家认为，市场机制具有充分的优越性，以此为理论基础，他们提出了"守夜人"政府观点。这种政府充分发挥市场机制作用，自己不干预经济，而只是执行某些必要的职能。

③ 政治与行政二分的思想最早由美国著名行政学家威尔逊提出，这一思想在那篇著名的《行政学之研究》（1987）的文章中得到了充分反映。威尔逊认为，行政管理工作是置身于政治所特有的范围之外的，行政管理的问题并不属于政治问题，虽然行政管理的任务是由政治加以确定的，但政治却无须自找麻烦地去直接指挥行政管理机构。威尔逊进一步指出，政治是在重大而且带普遍性的事项方面的国家活动，而行政管理则是国家在个别和细微事项方面的活动，因此，政治是政治家的特殊活动范围，而行政管理则是技术性职员的事情。可见，威尔逊已经对政治和行政做出了明确区分。

④ 官僚制或科层制理论由德国著名社会学家马克斯·韦伯在其发表的《论官僚制》（1911）一文中提出。马克斯·韦伯认为，官僚制或科层制是一种建立在权威和理性基础上的最有效率的组织结构形式。

机,并由此引发了公民对政府的信任危机。① 另一方面,随着社会经济环境的变化,特别是在全球化、信息化和民主化浪潮的冲击下,传统的以官僚制为组织架构的管理型政府模式越来越不适应。因此,人们开始对这种模式进行理论与实践的反思及批判。受此思潮的影响,西方各国无论是发达国家抑或是发展中国家,也都相继发起了针对官僚制的政府改革运动,促使传统的管理型政府模式向新公共管理型政府模式转变。

应该说,在当代西方政府转型的过程中,新公共管理型政府模式是对行政改革和治理方式的根本性的、方向性的变革,因为它在理论假设、基本原理和政策实践方面都实现了对传统管理型政府模式的扬弃。这种新范式的突破和创新体现在:它主张政府部门、第三部门以及私人部门共同参与公共事务的治理,打破了政府作为公共管理唯一主体的垄断地位,从而实现公共管理主体的多元化;它主张引进市场竞争机制和私人部门成功的管理经验和手段,不仅全面降低了公共部门的管理成本,还推进了公共服务的市场化和社会化;它重新定位了政府与公众之间的关系,否定了传统政府模式的主体中心主义,强调"顾客导向"的客体中心主义,进而增强了政府对社会公众需要的回应力;它主张采用灵活性的分权式组织结构代替高度集权的科层结构,打破了传统科层制的刚性,促使公共组织和公共管理更具柔性和回应性。显然,新公共管理型模式为当代公共部门管理特别是政府管理提供了一种全新的实践模式,许多西方国家以此新模式为指导的政府行政体制改革取得了显著的绩效。②

尽管新公共管理型政府模式很大程度上改善了政府管理的效率,但是,正因为对效率的过分关注和追求,使得这种政府模式存在不可避免的内在矛盾和缺陷。具体来说,新公共管理型模式主张把公共服务交给私人部门或其他非营利组织,实际是放弃了政府内在的公共服务职能,从而自觉或不自觉地逃避提供社会福利的公共责任;这种政府模式过于强调顾客至上原则,将公民降低为顾客或消费者,实际上是忽视了公民与顾客的内

---

① 以英国为例,1979年撒切尔夫人上台时,英国的国内生产总值为负增长,通货膨胀率高达10%。公共收入停顿,而公共开支却在不断上涨,政府的花费占到国内生产总值的44%,这反映了政府机构的臃肿状况。总之,当时公众对政府的信任急剧下降。

② 20世纪80年代,撒切尔夫人执政后强力推行政府公共行政改革,使英国经济开始逐渐复苏,失业率远低于欧洲大陆的德国和法国,政府的行政效率和公共服务的质量显著提高,公众心中的政府形象也明显改善。

在差别，依然没有摆脱政府单向行政的弊病；此外，这种模式以经济、效率和效益为改革的核心取向，必然忽略民主、责任、公正和公平等公共管理活动理应追求的价值，从而很难从根本上清晰定位政府与公民社会的关系。所以，新公共管理型政府模式虽然在改革实践中取得了一些积极成果，但仅仅是对传统以官僚制为基础的管理型政府模式的改进而不是完全替代。

由于新公共管理型政府模式的内生缺陷，兼之时代发展和社会进步对政府提出的新要求，迫切需要在承认新公共管理型模式重要实践价值并摒弃其理论缺陷基础上建构一种新的政府模式。正如弗雷德里克森指出的，一个新的时代需要构建适应时代需要的崭新范式的公共行政观。[1] 那么，这种新的公共行政观所要构建的是怎样的政府模式呢？对此，麦克尔·巴泽雷认为，政府组织应该是以用户需求为导向的服务提供者。[2] 珍妮特·V. 登哈特和罗伯特·B. 登哈特则更明确指出，政府公共行政的最大价值就在于为公民提供公共服务以增进全体社会成员的利益。[3] 在此基础上，珍妮特·V. 登哈特和罗伯特·B. 登哈特正式系统地提出了影响深远的新公共服务理论。[4] 因此，从适应经济社会环境发展要求看，塑造一种更加关注民主价值和公共利益，以服务为本质的公共服务型政府模式是世界各国政府转型的逻辑必然。当前，如美国等市场经济国家已将政府职能的重点转向公共服务领域并逐渐趋于稳定，这反映在政府公共支出结构上，转移性支出以及有关社会保障、医疗、教育等事关公民福利的公共服务支出成为主体部分。表6-1显示，20世纪以来，若干发达国家政府补贴与转移性支出占GDP比重呈现不断上升的趋势，从1937年的4.5%提高到1995年的23.2%。

---

[1] H. George Frederickson, "Comparing the Reinventing Government with the New public Administration". *Public Administration Review*, Vol. 56, No. 3, 1996, pp. 263 – 270.

[2] 麦克尔·巴泽雷：《突破官僚制：政府管理的新愿景》，中国人民大学出版社2002年版，第6页。

[3] 珍妮特·V. 登哈特、罗伯特·B. 登哈特：《新公共服务：服务，而不是掌舵》，中国人民大学出版社2004年版，第2页。

[4] 珍妮特·V. 登哈特、罗伯特·B. 登哈特认为，新公共服务理论的主要内容是：第一，政府的作用是服务而不是掌舵；第二，公共利益是目的，而不是副产品；第三，战略地思考，民主地行动；第四，服务于公民，而不是顾客；第五，责任不是一个简单的概念；第六，尊重人的价值，而不仅仅是重视生产力的价值；第七，尊重公民与公共服务的价值，重于企业家精神的价值。

表6-1　　若干发达国家政府补贴与转移性支出占GDP比重
（1870—1995年）

国家	1870年	1937年	1960年	1970年	1980年	1995年
美国	0.3	2.1	6.2	9.8	12.2	13.1
新西兰	0.2			11.5	20.8	12.9
日本	1.1	1.4	5.5	6.1	12.0	13.5
澳大利亚			6.6	10.5	16.7	19.0
瑞士			6.8	7.5	12.8	16.8
爱尔兰				18.8	26.9	24.8
英国	2.2	10.3	9.2	15.3	20.2	23.6
加拿大	0.5	1.6	9.0	12.4	13.2	14.9
德国	0.5	7.0	13.5	12.7	16.8	19.4
挪威	1.1	4.3	12.1	24.4	27.0	27.0
奥地利			17.0	16.6	22.4	24.5
意大利			14.1	17.9	26.0	29.3
法国	1.1	7.2	11.4	21.0	24.6	29.9
瑞典	0.7		9.3	16.2	30.4	35.7
平均	1.1	4.5	9.7	15.1	21.4	23.2

资料来源：李军鹏：《公共服务型政府建设指南》，中共党史出版社2006年版，第52—53页。

三　我国地方政府转型的内在逻辑

西方各国在政府模式变迁过程中积淀和提炼了较为成熟的理论框架和实践模式，为我国政府转型提供了方向性的参考。但是，应该看到，这些理论和模式的运用背景都是市场经济体制较为发达，且采取稳定的民主制或代议制政治制度的西方国家，与我们这样的经济转型国家相差甚远。那我国政府转型的动因、路径以及目标模式是什么？本书认为，由于我国特殊的经济社会转型背景，自改革开放以来我国政府转型的内在逻辑与所采取的分权模式是紧密关联的。众所周知，我国与世界上绝大多数国家一样实行的都是多级政府体制，政府结构中主要包括中央政府与地方政府两级

(丁菊红、邓可斌，2008）。① 因此，政府转型又可细化为中央政府转型和地方政府转型，本章主要考察地方政府转型的内在逻辑。

改革开放以来，中国经济保持了持续且高速增长势头，取得了令世人瞩目的成就。图6-1显示了中国改革开放后经济增长率的变化情况，从中可以看出，名义GDP增长率自1978年后在短期波动中呈现出长期增长的态势，并在1994年达至最大（36.41%），之后出现下降，但1999年后又开始平稳增长；而实际GDP增长率也基本上保持了相同的增长趋势。

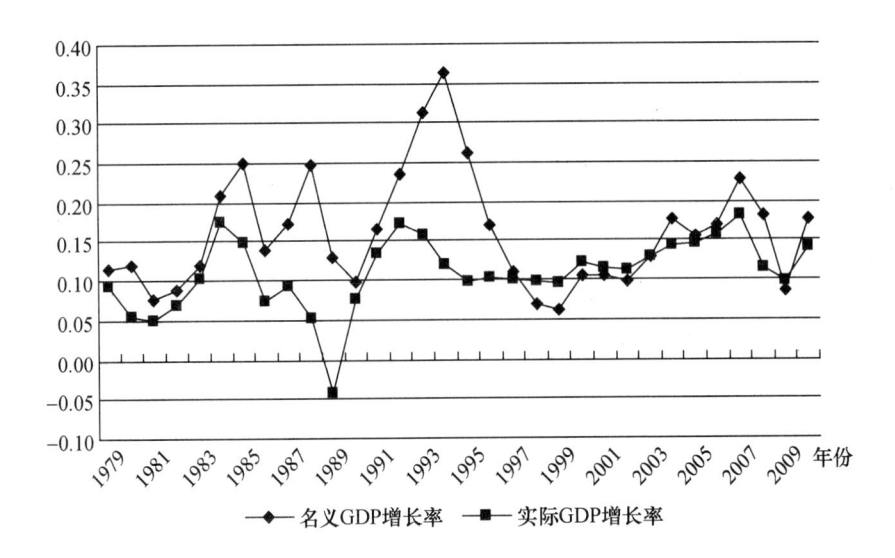

图6-1　改革开放以来经济增长率变化趋势（1978—2010年）

资料来源：《中国统计年鉴》（2011）（中国统计出版社），经整理而得。

针对中国经济增长的奇迹，一个自然引发的问题是，究竟是什么原因导致了这种持续稳定的高增长？现有研究主要运用新古典增长理论加以阐发，因为中国拥有丰富的劳动力资源、较高的储蓄率、潜力无限的市场规模以及后发优势等，并且估算了这些因素对中国经济增长的贡献，研究结果普遍认为资本的贡献份额最大。尽管这些因素对中国经济增长是重要的，但可能并不是推动中国经济增长的根本性原因。这正如Hausmann、Rodrik和Velasco（2005）指出的，人们通常认为的能促进经济增长的因

---

① 丁菊红、邓可斌：《政府偏好、公共品供给与转型中的财政分权》，《经济研究》2008年第7期。

第六章 财政分权框架下地方政府行为转型：以公共服务型政府为取向

素可能只是经济增长的结果，而不是经济增长的原因。① 此外，基于新古典增长理论（主要是索罗增长模型）的实证研究存在解释变量的内生性问题。就贡献度最大的资本来说，在中国这样一个政府主导和控制经济活动的经济体中，资本存量在很大程度上取决于政府行为。因此，改革开放30多年来中国经济增长所取得的辉煌成就，根本得益于政府尤其是地方政府的突出作用，② 得益于政府的成功转型。为何改革开放前还是以"抓阶级斗争为纲"的地方政府，在改革开放后就不断演变成了以"经济建设为中心"的增长型政府呢？或者说，这次地方政府转型的内在机制是什么呢？

我国在市场化取向的改革中，财政分权一直是经济转型的重要内容，这种特殊分权制度安排为地方政府向增长型政府的转型提供了一个重要机制。伊斯特科（Easterly，2005）在基于对发展中国家的实践考察提出了"把激励做对"是促进经济增长的根本保证。③ 对中国而言，中央集权政治体制下的财政分权制度正好为地方政府做对了激励，促使地方政府为加快推动本辖区经济增长而展开竞争，增长型政府也由此形成。

虽然中国式财政分权体制下内生的增长型政府促进了中国经济的高速增长与繁荣，但地方政府为增长而展开的财政竞争使地方政府普遍倾向于具有短期增长效应的基本建设等公共投资，忽视本应承担的基础教育、基本医疗以及社会保障等关系民生的公共服务供给职责，从而造成经济繁荣与民生失调为特征的发展失衡。表6-2显示了我国（包括各级地方政府）财政公共服务支出及其比重的情况，从中可以看出，我国公共服务供给的绝对水平和相对水平都较低。公共服务支出占总支出的比重自1978年以来略有增长，并在20世纪90年代后基本维持在23%以上的水平，遗憾的是，该比重始终没有超过28%；其占GDP的比重一直以来也就保持在4%左右的水平。从国际比较来看，无论是与高等收入国家相比，还是与我国处于相同经济社会发展阶段的中低收入国家相比，我国公

---

① Hausmann, Ricardo, Dani Rodrik, Andres Velasco, Growth Diagnostics, Working Paper, Havard University, 2005.

② 政府影响和主导经济主要是通过财政活动和其他行政活动，而在财政活动中，地方政府承担了主要的职责。

③ 伊斯特利：《在增长的迷雾中求索》，中信出版社2005年版。

共服务支出的占比都偏低（见表6-3）。①可见，我国在经济高速增长的背后，却是教育、基本医疗以及社会保障等与民生相关的福利性安排的弱化，这说明我国政府在公共服务供给领域普遍存在失责的问题。吕伟、王伟同（2008）实证研究发现，政府失责程度从1978年的12.5%增加至2006年的47.6%，表明政府失责程度在逐步扩大。②

表6-2　　　　我国财政公共服务支出及其比重（1978—2010年）　　单位：亿元、%

年份	公共服务支出	公共服务支出占总财政支出的比重	公共服务支出占GDP的比重
1978	146.98	13.10	4.03
1979	175.18	13.67	4.31
1980	199.01	16.20	4.38
1981	211.46	18.58	4.32
1982	242.98	19.75	4.56
1983	282.51	20.04	4.74
1984	332.06	19.52	4.61
1985	408.43	20.38	4.53
1986	485.09	22.00	4.72
1987	505.83	22.36	4.19
1988	581.18	23.33	3.86
1989	668.44	23.67	3.93
1990	737.61	23.92	3.95
1991	849.65	25.09	3.90
1992	970.12	25.92	3.60
1993	1178.27	25.38	3.33
1994	1501.53	25.92	3.12
1995	1756.72	25.74	2.89
1996	2080.56	26.21	2.92

---

①　需要说明的是，在与国际比较中，我国的社会文教费并不包括住房补贴支出，使几组数据之间缺乏一定的可比性，但我们相信，这并不影响对总体趋势的分析。

②　吕伟、王伟同：《发展失衡、公共服务与政府责任——基于政府偏好和政府效率市郊的分析》，《中国社会科学》2008年第3期。

续表

年份	公共服务支出	公共服务支出占总财政支出的比重	公共服务支出占GDP的比重
1997	2469.38	26.74	3.13
1998	2930.78	27.14	3.47
1999	3638.74	27.59	4.06
2000	4384.51	27.60	4.42
2001	5213.23	27.58	4.75
2002	5924.58	26.87	4.92
2003	6469.37	26.24	4.76
2004	7490.51	26.29	4.69
2005	8953.36	26.39	4.87
2006	10846.20	26.83	5.14
2007	11793.96	23.69	4.44
2008	14992.20	23.95	4.77
2009	18569.32	24.34	5.45
2010	22147.08	24.64	5.52

注：这里的公共服务支出主要指教育、文化、科技、医疗卫生等社会文教费支出。

资料来源：《新中国五十五年统计资料汇编》（中国统计出版社2005年版）以及相应各年的《中国统计年鉴》（中国统计出版社），经整理而得。

表6-3　　　　　　不同收入国家财政公共服务支出占比　　　　单位：%

项目	高收入国家 占GDP比重	高收入国家 占总支出比重	中等收入国家 占GDP比重	中等收入国家 占总支出比重	低收入国家 占GDP比重	低收入国家 占总支出比重
公共服务支出	21.1	49.5	11.5	42.1	7.6	27.5
教育	4.3	11.0	3.8	14.9	3.9	14.7
卫生保健	3.4	8.3	2	7.7	1.7	6.3
社会保健	12.2	27.5	4.6	15.7	1.3	4.2
住房	1.2	2.7	1.1	3.8	0.7	2.3

资料来源：中国经济增长与宏观稳定课题组：《增长失衡与政府责任——基于社会性支出角度的分析》，《经济研究》2006年第10期。

上述只是对我国由于政府失责而造成涉及居民福利的公共服务供给不

足现象的总体判断，对于区域异质性较强的我国来说，还需进一步考察不同区域地方政府公共服务供给状况。表6-4显示，自分税制改革以来东部地区公共服务支出的绝对规模显著大于中西部地区，1994年东部地区公共服务支出总额为539.30亿元，分别大于中部、西部地区244.17亿元和268.49亿元，到2010年这一差距已扩大至4589.39亿元和4135.91亿元。从公共服务支出的相对规模看，东部地区公共服务支出占本级财政支出的比重从2000年以后也整体上高于中西部地区。从2010年看，东部地区公共服务支出占本级财政支出的相对比重为28.23%，分别高于中部、西部地区2.93%和3.53%。这就意味着与东部地区比较而言，经济落后的中西部地区特别是西部地区公共服务供给更为不足，经济社会发展的失衡程度也更大，不断累积和日益凸显的民生问题令人担忧。这种区域公共服务供给的显著差距是否就是因为客观上中西部地区财政实力薄弱，且政府财力与支出责任不匹配呢？显然这并不是问题的全部答案。若是这样，那为何经济比较落后的地区一方面能够容忍基础教育资源长期短缺，另一方面却又大兴土木，挤占基础教育资金以弥补其他财政支出缺口（陈锡文，2003）。[①] 从这个意义上说，经济落后省份地方政府支出偏好的扭曲，或者说主观层面的失责可能才是最为重要的原因。

表6-4　　　东部、中部与西部地区财政公共服务
支出及其比重（1994—2010年）　　　单位：亿元、%

年份	东部 公共服务支出	东部 占财政支出比重	中部 公共服务支出	中部 占财政支出比重	西部 公共服务支出	西部 占财政支出比重
1994	539.30	28.16	295.13	30.12	270.81	27.60
1995	652.71	26.89	335.15	27.97	301.76	26.43
1996	773.81	26.52	386.26	26.30	343.27	25.86
1997	885.80	25.81	423.62	25.61	421.37	26.34
1998	1003.02	25.30	457.80	23.72	478.06	25.70
1999	1111.92	23.99	519.80	22.71	540.22	24.79
2000	1292.83	24.45	583.44	22.65	604.67	23.12

---

① 陈锡文：《中国县乡财政与农民增收问题研究》，山西经济出版社2003年版。

续表

年份	东部 公共服务支出	东部 占财政支出比重	中部 公共服务支出	中部 占财政支出比重	西部 公共服务支出	西部 占财政支出比重
2001	1541.92	23.61	720.72	22.48	762.39	22.17
2002	1815.27	24.12	853.01	23.38	884.35	21.59
2003	2090.19	23.76	953.29	23.19	971.45	22.24
2004	2426.43	23.20	1109.97	22.09	1100.72	21.46
2005	2804.47	21.96	1319.59	21.52	1333.07	21.49
2006	3328.67	22.17	1648.31	21.16	1661.32	21.78
2007	5220.92	27.90	2547.06	26.06	2544.70	25.83
2008	6495.75	28.38	3312.96	26.31	3427.13	24.90
2009	7835.40	28.35	4171.38	26.35	4342.87	24.70
2010	9422.15	28.23	4832.76	25.30	5286.24	24.70

注：这里的公共服务支出是指科教文卫支出即科学事业费、教育事业费、文体广播事业费和卫生事业费等。

资料来源：《新中国五十五年统计资料汇编》（中国统计出版社2005年版）以及相应各年的《中国统计年鉴》（中国统计出版社），经整理而得。

总之，中国式财政分权体制下形成的增长型政府模式导致了以经济快速增长与公共服务供给不足为主要特征的发展失衡问题，自然难以满足人民群众日益增长的公共服务需求[1]，这将影响我国经济社会稳定与均衡发展，也影响社会公平正义的真正实现。因此，以经济建设为核心的增长型政府模式将难以为继。新制度经济学认为，制度服务的需求变化、制度选择集合变化、技术变化以及其他制度安排变化等因素都会引起制度供求的非均衡[2]，而制度非均衡正是制度变迁的动因或逻辑起点。如前面所述，政府转型本质上也是一种制度变迁和制度选择的过程，增长型政府模式下

---

[1] 迟福林（2005）认为，我国正处于全社会公共需求深刻变化的关键时期，这体现在：（1）广大社会成员对缩小收入差距，实行社会再分配的基本公共需求比以往任何时期都更强烈；（2）义务教育、公共医疗已成为当前多数社会成员主要的公共需求；（3）就业和社会保障已成为全社会重要的公共需求；（4）公共安全越来越开始成为全社会成员普遍的公共需求；（5）随着利益关系的变化，合理的、正当的利益表达和利益诉求开始成为广大社会成员，特别是弱势群体的公共需求。

[2] 卢现祥：《西方新制度经济学》，中国发展出版社2003年版，第146页。

经济社会发展的失衡正好成为我国地方政府第二次转型的强大动因。由此产生的另一个问题是，我国地方政府转型方向在哪里？或者说，转型的目标模式是什么？无论是从地方政府模式演进的自身规律看，还是从地方政府转型的现实压力看，我国地方政府转型的目标模式或逻辑归宿必然是建构一种以公共服务职能为核心而不是以经济建设为核心、以公民为本位而不是以政府为本位的公共服务型政府模式。这种政府模式的本质就是为公民提供均等化的基础性公共服务，以此回归到政府应有的基本责任和内在属性。诚如世界银行在《1997 年世界发展报告》中所指出的，政府的首要且最为重要的职责就是保证全社会的公平。

第二节 公共服务型政府的理论分析：内涵与特性

分权体制背景下经济社会发展的失衡成为我国地方政府第二次转型的逻辑起点或动因，而其转型的逻辑归宿或目标模式必然是塑造公共服务型政府。为此，2004 年的《政府工作报告》明确要求各级地方政府要全面履行职能，在继续搞好经济调节、市场监管的同时，更加注重履行社会管理和公共服务职能。此后，在 2005 年的政府工作报告中首次提出了深化行政体制改革、转变政府职能与努力建设服务型政府的目标。2006 年则具体提出要高度重视解决就业、社会保障、医疗以及公共安全等涉及群众切身利益的问题。从这些报告可以看出，为适应我国经济社会的全面转型，我国中央政府明确提出了公共服务型政府取向的行政体制改革目标。但只有从理论上准确理解和把握公共服务型政府的内涵与特性才能为公共服务型政府的实践构造提供理论借鉴和指导。

一 公共服务型政府内涵

构建公共服务型政府是实现经济与社会协调发展的必然要求，是全面落实科学发展观、建设社会主义和谐社会的重要内容，也是政府自身变革的内在要求。关于公共服务型政府的基本内涵，国内学者的研究主要集中在以下几个方面：一是政府的价值取向说。张康之（2001）认为，服务型政府应把公共服务视为一种基本理念和价值追求，秉持政府为社会、为公众服务的基本宗旨。① 侯玉兰（2003）也认为，服务型政府是作为一种新型的现代政府治理模式，必然要求各级政府牢固树立"民本位、社会本位以及权利本位"的理念。② 二是政府的角色说。在经济社会体制全面转型时期，政府不仅应该加快从统治的角色向管理的角色转变，而且更要从管理的角色向服务的角色转变（张康之，2002）。③ 三是政府职能说。李文良（2003）指出，政府的首要的职能就是服务。④ 余晖（2005）认为，服务型政府就是提供与公共利益息息相关的非排他性公共服务的政府。⑤ 李军鹏（2004）进一步指出，提供基础教育、医疗卫生、社会保障、环境保护等社会性公共服务是公共服务型政府的重要职责。⑥ 四是政府治理模式说。李军鹏（2006）认为，公共服务型政府仅仅是社会治理主体中的单一管理主体，应与其他非政府组织、企业等公共管理主体共同参与公共服务的提供。⑦ 张文礼、吴光芸（2007）也认为，公共服务型政府需要通过有效的制度安排，引进市场与社会的力量，形成政府主导的多元化的公共服务供给机制。⑧

已有观点虽然丰富和发展了对公共服务型政府的认识，但就公共服务型政府的基本内涵来说，国内学者的研究并未达成共识。实际上，阐释经济社会转型时期我国公共服务型政府的内涵需要从现代政府的本质属性加以理解和界定。从政府的演进历程看，政府是一个国家内社会力量博弈均衡的结果。人们为了分享国家的共同利益而展开建立政府和控制政府的竞争，胜者获得组建政府的权力，所以政府必然具有特定集团或阶层追求集团或阶层利益的属性，在封建社会我国实行的是家国一体的政府管理体制，政府是利益集团"寻租"的工具，对社会公共事务管理也是从阶级利益出发，维护统治阶级的利益，而不是为了社会公众的福利。随着社会政治经济的发展，社会财富极大丰富，民主及平等的思想得到最广泛的传

---

① 张康之：《限制政府规模的理念》，《人文杂志》2001年第3期。
② 侯玉兰：《论建设服务型政府：内涵及意义》，《理论前沿》2003年第23期。
③ 张康之：《寻找公共行政的伦理视角》，中国人民大学出版社2002年版，第15页。
④ 李文良：《中国政府职能转变问题报告》，中国发展出版社2003年版，第109页。
⑤ 余晖：《建立公共服务型政府的必要条件》，《发展论坛》2005年第12期。
⑥ 李军鹏：《公共服务型政府》，北京大学出版社2004年版，第32—34页。
⑦ 李军鹏：《公共服务型政府建设指南》，中共党史出版社2006年版，第30—31页。
⑧ 张文礼、吴光芸：《论服务型政府和公共服务的有效供给》，《兰州大学学报》（社会科学版）2007年第5期。

播和认同,社会各阶级和集团的力量对比缩小,政府必须越来越多地代表国家的共同利益,即越来越多地参与社会公共事务,为公众谋求福利,所以博弈的结果是政府越来越接近全体国民共同利益的代表者,只有在这个时候,现代意义上的政府才得以出现。因为现代意义上的政府是代表共同体之共同利益的、管理共同体共同事务的社会组织。马克思主义理论也认为,尽管政府所掌握的政治权力因依靠国家的力量具有强制性,但权力的运用与维持必须以执行某种社会职能为基础和保障。也就是说,政府不仅具有强制属性,更重要的是具有公共属性,代表整个社会利益而履行社会职能便是这种公共属性的具体表现。总而言之,无论是基于政府演进的视角,还是基于马克思主义理论的视角,公共服务必然是现代政府的本质属性,也是现代政府存在的基本社会价值。正如詹姆斯·安德森所说的,政府的任务就是服务和增进公共利益。[1] 因此,公共服务型政府就是以民本位、社会本位以及权利本位为价值取向,以服务为基本职责,以公民的公共需求为依归,从而为增进共同体或整个社会的利益而提供充足且有效的公共服务的政府。

从上述界定可以看出,公共服务型政府作为一种与经济建设型政府相对立的政府范式,其内涵是由多维层面构成的逻辑体系。首先,在政府与社会关系层面,公共服务型政府倡导的是社会控制政府,摒弃了传统政府模式的"官本位、政府本位、权力本位"理念,而理性回归到"公民本位、社会本位、权利本位"的价值取向,于是构建出新型的政府与社会关系模式。在这种模式下,政府的公权力来源于社会,受制于社会,并且最终也应该为社会服务,进而真正实现公民和社会的最大化利益,体现出政府存在的根本价值和合法性。其次,在政府的职能结构层面,公共服务型政府强调的是职责重心从经济建设向公共服务供给的转变。在社会主义市场经济体制框架初步建立的条件下,经济建设的主体理应是企业和社会,政府应该从具体的投资和参与微观经济领域的活动中退出,强化其组织和执行公共服务供给这个最基本也是最重要的职能,为经济社会的全面协调发展创造良好的环境。最后,在政府服务供给层面,公共服务型政府强调的是公共服务的供给以公民需求意愿而非政府自身偏好为导向。也就是说,政府应该提供什么公共服务、提供多少的公共服务以及如何提供公

---

[1] 詹姆斯·安德森:《公共决策》,唐亮译,华夏出版社1990年版,第222页。

共服务三个基本问题由公民的公共需求意愿来决定,公民自始至终都参与到公共服务的整个供给过程中,从而提高了公共服务供给的效率。

二 公共服务型政府特性

由公共服务型政府的内涵可知,公共服务型政府模式是对经济社会全面转型时期政府与社会关系的全新定位,是对政府职能结构的重新塑造,更是向现代政府本质属性的理性回归。公共服务型政府内涵的丰富性与系统性决定了公共服务型政府具有不同于传统政府模式,尤其是经济建设型或经济增长型政府模式特殊的性质,这种特殊性质主要体现在公益性、回应性以及契约性等方面。

(一) 公共服务型政府的公益性

公共服务是公共利益的主要物化形式。所谓公共利益,就是指满足社会全体成员或大多数成员的需求、代表他们的共同意志、实现他们的共同目的、使其共同受益的那一类事务(席恒,2003)。[①] 从这个角度看,公共利益在主体上代表的是整体而不是局部的利益,在内容上体现的是普遍的而不是特殊的利益。也就是说,公共利益具有整体性和普遍性的特征(孙笑侠,1995)。[②] 问题的关键是,作为社会共享性的公共利益如何实现呢?或者说,由谁来提供呢?亚当·斯密认为,在"看不见的手"的引导下,"经济人"追求个人利益最大化的结果却是增进了社会公共利益。也就是说,市场竞争机制是资源配置的最有效形式,它同时实现了个人利益和公共利益。阿罗(K. Arrow,1963)的不可能定理表明,在非独裁情况下,不可能存在任何完美的方式将个体偏好加总为社会偏好。[③] 亦即满足个体的利益并不代表能够满足全社会成员整体的利益。这就意味着,市场竞争机制或个人选择机制不会自发地促成公共利益,公共利益的真正实现需要一种公共选择机制即政府主体的作用。因此,政府才是公共利益的有效提供者。但这并不是说所有范式或模式的政府都是以公共利益为当然目标。本书认为,唯有公共服务型政府模式与公共利益具有内在的一致性。这种类型的政府是公共利益的代表者,始终以公共利益作为公共行政与公共政策的出发点和归宿,为实现广大群众公共利益的最大化而提供基本且有效的公共服务,更加注重和维护社会的公平与正义,促进经济、社

---

① 席恒:《公与私:公共事业运行机制研究》,商务印书馆2003年版,第3—4页。
② 孙笑侠:《法的现象与观念》,群众出版社1995年版,第70页。
③ 高鸿业:《西方经济学(微观部分)》,中国人民大学出版社2004年版,第349—351页。

会与人的全面协调发展。正是从这个意义上说,相对于经济增长型政府范型,公益性是公共服务型政府的特殊属性,也是公共服务型政府建设的核心价值取向。

(二) 公共服务型政府的回应性

回应性意味着政府对民众的公共需求要积极做出反应(格罗弗·斯塔林,2003)。[1] 它是现代公共管理的一个重要理念和治理机制,更是公共服务型政府的内在要求和本质特征。传统的政府模式由于民众与政府的不平等地位以及官僚制度与民众需求的紧张关系,使其缺乏应有的回应性。因此,公共服务型政府的塑造将改变传统政府的角色和行为方式,从社会管理者转变为社会的服务者,从由自上而下的权威管理转变为自下而上地提供服务。而提供服务正是政府对全体公民多样化的公共产品和公共服务需求的主动回应,使政府自身的供给偏好与居民的福利偏好趋于一致。这种回应性本质上体现了在公共服务提供之时以及提供的过程中政府与民众之间全方位的互动关系,同时,互动也为政府的回应创造了基础条件。因为,这些互动能够使那些由任命而非民主程序选举产生的官员们对其所服务的大众保持适度的回应性。[2] 从这个层面上说,公共服务型政府模式下通过政府与民众之间的双向互动,居民的公共服务诉求具有了合理表达途径,政府的供给偏好也主动加以调整并契合居民的福利偏好,在这个互动的过程中,广大居民的公共利益得以有效实现。因而,在互动基础上的回应性是公共服务型政府内在的一种要求和本质上的一种反应。

(三) 公共服务型政府的契约性

社会契约理论认为,政府作为执行国家意志的权力载体,其权力真正来源于公民之间的契约。在社会契约理论主要代表人物卢梭看来,社会契约将所有的个体意志结合并上升为公共意志,这种公共意志保证了每个社会成员在社会状态中的价值主体地位,但公共意志的代表和具体执行最终需要依靠政府的力量。[3] 也就是说,政府只是公民权利的受托者,是为公民提供公共服务的组织。从我国政府转型的历程看,计划经济体制时期的政府权力几乎是不受制约的,由此形成了强政府与弱社会的国家权力结

---

[1] 格罗弗·斯塔林:《公共部门管理》,陈宪等译,上海译文出版社2003年版,第63页。

[2] 多丽斯·A. 格拉伯:《沟通的力量——公共组织信息管理》,张嘉珂译,复旦大学出版社2007年版,第241页。

[3] 卢梭:《社会契约论》,何兆武译,商务印书馆2003年版,第19—20页。

构，改革开放后这种格局并未根本改变。有鉴于此，构建公共服务型政府将回归主权在民的思想，强化现代型政府的契约性的本质特征。在这种新型政府范式下，政府接受公民的权能委托行使行政权力的职责，政府自然应该也必须为权利让渡的公民提供基本而有保障的公共产品和公共服务，从而实现公共服务型政府向公民履约的郑重承诺与目标。

第三节 地方政府转型的机制设计：激励与约束

我国正处于经济转轨和社会转型的新时期，重塑公共服务型政府将是我国进一步深化行政体制改革的突破口和核心范畴，并逐渐成为人们的普遍共识。近些年来，中央政府也逐步加大了公共服务的财政投入，加快了政府转型的进程，初步建立了基础教育、医疗卫生和社会保障等民生类公共服务体系。[①] 但中央政府的政治意图是否能有效传递给地方政府呢？以及地方政府是否能积极响应呢？这些问题还需进一步厘清。本书认为，试图顺利推进追求政治利益和财政利益最大化的地方政府的转型，需要相关制度的创新和实施机制的建构，从这个角度看，在财政分权体制下的基础制度并未变革的情况下，具有财政相对独立性的地方政府的转型比中央政府更为复杂，转型的进程也更为艰难，对经济落后的中西部地区来说更是如此。

中国经济转型是一个自上而下的制度变迁过程，中央政府良好的政策意图最终都需要在地方政府层面上得以实现，但问题是，正如前章所证实的，在现有的中国式分权框架下，与中央政府的目标函数（社会福利最大化）并非一致的地方政府并没有内生的动力去提高公共服务支出的相对比重，并以此加快向公共服务型政府转变。那如何才能促使拥有自身利益的地方政府响应中央政府的号召而自动转型呢？王永钦等（2007）认为，对经济转型而言，最重要的可能不是"做对价格"而是"做对激励"，因为激励机制永远是经济发展中最深刻的主题，价格机制只是激励

[①] 实际上，正如前面所分析的，与人民群众日益增长的公共需求相比，与构建和谐社会的要求相比，以及与其他福利国家财政投入相比，我国中央政府的公共服务财政投入还有一定的距离。但我们欣喜地看到，中央政府正朝服务型政府迈进。

机制的一种方式。① 照此逻辑，推动地方政府的转型必然需要结合中国政治经济制度特征重新建构地方政府的激励与约束机制。

一 改革政府绩效评价体制，建立合理有效的考核机制

在我国层级政府治理结构中，中央政府往往是大政方针的决策者，而地方政府往往是这些政策与方针的具体执行者，所以，中央政府与地方政府之间实际上就构成一种纵向的委托—代理关系。地方政府作为理性的代理人，在与中央政府博弈中具有明显的信息优势，为此，在信息结构并不对称的约束下，中央政府为了节约交易成本选择了以经济绩效（主要是经济增长）为核心的考核指标，并以此作为地方政府官员职位晋升的标准和依据。中国自改革开放以来的高速增长的经验事实可以令人信服地说明，这种政绩评价体制所引发的为增长而竞争的激励的确成为地方政府推动经济增长的动力源泉。②

但是，财政分权框架下以 GDP 为主的政府绩效评价体制随着经济社会转型正在日益显现出它的弊端。③ 这种评价体制导致地方政府的目标函数或支出偏好逐渐偏离于辖区居民的公共需求意愿。从代理经济学角度看，在目前的行政体制下，作为代理人的地方政府所面临的任务是多重的，它既要负责推动地方经济增长、促进就业，又要承担基础教育、公共医疗、社会保障等社会福利性质的公共服务支出。霍姆斯特罗姆、米尔格罗姆（1991）的多任务委托—代理分析结论显示，现实中的代理人往往从事多项任务，即使从事一项任务也涉及多个维度，当对任务集合中的某

---

① 王永钦等：《中国的大国发展道路——论分权式改革的得失》，《经济研究》2007 年第 1 期。

② 据《南方都市报》报道，截至 2010 年 4 月 24 日，除上海和西藏外，我国 29 个省区市都公布了第一季度的经济成绩单。该数据显示，我国 28 个省区市（不包括新疆）第一季度 GDP 增速均超越全国 11.9% 的水平，其中更有 18 省区市的增速超过 15%。这也可以说明地方政府为政绩而驱使加快经济增长。

③ 王永钦等（2007）对财政分权加相对绩效评价体制所产生的弊端进行了系统性或框架性的分析。在他们看来，这种体制的弊端主要包括：一是相对绩效的评估会造成代理人之间相互拆台的恶性竞争；二是中国这样的大国，各地区之间存在较大的异质性，所以，相对绩效是一个噪声很多的指标；三是由于各地区之间先天的差异性，或者改革后享受的政策的差异性，会出现由收益递减效应导致的经济增长差异，这样就加大了相对绩效评估标准中的噪声；四是在基于相对绩效评估的锦标赛下，赢家数量是有限的，而大部分是输家。我们更为关心的是这种体制对政府支出偏好或行为模式的影响。

项任务强化激励时,理性代理人必将减少在其他替代任务的努力水平。[1]那么,在现行绩效评价体制的激励下,追求晋升最大化的地方政府会非常理性地把其所有的努力投向能获得高额回报的任务中,亦即加快本辖区的基础建设投资以此在任期内显著地推动地方经济增长,从而相对地减少了与辖区居民福利相关的基础教育、医疗卫生、社会保障等公共服务投入。更进一步,对于中国这样的转型大国,各个地区之间在自然、历史、地理、社会文化等方面存在显著的差别,地方政府的行为也必然表现出较大的异质性。在面临同样的晋升压力下,经济落后的中西部地区比经济发达的东部地区具有更强烈的动机把有限的财政资源重点配置于基本建设等投资领域,更加忽视辖区居民的公共服务需求。前一章的经验分析也证实了这一结论。正是从这个角度可以说,以 GDP 为主的政府绩效评价体制内生出了地方政府支出偏好扭曲的激励。

因此,在实行政治集中的特殊体制下,要彻底改变地方政府支出偏好的扭曲,重塑公共服务型政府,必须变革现有政府绩效评价体制,建立更加合理而有效的以公共服务需求为导向的绩效考核机制。具体的设计思路是,在现有的政府绩效考核体系中,逐步弱化经济增长指标的重要作用,同时纳入基础教育、医疗卫生和社会保障等事关居民福利的公共服务供给指标[2],并渐进增加其相对权重。更为重要的是,地方政府公共服务供给是否具有效率或合意性最终由本辖区居民决定,而且政府的本质属性就是响应并满足居民的公共需求,所以,可以考虑将本辖区居民的福利偏好或公共服务满意度作为地方政府官员晋升的考核标准。总的来说,在中央政府与地方政府这种特殊的纵向委托—代理关系的架构下,通过自上而下的渐进式的考核机制的重建,使作为代理人的地方政府将其目标函数或支出偏好与新的绩效考核体系挂钩,从而激励地方政府更多地关注本应承担的公共服务职责,而不是单纯追求经济的快速增长,于是,不断引导地方政府行为朝着社会福利最大化或不断创造居民福祉的方向转变。

---

[1] 霍姆斯特罗姆和米尔格罗姆:《多任务委托代理分析:激励合同、资产所有权和工作设计》,载路易斯·普特曼《企业的经济性质》,上海财经大学出版社 2003 年版,第 314—332 页。

[2] 在污染物总量减排方面,中央政府已出台了相关的政策措施。比如,国务院 2007 年 11 月签发了《"十一五"主要污染物总量减排评估办法》,该办法明确规定地方政府是污染物减排的责任主体,提出把污染物总量减排评估纳入地方政府政绩中。这说明中央政府为了实现经济社会的可持续发展,变革现有的以经济增长为主的绩效评估体制是可行的,同时也为基础教育、公共医疗、社会保障等其他公共服务供给指标引入政府绩效考核体系提供了可能性和参考性。

二 推进基层民主建设，建立传递居民偏好的公共选择机制

西方主流财政分权理论认为，联邦制下的"用手投票"机制或者说选举约束机制能够激励地方政府积极响应并努力满足选民的公共服务需求。但我国的现实是，地方政府的官员是上级任命的而不是辖区居民直接选举出来的。尽管如此，与西方实行的普选制或议会制不同的是，我国在政治集中体制下，发展出了以民主集中制为原则组织起来的人民代表制度。在此制度基础上，就可以建立起有效传递辖区居民公共服务需求偏好的公共选择机制即居民通过直接或间接投票方式决定地方政府财政支出规模和结构的机制。公共选择机制具体的运作思路是先由地方政府提出财政支出的具体预算方案，让代表辖区居民福利偏好的地方人大对不同的方案进行民主投票，因此，这种机制不仅可以为辖区居民表达公共服务需求偏好创造畅通的渠道，更为重要的是，它有效地约束了地方政府的财政行为，增强地方政府对辖区居民公共服务需求的回应性。

理论上说，建立在地方人大制度上的公共选择机制可以较好集纳、传递居民的公共服务需求偏好，再通过一定的政治程序转换成社会总体偏好，并把此偏好强加于地方政府的目标函数中。于是，这种机制对地方政府的财政行为施加了约束，使其不得不改变扭曲的支出偏好，从而在追求自身效用最大化的过程中趋近或逼近选民的社会福利最大化目标。但在实践运行中，我国特别是经济落后地区的地方人大还未真正有效发挥对地方政府的制衡和约束作用。[1] 此外，相对于城市化、市场化水平较高的发达地区来说，贫困地区的基层民主化进程还较为缓慢，村民的民主法制意识较为淡薄，村民的自治程度较低。[2] 这些因素使辖区居民缺乏相应畅通的渠道充分表达公共需求的意愿，进而在一定程度上限制了地方政府对辖区居民福利偏好的重视程度。[3] 不过，我们有理由相信，随着基层民主化进

---

[1] 曾维涛（2006）指出，我国落后地区的各级人大所审批的预算草案仅仅列出了收入与支出几个大项目的数字与说明，不能对各具体项目进行较为详细的审查、修订乃至否决，只能被动通过各级政府的预算案和决算案。

[2] 从调查数据来看，当问及"您对目前公民参与公共服务现象的评价"时，选择"参与积极"的仅占17.07%，而选择"参与非常积极"的只有1.72%。

[3] 从调查数据来看，当问及"您认为现有的参与途径能不能满足您参与公共服务的需求"时，选择"基本可以"和"可以"的比重仅有8.70%。

程的推进,地方人大制度的逐步完善①,以及农村居民自治化程度的提高,公共选择机制将对地方政府的财政活动发挥更有力的制衡与约束作用,激励地方政府加快职能转变,主动回应居民的福利偏好,真正确保辖区居民的公共服务需求意愿能通过政治程序得以实现。

三 逐步改革户籍制度,建立完善的"用脚投票"机制

西方主流财政分权理论所达成的共识是,"用脚投票"机制可以激励地方政府改善公共服务供给效率,实现地方政府的支出偏好与分散居民公共需求更好匹配。但实证研究发现,人口的跨区域流动性对地方政府支出偏好的影响并不显著,说明地方政府更加重视外来资本特别是外商直接投资而忽视居民的公共服务需求。因此,西方经典财政分权理论所揭示的"用脚投票"机制能增强地方政府合意性或回应性的结论在中国并未得到经验的证实。其中的体制根源是,当前的户籍制度限制了人口在不同区域之间的自由流动。更为重要的是,我国特殊的户籍制度不仅具有一般层面的人口管理功能,而且具有较强的福利功能,即教育、医疗、社会保障等福利安排与户籍制度关联在一起。以缺乏劳动技能的农村劳动力来说,即使迁移到城市,也依然是迁出地的农民身份,并未享受与城市居民均等的教育、医疗卫生以及社会保障等民生类公共服务。此外,当地方政府面临财政支出压力时,迫切希望尽可能地减少辖区内居民数量,以减少其承担的公共服务责任,从而进一步实施严格的户籍政策(赵怡虹、李峰,2009)。②

有鉴于此,为了更好地发挥"用脚投票"对地方政府行为的约束作用,激励地方政府提高公共服务满足居民福利偏好的合意性,我们应该逐步推进户籍制度改革。当然,变革当前的户籍制度,并不是取消户籍管理(世界上许多国家包括发达国家也有户籍制度),关键是剥离以户籍制度

---

① 2010年十一届全国人大第三次会议审议并最终高票通过了《关于修改〈选举法〉的决定》。这次"修选",除具体事项的修改外,一项最重要的修改,就是选举法规定全国人大代表名额,由全国人大常委会根据各省、自治区、直辖市的人口数,按照每一代表所代表的城乡人口数相同的原则,以及保证各地区、各民族、各方面都有适当数量代表的要求进行分配。相对于此前的城乡不同票同权,这次修改选举法使中国由此开启了选民平等、城乡"同票同权"的平等时代,实现了农民选举权的足额回归。专家纷纷指出,修改选举法是坚持和完善人民代表大会制度的重要内容,将成为我国扩大人民民主,保证人民当家做主,发展社会主义民主政治的一大历史性进步。

② 赵怡虹、李峰:《基本公共服务地区间均等化:基于政府主导的多元政策协调》,《经济学家》2009年第5期。

为基础的社会保障制度和福利分配制度，即剥离户籍制度的福利含义，使户口不再成为分配社会资源的基础，真正实现迁移居民与辖区原有居民在就业市场准入、教育资源配置、社会保障与住房福利可及性方面享有同等的权利。这样，户籍制度就回归为一种简单的人口登记制度，行使通常意义上的证明公民居住与身份信息、服务国家行政管理与社会管理需要等基本职能，而不是用于表征和识别公民社会身份与社会地位的高低。为此，变革户籍制度的题中应有之义是，逐步推进依附于户口的劳动就业制度、社会保障制度、教育资源和住房分配制度等社会福利制度的变迁，以此建立城乡、区域一体化的劳动力等要素市场，统筹教育资源配置，构筑统一的社会保障制度。考虑我国人口众多、城乡、区域差距较大的基本国情，户籍制度的改革应该兼顾市场经济和社会稳定需要，采取中央政府主导下的渐进式的变革路径。[①] 因此，通过非福利化取向的户籍制度变革，打破城乡分割、区域封闭的状态，使劳动力和其他要素能够自由流动，从而构造出约束地方政府偏离辖区居民福利偏好的"用脚投票"机制。

---

① 伍先江（2009）也认为，户籍制度的改革进程难以一步到位，而应渐进式推进。在户籍制度改革的具体实施进程中，应按照先小城镇后大中城市，先逐步放宽迁移政策，最后实现自由迁徙，先取消农转非，再逐步实行户口完全一体化管理。

第七章 财政分权框架下转移支付制度优化：基于财政均等化视角

在中央政府仍然占有或能够配置很大部分社会资源的背景下，财政转移支付制度的实质就是中央政府将社会资源在地方政府之间的再分配，分权体制下地区利益集团之间为增进集团自身的利益而进行的博弈必将改变这种资源的分配格局。由于东部发达地区向中央政府施加的政治压力更大而处于竞争的绝对优势地位，转移支付资源的分配自然也是更多地向发达地区倾斜，本身基础财力较弱的西部落后地区反而获得相对较少的转移支付，从而进一步扩大了地区之间的财力差距，使居住在不同辖区的居民享受不同水平的民生类公共服务。有鉴于此，本章试图在分级财政体制框架下，从转移支付目标、转移支付结构以及转移支付分配方式三个方面的系统优化来提出推进财政体制改革的可行路径，以此真正建立以居民享有公共服务大致均等的均衡性转移支付制度。

第一节 转移支付目标的重塑：财政均等化

无论是成熟的市场经济国家，还是处于转型过程中的国家，转移支付都是上级政府实施宏观调控的重要工具，必然有其追求的政策目标，该目标也是转移支付之所以存在的理论依据。但在多维的目标体系中，确立合意的目标是设计与建立科学规范的转移支付制度的根本准则和价值取向，当然，具体目标的选择则必须由本国的实际情况和现实需要来决定，对于中国这样一个幅员辽阔、人口众多、地区差异显著的转型国家来说更是如此。

一 转移支付目标的经济学考察：理论依据

成熟的市场经济国家实践证明，市场是配置资源广泛的、有效的手段，它以一只"看不见的手"来协调市场主体的利益关系，调节和引导不同利益集团的经济行为，实现资源的最优配置；但市场不是万能的，单纯依靠市场机制配置资源，不可能实现社会资源的有效配置，不可能实现符合社会正义和公平的收入分配，不可能实现经济社会的协调发展，也很难减缓经济周期波动对经济发展的不利影响。因此，为了克服和矫正市场机制的固有缺陷，必须重视和正确发挥政府宏观调控这一只"看得见的手"的作用，这也成为政府介入经济活动的恰当理由。那么，作为政府宏观调控的重要工具，政府间财政转移支付的最终目标必然是实现社会资源的合理配置、收入的公允分配以及经济的稳定增长。具体来说，财政转移支付的目标主要包括内部化受益外溢效应、弥补财政缺口以及纠正财政不平等，这些也可以看成是政府间转移支付的理论依据。

(一) 内部化公共服务的受益外溢效应

当某个地方政府提供的公共服务的受益范围扩散到邻近其他辖区，使其他辖区的居民在不支付任何成本的情况下也同样获取该受益时便产生了地方政府间公共服务的受益外溢效应问题。这种溢出效应突出表现在教育、公共服务设施（如公园、文化娱乐设施、交通设施）、治安等方面。以教育为例，在本辖区受到良好教育的学生以后却流动到其他辖区工作；此外，当某些地区提供的教育服务质量相对较高时，其他特别是邻近辖区的考生可能向这些地区聚集以享受本辖区高质量的教育服务。[①] 当公共服务的受益外溢效应存在时，作为本辖区集体利益代表的地方政府，却并未考虑到外溢到其他辖区的利益，仍然按照本辖区的边际收益等于边际成本的帕累托最优条件决定公共服务的供给，使其供给的产量水平低于社会最佳产量水平，从而导致社会资源的低效配置。

治理公共服务受益外溢效应的关键是将这种溢出效应内部化。美国经济学家 A. C. 庇古为我们提供了一种重要的传统思路。A. C. 庇古认为，当存在受益外溢时，产生外部受益的经济主体应该获得一笔与其创造的边际外部收益相等的单位补助额。[②] 按此逻辑，中央政府或省级政府可以采

[①] 以中国为例，各个教育层次上还普遍存在跨区域消费教育服务的情况。因为，我国教育资源的区域配置并不均衡，发达地区如北京、上海、天津等地区提供的教育服务质量相对较高，使周边省市的考生纷纷向这些地区集聚。据《华东新闻》2006年5月12日报道，上海自2000年起招收外省市高中生，目前招生总人数在2000名左右，学生主要来自浙江和江苏。这也证明了教育等公共服务溢出效应的存在性。

[②] A. C. Pigou, *Economics of Welfare*. London：Macmillan，1929.

取财政补助或拨款措施使公共服务的受益外溢效应内部化，激励地方政府在更充分的水平上提供具有外溢性的公共服务。如图7-1所示，曲线 MPR 和 MSR 分别代表某地方居民与全社会消费 X 公共服务所获得的辖区边际收益和社会边际收益，P_1 和 P_2 则代表消费该公共服务时所支付的价格（在完全竞争的情况下，价格也等于边际成本）。由于地方政府只按辖区边际收益等于边际成本的原则提供 X 公共服务，它所提供该公共服务的数量将为 OA，明显低于由边际社会收益等于边际成本决定的最优产量 OB。为了诱导地方政府供给符合效率的产量 OB，中央政府或省级政府应该提供地方政府 CD 元的单位补助使该公共服务的价格从 P_1 降至 P_2。[①] 因此，内部化公共服务的溢出效应成为财政转移支付的主要目标和理论依据之一。正如奥尔森（1969）指出的，若不考虑收入分配的情况，联邦政府对州政府实施转移支付的恰当理由就是地方提供的公共服务的受益范围扩散到了其他辖区。[②] 当然，为有效实现这一目标，财政转移支付必须对应于特定的公共服务项目。

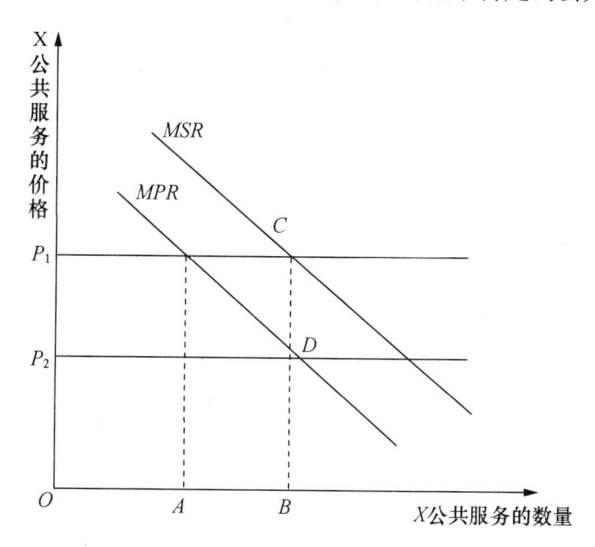

图7-1 公共服务的受益外溢效应

[①] 当然，按照"谁受益，谁付费"的原则，应该由那些受益的非辖区居民提供这笔补助款。但是，在很多情况下，要真正实现这一点是非常困难的。一是很难准确界定公共服务的受益范围；二是即使可以收费，也很难设计出一套低成本的收费机制（钟晓敏，1998）。从这个层面上来说，由中央政府或省级政府提供财政补助可能是最可行的办法。

[②] Olson, Mancur, Jr., "The Principle of 'Fiscal Equivalence': The Division of Responsibilities among Different Levels of Government". *American Economic Review*, Vol. 59, No. 2, May 1969, pp. 479–487.

(二) 弥补纵向政府间的财政缺口

无论是美国、欧盟等发达国家，还是印度、拉美等发展中国家，抑或是俄罗斯、中国等转型国家，一般都实行分税制的财政体制，可以说财政分权是一个世界现象。在这种分税制框架下，为了有效保证中央政府的宏观调控能力，维护税收的统一与公平分配，以及提高市场机制的效率，中央政府往往控制着重要的税源或主体性的收入项目（如所得税、消费税、关税等），而将一些税基较小的税种如财产税、营业税等划归地方政府。在此税收分配格局下，中央政府自然掌握了较大份额的收入，而地方政府只能在整个政府收入分配中占据较小的比重。从财政支出层面来看，由于地方政府比中央政府更接近辖区居民，能以更低的信息成本获悉辖区居民的福利偏好，并在辖区居民的监督下提供有针对性的公共产品和公共服务，以此满足辖区居民日益增长的多样化的公共需求。因而，为了提高财政支出的效率，地方政府应该享有较大的支出权限和承担更大的支出职责。

综合来看，分税制的财政体制使中央政府承担较少的支出责任，却享有较多的财政收入，而地方政府享有较少的财政收入却承担较多的支出责任，由此必然导致中央政府和地方政府之间收入能力（财权）和支出职责（事权）的结构性失衡或纵向不平衡（Vertical Imbalance），造成地方政府整体上出现收不抵支的财政缺口（Fiscal Gap）[①]，在这种情况下，从理论上说，中央政府可以通过赋予地方政府更多的征税权、鼓励地方政府增加更多的收费项目、调整上下级政府之间税收分享比例以及减少地方政府的支出责任等形式来弥合地方财政赤字，但是，从各国实践看，中央政府一般在分级财政体制框架下选择无条件转移支付方式补充地方财力，以保证地方政府有足够的财政收入供给辖区居民所需要的公共产品和公共服务。因而，弥补纵向政府间的财政缺口就成为转移支付的重要目标之一。

(三) 纠正横向政府间的财政非平衡

任何一个国家，无论实行何种财政体制，地区之间都会因自然资源禀赋、经济发展水平、产业结构、市场化程度、征税能力的不同，使在税基

---

① 需要说明的是，这里的地方政府是一个整体的范畴。因为，从整体来考察的地方政府存在收不抵支的财政缺口，但这并不排斥某些地方政府存在收大于支的财政盈余。

第七章 财政分权框架下转移支付制度优化：基于财政均等化视角

规模和财源的集中度方面存在很大空间差异；此外，地区之间由于地理位置、自然条件、人口规模与结构等方面的区别，因而在提供单位公共服务所需要的财政支出上也表现出较大的不同。这两方面因素的共同作用，客观上必然会出现各地区在财政收入能力与公共服务供给能力上的非均衡。这种地方政府间财政能力的非平衡不仅违背财政的横向公平原则，也将造成效率的损失。

财政的横向公平是指同样状况的人应享受同等的财政待遇。在布坎南（1950）看来，这种同等的财政待遇应把人们从财政提供的公共服务中获取的收益和承担的税负统一考虑。[①] 为此，布坎南提出财政剩余（人们从公共提供的产品和服务中享受到的利益与付出的成本之间的差额）范畴来阐释财政公平。从这个意义上说，横向财政公平可理解为同等状况的人无论其居住在哪个地区都应该享有相同的财政剩余。可是，在分级的财政体制中，具有自身目标函数的地方政府各自在一定的行政边界内征集税收和提供地方性公共服务。在这种情形下，地方政府间财政能力的非平衡将使同样状况的居民因生活在不同辖区而享有不同的财政剩余，亦即发达地区的居民比落后地区享有更多财政剩余，这就破坏了同样状况的人享受相同财政待遇的横向公平原则。不仅如此，Oates（1972）认为，地区之间不同的财政收入水平导致的财政横向非平衡会诱使人们重新选择居住地区，而这种由于财政待遇不同而非要素价格差异所引发的财政诱导性迁移会造成资源配置的效率损失。[②] Aronson（1985）也支持这个观点，他认为，这种财政诱导的人口跨区域流动不仅会扩大原有的财政不公平，还会导致效率上的损失。[③] 对此，横向政府间财政非平衡的现实客观上要求中央政府建立起有效的转移支付机制，协调发达地区和落后地区的财政能力，使无论居住在哪个地区的居民都享有大致均等的民生类公共服务，实现财政的横向公平目标。

[①] Buchanan, J. M., "Federalism and Fiscal Equity". *American Economic Review*, Vol. 40, No. 4, September 1950, pp. 583–599.

[②] Oates, W. E., *Fiscal Federalism*. New York: Harcourt Brace Jovanovich, 1972, p. 83.

[③] Aronson, J. R., *Public Finance*. New York: McGraw-Hill, Inc., 1985, p. 166.

二 转移支付目标的现实选择：横向财政均等化①

转移支付目标的经济学分析表明，各国转移支付制度的设计通常要考虑内部化溢出效应、实现财政的纵向平衡和横向平衡等多维目标。但进一步考察这些目标之间的关系可以发现，实现财政的横向平衡进而实现地区间民生类公共服务的均等化是最为根本性的目标。因为，民生类公共服务一般都是外溢效应较大的公共物品，如天然林保护、退耕还林还草、义务教育、社会保障、公共医疗等，中央政府往往针对这些具有外溢效应的公共服务加大对贫困地区的有条件（专项）转移支付，激励贫困地区的地方政府增加民生类公共服务的供给，这既可以内部化公共服务的受益外溢效应，也为改善落后地区民生类公共服务的水平，实现地区之间民生类公共服务的均等化发挥了重要作用。从这个角度说，基于内部化公共服务的受益外溢效应的目的而实行的转移支付实际上是有助于实现区域间民生类公共服务的均等化。另外，纠正地方政府财政的横向非平衡事实上也是有利于纵向非平衡或财政缺口的弥补。分权体制下中央政府弥补地方政府的财政缺口所需要的转移支付数量一般取决于地方政府所能筹集的财政收入与其支出需求的差额。对于支出需求的衡量，实践中大多数国家一般选用民生类公共服务水平作为代理指标。在此基础上，根据地方政府提供民生类公共服务所需财政支出与实际财政收入之间的缺口最终确定转移支付额度。可见，中央政府正是通过确保民生类公共服务的横向均等化来解决纵向平衡问题。所以，在转移支付制度所追求的目标体系中，财政的横向平衡或均等化是各国中央政府所要考虑的核心目标。

明确目标是设计与建立规范的转移支付制度的根本依据，具体目标的选择则必须由本国实际情况和现实需要来决定。对于地域辽阔、人口众多且经济社会发展不平衡的中国来说，实现财政的横向均等化更应成为中央政府的现实选择。改革开放以来，为缓解财政上的压力和增强中央政府的宏观调控作用，我国实施了自上而下的循序渐进式的分权化改革。特别是

---

① 财政均等化包括纵向财政均等和横向财政均等，若无特别说明，本书分析的财政均等化指的是横向财政均等的概念。此外，财政均等化程度也代表了地区之间民生类公共服务的均等化程度。因为，各辖区居民享受的公共服务主要由两部分构成：一部分是中央政府提供的全国性公共服务；另一部分是各地方政府提供的地方性公共服务，其主要取决于各地方政府的财政能力。财政能力差异是导致地区之间公共服务供给水平差异的主要原因。所以说，财政均等化与地区之间民生类公共服务均等化属于同一范畴。

第七章 财政分权框架下转移支付制度优化：基于财政均等化视角

1994年的分税制改革从根本上规范了中央政府与地方政府之间的财政利益关系，由此也确定了我国财政分权体制的基本框架和现实格局。这种制度安排使地方政府从此享有一定的受制度保障的财政收入剩余索取权，从而激励地方政府推动经济增长，以便分享到较大比例的财政收益。不仅如此，我国在经济领域分权的同时也保持了政治领域的集权，中央政府对地方政府官员的考核、晋升具有绝对的权威，在现行以经济绩效为核心的考核机制下，地方政府为实现晋升最大化而加快经济增长。因此，中国体制转轨时期政府多级财政分权与单一政治集权相结合的分权模式，赋予地方政府特有的双重激励，即财政激励和政治激励，共同驱使地方政府为推进本地区经济增长而展开异质性的标尺竞争。而加快经济增长需要大量的资源，在国有资本和私人资本面临流动性约束的情况下，地方政府间标尺竞争的重要策略就是竞相吸引外商直接投资。这种日益激化的异质性财政竞争扩大了地区之间在初次分配领域的财政能力差距，使原本财政就相对脆弱的落后地区进一步陷入财政的困境，在地方民生类公共服务的供给上更是捉襟见肘。此外，地方政府为获取更大的财政规模，纷纷向中央政府竞争财政转移支付资源，1994年分税制改革以来的转移支付制度便是发达地区、落后地区与中央政府三方博弈的结果，在这种"跑部钱进"的博弈过程中，由于发达地区在博弈中占据着优势地位，使其在财政资源的分配格局中享有更多的利益，而本身基础财力较弱的落后省份反而获得较少的转移支付，所以，现行的转移支付制度也无法有效控制地区间财政能力差距的扩大。本书运用分税制改革以来1997—2010年31个省级辖区的财政数据，对我国总体转移支付及其各分项转移支付的横向财政均等化效应的经验研究也充分证明了这一结论。可以说，在收入权高度集中且事权高度分散的分权格局下，我国现行转移支付体制主要实现的是中央政府的纵向控制意图，而财政均等化目标在多重目标体系中被置于相对次要的地位。即使从国际财政实践的比较来看，财政转移支付的主要目标也只是定位于实现各辖区间地方政府民生类公共服务供给能力的均衡，而并非要照顾各地区的既得利益。[①]

因而，为了有效发挥转移支付制度的财力均等化效应，使居住在不同

---

① 沙安文、乔宝云：《政府间财政关系：国际经验评述》，人民出版社2006年版，第133页。

辖区的居民享受大体均等的基本社会福利或公共服务，中央政府应该重新明确财政均等化的转移支付目标，充分发挥国家财政的再分配职能，调整地方现有利益格局，逐步缩小地区间财力差距，真正建立以居民享有公共服务大致均等的均衡性转移支付制度。在财政均等化目标的纲领性指导下，现阶段转移支付改革的取向或近期目标是在区域分配上应加大对经济落后的中西部地区均衡性转移支付力度；项目分配上主要向教育、医疗、社会保障等民生领域倾斜；结构分配上逐步建立以一般性转移支付为主、专项转移支付为辅的转移支付体系；分配模式上更加真实地反映各地区财政收入能力和财政支出需求，从而实现分权体制下现行转移支付分配结构和分配方式的系统优化，进而实现各地方政府间民生类公共服务供给能力的均等化，使无论居住在任何地区的居民都能享有大致相当的教育、社会保障、医疗、就业等方面的机会和服务。

第二节　转移支付结构的优化：以均衡性转移支付为主导

转移支付已成为市场经济国家处理中央与地方政府间财政分配关系的普遍做法和基本方式，其转移支付形式结构的选择根据中央政府政策目标加以确定，为此世界上大多数国家一般都采取了均衡性（一般性）转移支付和专项转移支付两种形式，并以均衡性转移支付为主体。其中，均衡性转移支付是指未指定用途的转移支付，其目标是重点化解各级政府间财政收入能力与支出责任不匹配问题，促进各地区之间财政能力的均等化；而专项转移支付属于有条件转移支付，旨在实现中央政府的特定政策目标。对于我国来说，现行转移支付的目标定位并不明确和统一，在财政体制改革进程中逐渐形成了税收返还、原体制补助（或体制上解）、过渡期转移支付（2002年后为一般性转移支付）、专项转移支付、结算补助与其他补助等多种形式（见表7-1）。并且，地区间财力差异促增的税收返还和专项转移支付占据总体转移支付的较大份额，自1999年以来一直维持在60%左右，而以一般性转移支付为主的财力性转移支付虽然近年来有所增加，但总体来看还比较低（见表7-2）。因此，借鉴国际经验，我国应进一步优化转移支付的结构，逐步扩大一般性转移支付的规模，最终建立以均衡性转移支付为主导、以专项转移支付相配合的转移支付结构体系。

表 7-1　中国财政转移支付种类与目标

种类	细类	目标
税收返还与体制补助（或体制上解）	税收返还	尊重地方既得利益，保证改革的顺利进行；解决纵向财政失衡问题
	体制补助（或体制上解）	
中央对地方的财力性转移支付	一般性转移支付	均等化地方政府公共服务能力
	民族地区转移支付	
	调整工资转移支付	
	农村税费改革转移支付	
专项转移支付	支援农业支出、基本建设支出、支援不发达地区支出、重大自然灾害救济支出等专项转移支付	特定用途

资料来源：中国社会科学院财政与贸易经济研究所：《走向"共赢"的中国多级财政》，中国财政经济出版社 2005 年版，第 156 页。

表 7-2　中央对地方各项转移支付的规模和比重（1995—2010 年）　单位：亿元、%

年份	中央对地方转移支付 指标值	税收返还 指标值	比重	专项转移支付 指标值	比重	财力性转移支付 指标值	比重
1995	2533	1867	73.71	291	11.49	375	14.80
1996	2672	1949	72.94	235	8.79	489	18.30
1997	2801	2012	71.83	273	9.75	516	18.42
1998	3285	2083	63.41	313	9.53	889	27.06
1999	3992	2121	53.13	511	12.80	1360	34.07
2000	4748	2207	46.48	893	18.81	1648	34.71
2001	6117	2309	37.75	1605	26.24	2204	36.03
2002	7353	3007	40.89	1944	26.44	2402	32.67
2003	8058	3425	42.50	2241	27.81	2392	29.68
2004	10379	3609	34.77	3352	32.30	3423	32.98
2005	11474	3758	32.75	4177	36.40	3529	30.76

续表

年份	中央对地方转移支付	税收返还		专项转移支付		财力性转移支付	
	指标值	指标值	比重	指标值	比重	指标值	比重
2006	13491	3930	29.13	5160	38.25	4412	32.70
2007	18112	4121	22.75	6898	38.08	7093	39.16
2008	22994	4286	18.64	9962	43.32	8746	38.04
2009	28564	4887	17.11	12360	43.27	11317	39.62
2010	30611	5004	16.35	13311	43.48	12296	40.17

注：这里的财力性转移支付包括原体制补助、一般性转移支付、民族地区转移支付、调整工资转移支付、艰苦边远地区津贴补助、农村税费改革转移支付、降低农业税率转移支付、结算补助以及其他补助等。

资料来源：根据历年《中国财政年鉴》整理而得。

一 调整反映既得利益的转移支付

税收返还是中央政府为了顺利推行分税制改革而采取的保护地方既得利益格局的一种转移支付形式。这种与地区经济发展水平紧密挂钩，且以基数逐年递增的税收返还制度使原本财力充裕的经济发达省份获得的返还额较多，而财力薄弱需要财政支持的落后省份获得的返还额却较少，从而强化了区域经济发展中的"马太效应"。从中央对地方各项转移支付的规模和比重看（见表7-2），税收返还占中央对地方转移支付的份额较大，分税制改革后的1995年甚至高达73.71%，随后逐年下降，不过在2010年仍占16.35%。相对于其他形式的转移支付，税收返还占总体转移支付的规模和比重都呈现出下降趋势。尽管如此，实证研究表明，这种无视地域差别的税收返还制度，不仅未能从根本上解决初始财力分配不均和公共服务地区差距较大的问题，反而在新体制下固化了原有财力不均等格局，与财政均等化的目标背道而驰。因此，为了确保中央政府拥有更多的均衡性转移支付资金，并在较大程度上减少地区间财力差距，中央政府应该逐年降低直至最终取消税收返还制度。鉴于税收返还仍是我国现阶段最主要的转移支付形式，关系着地方的既得利益，如果采取贸然取消等激进的改革措施必然面临着较大的阻力。所以，未来比较稳妥的改革取向应该是，继续保持现行税收返还的运行方式，每年从中央对地方的税收返还额中分割出适当比例归并到更具有均衡性的一般性转移支付中。该比例的选择可以酌情而定，在改革的初期应设计得低一些，此后逐年递增，并在若干年后被规范性的一般性转移支付制度所最终取代。① 这既可以逐渐调整地方既得利益以减少体制改革的阻力，又可以维持一般性转移支付规模的持续增长，能够在一定程度上缓解并逐渐缩小地区之间的财力差距。

原体制补助（或原体制上解）是从原财政包干体制沿袭下来的转移支付形式，结算补助则是中央财政对下级财政在每个财政年度内因体制变动、中央新出台的政策措施而对地方财政收支带来影响进行的调整，两者实质也是对地方既得利益的维护。此外，原体制补助和结算补助是"自上而下"和"自下而上"的双向流动的资金转移，其补助或上解额度都是中央政府和地方政府之间讨价还价的结果，缺乏公平性和科学性（刘剑、张筱峰，2002）。② 所以，原体制补助与结算补助难以发挥缩小地区间财力差距的作用。未来改革的思路是将原体制补助和结算补助的转移支付资金归并到一般性转移支付中进行统筹，并按均等化原则进行分配。

二　完善财力性转移支付

财力性转移支付制度是中央财政为了均衡地区间财力差距和促进公共服务均等化建立的，理应成为实现财政均等化的主要转移支付形式。在财力性转移支付类型中，一般性转移支付将初始目标定位于调节横向财政失衡，提高地方政府特别是落后地区的财政能力，使其能够提供与其他发达地区大致相同的公共服务。但受客观条件的限制，近期内一般性转移支付的目标只是缓解财政困难地区财政运行中的突出矛盾，保障机关事业单位职工工资发放和机构正常运转等最基本的需要，所以现行一般性转移支付资金的分配公式主要考虑的是财政供养人口因素。除因素选择问题外，一般性转移支付分配的资金规模也相当有限。世界各国基本都将一般性转移支付作为中央对地方转移支付的主要形式，其占全部转移支付的比例维持在50%左右。但我国的现实情况是中央政府财力不足，用于均衡地区间财力差距的一般性转移支付资金偏少。以2005年为例，我国一般性转移

---

① 此改革方案受李齐云（2003）思想的影响，他认为，税收返还的切割比例在初始年度可以为10%，以后逐年增大切割比例，如每年增加2个百分点，切割到一定比例，可以实现与规范体制并轨。

② 刘剑、张筱峰：《完善我国政府间财政转移支付制度的政策建议》，《中国软科学》2002年第9期。

支付占全部转移支付的比重仅有 9.8%。这些因素都导致一般性转移支付难以有效发挥促进地区间财政均等化的作用。因此，中央政府应进一步完善一般性转移支付制度，将一般性转移支付目标定格在弥补财政实力薄弱地区的财政缺口，均衡地区之间的财力差距，使各地区拥有基本的财政能力提供水平大体相当的公共服务，在此目标引领下科学设计基于常住人口而不是财政供养人口的一般性转移支付公式。鉴于我国地区之间财政能力差距较大的事实，中央政府有必要拥有一个较大规模且不断增长的一般性转移支付。为此，中央政府可以通过对现行转移支付形式加以整合和规范的方式逐步扩大一般性转移支付的规模，使其成为转移支付的主要形式，更为重要的是，应对一般性转移支付的资金来源做出规范化的制度性安排，从而建立一般性转移支付资金的稳定增长机制，增强地方政府获得一般性转移支付资金的可预见性。

调整工资转移支付、农村税费改革转移支付、民族地区转移支付等其他类型的财力性转移支付都是由于中央的政策调整而形成的临时性转移支付，从表面上看，这些财力性转移支付具有专项转移支付的特征，但中央政府对地方政府在资金的使用上并未作具体的规定，且主要投入的领域是经济落后的中西部地区，因此，从资金的性质上看，这些资金具有一般性转移支付的性质。正是从这个角度说，可以将这些分散的财力性转移支付整合为统一、规范的一般性转移支付。

三 规范专项转移支付

专项转移支付是中央政府为了实现特定宏观政策目标，以及委托地方政府代行的一些中央政府职能进行补偿而设立的。与一般性转移支付不同的是，专项转移支付资金接受者必须按规定的用途使用款项，所以它可以更直接、有效地贯彻中央政府的政策意图。在分税制国家里，专项转移支付的范围一般都限定于外溢性突出、需要政府之间共同分摊其成本的某些公共事业项目内，更为重要的是，专项转移支付资金的分配一般都有规范的程序与相应的法规作为依据（李齐云，2003）。[①] 与之相比，我国专项转移支付的分配范围则较为广泛，且近年来中央对地方政府的专项转移支付占总体转移支付的份额逐渐扩大，远远超过一般性转移支付的规模，成为转移支付的主要形式。在中央财力有限的约束下，补助范围过宽和补助

---

① 李齐云：《分级财政体制研究》，经济科学出版社 2003 年版，第 273—274 页。

规模过大都将影响一般性转移支付在均衡地区间财力差距方面的正面效应。同时，专项资金在各地区之间的分配缺乏统一、规范的科学依据和标准，存在"撒胡椒粉"、"讨价还价"等随意性问题，这种随意性为地方政府提供了向中央政府争取专项转移支付资金的博弈空间，由于经济落后省份往往要价能力低，专项转移支付资金的分配更倾向于具有更强竞争力的富裕省份。这种不均等的分配方式客观上拉大了地区间的公共服务财政能力差距。

因此，中央政府应该进一步规范专项转移支付，完善有条件转移支付制度。一是严格控制专项转移支付范围和规模。归并和清理目前分散、复杂的专项转移支付项目，把专项转移支付的范围限制在具有溢出效应的跨区域和全国性的公共服务项目上，对于由地方政府财政负责的纯地方性公共服务项目，中央不应当进行专项拨款。另外，专项转移支付作为转移支付的辅助形式，其相对规模应该控制在转移支付总额的合理比例之内，为此，下一步渐进改革思路是，逐步降低专项转移支付占总体转移支付的份额，将其置换出来的财力纳入一般性转移支付由地方政府统筹安排，中央仅留下必需的专项转移支付资金。二是改革专项转移支付的分配方式。专项资金的分配应充分考虑各地区财政收入能力和公共服务供给成本的差异，并逐步纳入法制化轨道以减少专项资金分配的随意性，从而与一般性转移支付协调起来，共同提升财政转移支付的整体均衡功能。

第三节 转移支付分配模式优化：建立以公式为基础的均等化分配机制

如上所述，中国现行的政府间转移支付资金的分配，除了过渡期转移支付之外，多数转移支付项目基本上都是按照基数法和中央与地方政府之间博弈的方式进行的。这种分配模式容易受到利益异质的地方政府行为的影响，使转移支付资金往往流向具有相对强势的利益集团或经济发达地区的地方政府，而实力较弱的落后地区的地方政府则处于不利地位。正因为地方政府的行为可以改变转移支付资金的流向，导致分级财政体制下的中央与地方政府之间的利益分配格局长期以来始终处于一种不确定的状态，对于中央政府的补助额度地方政府也无法形成一种稳定的预期。[①] 这与规范化和科学化的转移支付制度相去甚远，也不符合以实现财政均等化为目标的公共财政体制的核心要义。因此，中国现行转移支付制度改革的路径是建立"因素法"确定的以公式为基础的均等化分配机制，使转移支付资金的分配随指定的公式变化，而不是因地方政府的行为发生改变，从而使中央政府从获取地方政府支持的压力中真正解脱出来，也为地方政府提供具有可预见性的转移支付资金。

一 财政均等化模式的比较与启示

财政均等化模式的不同选择将决定财政均等化对象和均等化程度，也将决定转移支付公式中指标的选取和计量模型的设计。在财政联邦主义中，财政均等化的模式主要有两种不同的阐释：一种是财政能力均等化模式（Fiscal Capacity Equalization）。这种模式要求转移支付从拥有较高人均收入和较低人均需求的辖区转移至拥有相反特征的辖区，旨在实现各辖区财政业绩的均等，保证各个辖区拥有实现同一公共服务供给水平的能力。在具体实践中，美国、加拿大、澳大利亚、德国和瑞士等联邦制国家广泛采用了这一均等化模式。[②] 另一种是横向公平均等化模式（Horizontal Equity Equalization）。在布坎南（Buchanan，1950）看来，并不存在某种道德上公允的法则，要求所有州在财政转移支付的帮助下拥有均等的财政能力。[③] 由此，布坎南提出了横向公平均等化的模式，该模式强调中央政府对收入分配的调节应针对个人，保证使同一联邦体制内两个拥有相同福利水平的人，不论其居住在哪个辖区，都可以享受到同等水平的财政服务。也就是说，同等状况的个人应该获得相同的净财政剩余（财政支出收益与税收负担之间的差额）。

---

① 即使采取因素法的过渡期转移支付，同样存在转移支付分配方法的不稳定问题。1995年开始实行过渡期转移支付办法，中央财政从增量中拿出部分资金，选择地方财政收支影响较大的客观因素与政策性因素，确定对地方的补助。在此基础上，1996—1998年过渡期转移支付办法又做了进一步的改进，主要以标准收入代替财力，标准支出的测算进一步细分，调整了政策性转移支付中财力指标口径（李齐云，2003）。转移支付办法的频繁变更，显然不利于地方政府形成稳定的预期。

② 以加拿大为例，该国均衡性转移支付制度的特点主要体现在以下三个方面：一是将均衡性转移支付设定为各州政府财政收入能力；二是采用全国5个中等收入省的平均人均财政收入能力作为均衡标准；三是单一的均衡目标。

③ Buchanan, J. M., "Federalism and Fiscal Equity". *American Economic Review*, Vol. 40, No. 4, September 1950, pp. 583 – 599.

两种模式的根本区别在于,财政能力均等化模式关注的是地区之间公共服务的均等,而横向公平均等化模式则把焦点放在个人之间公共服务的均等上。博德韦(Boadway,1982)指出,虽然横向公平均等化模式在理论上可行,但具体实践的效果并不理想。[①] 实际上,布坎南也承认基于个人的横向公平原则容易界定,却不容易付诸实践。因此,财政联邦主义国家转移支付制度的设计一般都采用了财政能力均等化模式。对于幅员辽阔、人口众多、资源相对匮乏的我国来说,各地区之间经济社会发展极不平衡,公共服务的供给能力存在显著的差异。此外,尽管中国实行的是高度集权的单一体制,但在财政体制上具有"联邦主义"的特征。鉴于上述考虑,转型中的我国选择财政能力均等化模式是必要的也是可行的,这有利于平衡地区之间公共服务的财政能力差距,确保贫困地区也能提供与富裕地区大体相当的民生类公共服务。

二 均等化转移支付公式的设计

财政能力均等化模式为转移支付公式设计提供了重要思路,虽然这种模式以财政能力为核心,但均等化公式的设计并不局限于财政能力的单方面测量。因为辖区之间在地理位置、自然条件、人口规模与结构等方面存在差别,使得各辖区具有不同的财政支出需求。在这种情况下,各辖区即使拥有相同的财政能力,提供单位公共服务所需要的财政支出成本上也表现出较大的差异,导致各辖区居民享有不同的净财政收益,财政支出需要高的辖区居民净财政收益低。为此,各国根据自身社会历史进程、政策发展定位以及公共管理能力进行财政能力或财政支出需求要素的选择。[②] 实际上,均等化转移支付公式的基本目标就是弥补财力相对薄弱地区的财政收支缺口,因此,转移支付资金的分配依据只能是接受补助地区财政能力与支出需求的差额。从这个层面上说,一个更贴近现实并且体现公平的转移支付公式应该兼顾财政能力和财政支出需求这两方面要素。

(一)财政能力的测量

财政能力是指地方政府为了提供"一揽子"标准化的公共物品和服

[①] Boadway, Robin, Revisiting Equalization Again: Representative Tax System vs Macro Approaches. Working Paper. Institute of Intergovernmental Relations, Queen's University, Kingston, On, Canada, 2002.

[②] 例如,加拿大和德国选择了均衡政府间的财政能力,保证各州政府拥有不低于全国某一水平的财政收入;英国选择的是均衡地区间人均财政支出;澳大利亚则选择了均衡政府间的收入能力和支出需求的差异,通过测算各州的财政能力和支出需求,致力于缩小两者的缺口。

务而从所辖资源中筹集财政收入的潜在能力。财政能力的度量方法较多，但最为普遍的方法是代表税制法和宏观指标法（Shah，2006）。① 根据李齐云（2003）的思路，各地区财政收入能力的测量应尽可能地采取各种税种的税基进行核算的方法。② 这种方法核算的理论财政能力（即标准财政收入）主要包括两个部分：一是对于拥有税基数据的税种（如增值税、营业税、企业所得税、个人所得税、资源税、城市维护建设税与契税等），分别以每种税的税基乘以该税种的税率，测算出各种税种理应征得的收入；二是对于那些目前缺乏税基统计数据的税种，则可以暂时按照财政预算收入占国内生产总值的比重进行测算。其具体测算公式为：

$$RE = \sum T_i \times R_i + GDP \times R_e$$

式中，RE 表示地区理论上的财政能力；T_i 表示某种税的税基；R_i 表示某种税的税率；R_e 表示平均财政收入率。

（二）财政支出需求的测量

财政支出需求是各辖区居民的公共服务需求，也是各级政府为履行基本职能必须保证的公共性支出。由于各地区经济发展水平、自然地理、历史文化等存在显著的差异，居民间的公共服务需求偏好也不同且具有动态性，因此，支出需求的度量远远比财政能力复杂和困难，对于异质性很强的中国来说更是如此。目前，常用方法有前期支出水平、相对需要加权指数、人均平等支出标准、自上而下的人均财政支出标准、自下而上的实物标准、代表性支出系统等（Shah，2006）。③ 事实上，无论选用何种方法，首先必须对影响支出需求的因素做出合理的选择。正是源于我国各地区自然因素、社会因素和经济因素等客观因素的差异，导致各地区即使提供大致相同的公共服务也存在支出成本的差异，因而，应该在考虑影响支出成本的因素的基础上估算各地区的标准化支出需求。并且，这些因素是一些不易受到人为控制的、影响各地区财政支出需求的常规性客观因素。鉴于财政支出需求刻画的是能够保障各地区供给民生类公共服务的能力，因此在测算财政支出需求时，可以选择与行政事业支出具有较强相关性的因

---

① Anwar Shah, "A Fiscal Need Approach to Equalization". *Canadian Public Policy*, Vol. 22, No. 2, June 1996, pp. 99 – 115.
② 李齐云：《分级财政体制研究》，经济科学出版社 2003 年版，第 348—349 页。
③ Anwar Shah, "A Fiscal Need Approach to Equalization". *Canadian Public Policy*, Vol. 22, No. 2, June 1996, pp. 99 – 115.

素，主要包括各地区总人口、国有单位职工占人口的比重、人口密度以及人均国内生产总值等。在此基础上，参照李齐云（2003）方法，财政支出需求的测量可从以下三个步骤展开：一是测算确定各因素的系数，各系数相加得到各地的调整系数；二是以全国人均财政支出乘以各省的调整系数，得到各省的标准人均财政支出需求；三是以标准人均财政支出需求乘以各省的人口数，从而得到各省的财政支出需求总额。① 其具体的测算公式为：

$$EX = EE \times (a + b \times P_s/P + c \times A/P + d \times GDP/P) \times P$$

式中，EX 为标准财政支出需求；EE 为全国人均财政支出水平；P 为总人口；P_s 为国有单位职工人数；P_s/P 为国有单位职工人数占总人口的比重；A 为地方行政区划面积；A/P 为人口密度的倒数；GDP/P 为人均 GDP；a、b、c、d 均为系数。

该财政支出需求测量公式的优点在于，保证了即使是税基较小的贫困地区也有能力按照全国平均税率达到全国平均人均公共支出水平。同时，该公式充分考虑了各地区在人口密度、经济发展水平等方面的区域差异，真实体现出每个地区的需求特征。最后，通过审慎估量的各地区的财政收入能力和支出需求的差额来最终确定合理的转移支付额，从而建立起真实反映各地区财政收入能力和财政支出需求的均等化转移支付制度。

---

① 李齐云：《分级财政体制研究》，经济科学出版社 2003 年版，第 348—349 页。

第八章　主要结论与研究展望

转轨时期区域之间民生类公共服务差距的形成与扩大，与我们构建社会主义和谐社会、实现中国经济的包容性增长的美好愿景背道而驰。有鉴于此，本书始终立足于区域之间协调可持续发展的理念，在转型中的财政分权体制框架下对我国区域民生类公共服务差距的形成机制做出了理论解释和经验实证，并试图通过制度创新与机制创新构建出缩小区域民生类公共服务差距的中央政府主导的政策框架。本章将对全书的研究做一个总结，在此基础上，再对后续的研究做出展望。

第一节　主要结论

中国是一个地域辽阔、人口众多与地区差异显著的转型大国，从1978年开始了市场化导向的渐进式的经济体制改革，我国的财政体制也在计划经济向市场经济的转型过程中逐步由集权型向分权型演变。可以说，财政分权体制改革一直是我国经济转型的重要内容。这种具有中国特色的制度安排使地方政府逐渐拥有财政收入的剩余索取权和剩余控制权，从而为地方政府发展经济提供了重要激励，促进了中国经济的持续增长与繁荣。但随着财政分权化改革正面效应的不断释放，地区政府为增长而竞争的负面效应也日益凸显。其中，最令人关注的现象是，不同地区的居民在基础教育、医疗卫生、社会保障等民生类公共服务的享有机会上并不均等，这势必危及中国和谐社会的构建、经济的稳定协调与可持续增长。从党的十七大报告可以看出，党和政府殷切期望通过区域民生类公共服务均等化战略来实现区域协调发展的目标。在此背景下，我们必须对我国区域民生类公共服务差距的现状加以动态认识，对此差距的形成机制加以合理阐释，以及对治理差距的政策路径加以系统构建。为此，本书在对区域民生类公共服务差距进行综合评价基础上，试图以新政治经济学为理论基础和分析范式，以地方政府行为模式为逻辑载体，在一个统一的框架中揭示出转型中的财政分权与区域民生类公共服务差距的内在机制，并找到契合中国经济政治体制背景的治理区域民生类公共服务差距的有效路径。本书主要结论如下：

第一，当前我国地区间民生类公共服务的供给水平仍不均衡，东部地区整体上比中西部地区享有更多的民生类公共服务资源，此外，不同民生类公共服务项目区域非均衡程度存在显著的差异。区域民生类公共服务差距的评价首先需要明确民生类公共服务的范围。考虑到民生类公共服务的基础性、公共性和阶段性属性，本书认为，在经济社会的转型时期应该首先纳入民生类公共服务的是基础教育、公共医疗、社会保障、公共安全、环境保护、科学技术等。在民生类公共服务范围界定的基础上，本书基于民生类公共服务产出的维度，充分考虑地区间单位公共服务供给成本差异、辖区居民的消费需求以及地方政府的财政支出偏好，尝试构建了一个包含4个级别共20个指标的区域民生类公共服务综合评价指标体系。并选择分税制改革以来2000—2010年31个省（自治区、直辖市）的面板数据，运用多指标综合评价方法对地区间民生类公共服务总体和具体项目差距作出实证评价。研究结果表明，与不同地区居民应该享有大致均等的民生类公共服务资源这一世界普遍接受的价值标准相比，我国地区间民生类公共服务差距总体仍然较大；而各类民生类公共服务项目间区域差距程度存在显著的差异，特别是备受社会成员高度关注的公共卫生、社会保障以及基础教育存在较大的地区差距。

第二，转型时期政府多级财政分权与单一政治集权相结合的分权模式，赋予地方政府特有的双重激励，即财政激励和政治激励，共同驱使地方政府为推进本地区经济增长而展开财政竞争。伊斯特利（2005）在基于对发展中国家的实践观测，提出了"把激励搞对"是促进经济增长的根本保证。对中国而言，财政分权体制正好为地方政府搞对了激励。从财政体制的演进脉络可以看出，尽管分税制改革前后分权形式和程度处于变动之中，但财政体制的高度分权特征并未改变。这种财政分权体制使地方政府从此享有一定的受制度保障的财政收入剩余索取权和财政支出的控制权，从而激励地方政府推动经济增长以便分享到较大比例的财政收益。这也在客观上使地方政府逐渐成为利益意识和利益取向都独立化且明晰化的利益主体。然而，财政激励并不构成地方政府面临的全部激励。中国财政分权的独特之处就在于在经济领域分权的同时保持了政治领域的集权，中央政府对地方政府官员的考核、晋升具有绝对的权威，在现行以经济绩效为核心的考核机制下，追求晋升最大化的地方政府会非常理性地把其所有的努力都投向能获得高额回报（政治利益）的任务中，亦即加快地方经济发展，以此向中央政府传递出更为明显的政绩信号。对于大多数分权国家来说，实施经济分权和保持财政上的激励是容易的，但很难同时保证与中国一样的政治激励。正是中国体制转轨时期政府多级财政分权与单一政治集权相结合的分权模式，为地方政府创造了财政激励和政治激励的双重激励结构，在此激励下，地方政府被驱动的方向将是为经济增长展开标尺竞争。因为这种原因，地方政府的行为模式在性质上往往有利于经济增长而不是阻碍经济增长，发展型或经济增长型的政府也由此形成，这也是理解改革开放30多年来中国经济的高速增长和与之伴随的区域间民生类公共服务差距扩大问题的关键线索。

第三，财政分权体制下地方政府之间的财政竞争行为扩大了地区间公共服务供给能力的差距，使财力较差的地区政府在民生类公共服务供给上严重不足。在理论上，地方政府间为吸引流动性要素而展开的税收竞争行为是异质性的。具体来说，落后地区由于经济规模、市场化程度以及产业集聚水平不及发达地区，在面临刚性的财政支出的约束下，地方政府不得不更多地依赖税收优惠途径吸引要素，结果在短期内毁灭了当地未来的税源；而发达地区一方面凭借其在资本市场上的相对垄断势力，可以保持相对较高的税率，另一方面又积极改善公共服务的质量以增强投资的吸引力。地方政府的这种异质性的税收竞争行为对不同地方政府的财政能力造成影响，可能导致初始财政就相对脆弱的落后地区进一步陷入财政的困境，进而拉大地区之间财政收入的差距。此外，地方政府为获取更大的财政规模以增进集团自身的利益，纷纷向中央政府竞争具有再分配性质的转移支付资源。由于东部发达地区向中央政府施加的政治压力更大，因而比基础财力较弱的中西部落后地区获得更多的转移支付资源，这将进一步扩大地区之间的财力差距。

在实证上，本书选择分税制改革以来1997—2010年31个省级辖区的财政数据，综合运用收入分配文献发展出的基尼系数和广义熵值数等不平等度量指标，对地区间的财力差距及变动趋势进行更科学的刻画。在此基础上，利用 Lerman 和 Yitzhaki（1985）的基尼系数分解方法与 Shorrocks（1982）的分解方法，系统探究我国地区间财力差距的形成机制。研究发现，分税制改革后我国省际人均总体财力差距依然较大。通过省际财力差异各收入来源的分解表明，地方政府差异化的税收竞争策略导致了省际本级财政收入差距的不断拉大，并且本级财政收入是造成省际人均总体财力差异的主要因素，平均解释了 60% 左右的总体财力差距；而省级财力来源的另一部分总体转移支付不但不能有效发挥平衡地区之间财力差距的作用，反而对总体财力不均等贡献了 40% 左右的份额；从具体转移支付项目看，反映既得利益的税收返还、各种补助以及专项转移支付是引起财力不均等的主要因素，其中以税收返还的贡献度最大，而财力性转移支付是总体财力不均等贡献最弱的项目。这说明，由发达地区、落后地区与中央政府利益博弈所产生的现行转移支付政策具有"逆向"调节功能。

第四，财政分权体制下为增长而竞争的激励扭曲了地方政府的支出偏好，更为重要的是，这种扭曲的支出偏好具有显著的空间异质性，从而直接表现为区域之间民生类公共服务的供给差距。在中国特有的财政分权体制激励与约束下，地方政府财政支出的整体取向可能是加大基本建设等公共投资，这不仅可以直接改善当地投资环境有助于吸引外资，从而实现任期内更快的经济增长和提升政绩。尽管科教文卫等公共服务对于提高居民的福利水平和促进长期的经济增长是至关重要的，但短期增长效应并不显著，自然不会成为地方政府的优先选择。因此，由于面临集权的政治体制与分权的财政体制的混合激励，承担多重任务的地方政府为加快经济增长将调整其财政支出的结构，从而形成偏重于短期增长效应显著的基本建设等公共投资，相对忽视基础教育、医疗卫生、社会保障等民生类公共服务供给的扭曲型支出偏好。而且，我国各地区政府之间其支出偏好扭曲的程度并不是相同的。对于那些至今尚未建立起有效反映居民合理诉求的呼吁机制且地方政府拥有更强烈的经济增长动机的落后地区来说，可能比发达地区更加重视财政支出结构中见效快的公共投资支出，忽略与民生息息相关的公共服务供给。这种差异化的支出偏好直接决定区域之间民生类公共服务的供给差距。

实证研究也充分证明了这一点。本书将运用 1987—2006 年的省级面板数据，考察了转型中的财政分权与地方政府财政竞争对不同地区地方政府支出偏好影响的方向和程度。研究发现，无论是经济较发达地区，还是欠发达地区；无论是东部、中部还是西部地区，财政分权对地方政府财政支出中公共投资支出比重存在显著的正面影响，而对公共服务支出比重则是显著的负面影响。更为重要的是，这种影响在区域之间并不是同质的，而是表现出明显的空间差异性，特别是在公共服务支出比重方面，经济欠发达地区、中西部地区财政分权对公共服务支出比重的负面影响显著大于经济较发达地区和东部地区。此外，实证还发现，尽管财政分权扭曲了地方政府尤其是中西部地区政府的财政支出偏好，但分税制改革本身使地方政府增加了公共服务支出比重，减少了公共投资比重，即在一定程度上修正了地方政府扭曲的支出偏好。实证研究结论也说明，西方传统的财政分权理论认为财政分权可以使地方政府的支出偏好与分散居民的需求偏好相匹配的观点在我国并不成立。因而，我们应该结合中国的转型经济体制背景，仔细考察保证地方政府具有合意性的种种条件。

第五，中央政府是制度的供给者，应该在财政分权体制框架下，进一步通过制度创新和机制创新改变地方政府的激励结构、优化地方政府的行为以及平衡地区间的财力差距。本书的理论和实证研究结果表明，区域民生类公共服务差距是地方政府财政能力和支出偏好共同作用的结果，而转型经济背景下的财政分权体制与地方政府财政竞争行为将深刻影响地方政府的财政能力和支出偏好。这就意味着，如何从根本上重塑地方政府特别是落后地区地方政府的支出偏好，增强对居民公共服务需求的回应性以及平衡地方政府之间的财政能力，将是中央政府未来政策的主要着力点。在此理念指导下，本书提出了契合中国经济政治体制背景的推进政府绩效评价制度、基层民主制度、户籍制度以及转移支付制度创新的可行路径，从而建构出中央政府为主导的多元的政策框架，以此加快地方政府从增长型政府向公共服务型政府的转型进程，增强转移制度财政均等化效应，从而逐步缩小区域民生类公共服务差距，从真正意义上实现无论居住在任何地区的居民都能够享有大致相当的民生类公共服务。

第二节 研究展望

首先，在财政分权体制下对具体的民生类公共服务项目做出系统的理论与实证研究。本书基于我国转型经济背景，把区域民生类公共服务差距问题纳入财政分权体制框架下，并以地方政府行为作为逻辑载体，从理论和实证层面系统探讨我国区域民生类公共服务差距的特征事实、形成机制与治理路径。本书认为，民生类公共服务是在一定的社会经济条件下，政府为保障社会全体成员基本的福利水平而向全体居民提供的大致均等的公共服务。考虑到民生类公共服务的基础性、公共性和阶段性特征，本书认为在经济社会的转型时期应该首先纳入民生类公共服务的是基础教育、公共医疗、社会保障、公共安全、环境保护、科学技术等。固然，区域民生类公共服务均等化的真正实现有赖于具体公共服务项目的均等化，而本书只侧重于对区域民生类公共服务差距进行总体的考察，对具体民生类公共服务项目差距并未作详细的分析。因此，下一步将对"十二五"时期民众更为关注的基础教育资源和医疗卫生资源的均衡配置问题作出系统研究，以期为政府实现民生类公共服务均等化的政策制定提供更多的理论支持和实践参考。

其次，构建财政分权、地方政府的财政竞争行为与区域民生类公共服务差距关系的理论模型。本书始终把新政治经济学作为一以贯之的理论基础和分析范式，试图揭示转型经济背景下财政分权引致的扭曲以及与区域民生类公共服务差距的内在机制和最佳契合点。严格来说，新政治经济学自身还不具备缜密、系统的理论架构，自然不属于一门边界清晰的学科，随着新政治经济学理论体系和分析方法的完善，将会对转型国家特别是我国的经济社会现象做出更科学的解释，包括本书探讨的财政分权与区域民生类公共服务差距问题。地方政府行为是探讨财政分权框架下区域民生类公共服务差距问题的逻辑载体，那么，对政府行为的假设就是至关重要的，这也是经济学规范分析的基本前提。本书借鉴了新制度经济学和公共选择学派的观点，把地方政府抽象为以效用或预算最大化为目标的利益主体。当然，现实中的地方政府所追求的利益应该是一个集合，这个集合可能包括了预算收入、政治晋升、地区利益等。如何在统一的模型中刻画一个更为真实的地方政府将是下一步的研究工作。在财政分权与地方政府的财政竞争行为对区域民生类公共服务差距的传导路径中，本书主要分析了财政分权与政府竞争对地区财政能力和支出偏好的影响。当然，除了财政能力和支出偏好这两个重要因素外，地方政府提供公共服务的成本也可能引起区域民生类公共服务差距。从这个角度看，在理论模型构造中纳入更多的因素可能有助于拓展本书的分析范畴。

再次，运用更多的方法对财政分权、地方政府财政竞争行为与区域民生类公共服务差距关系做出实证研究。在探究我国地区间财力差距的形成机制中，本书主要运用了 Lerman 和 Yitzhaki（1985）的基尼系数分解方法与 Shorrocks（1982）的分解方法。当然，这两种分解方法仍属于传统的分解方法，在收入分配领域最新的文献中，Fields 和 Yoo（2000）以及 Morduch 和 Sicular（2002）提出了基于回归方程的不平等分解方法，该方法的最大优点在于可以识别和量化所有影响不平等的因素。在下一步的研究中，可以运用这种方法考察地区间财力不平等的决定因素，从而对传统分解方法进行系统的敏感性检验。此外，在构建转型中的财政分权与地方政府财政竞争对不同地区地方政府支出偏好影响的计量模型中，财政分权是一个重要的解释变量。现有文献对财政分权度量指标的选择存在很大的争议，本书采用的是人均各省财政支出占总财政支出的份额指标，试图从财政支出的角度刻画中国财政分权的程度。显然，财政分权可以通过财政收入和财政支出两个方面来表现。因此，在已有指标选择的基础上，也可尝试从财政收入的视角设计财政分权指标，同时，纳入更多的合理控制变量，使本书的实证研究得到更加稳健的结果。

最后，契合中国的制度背景，进一步推进财政体制改革和构建与具体公共服务项目相适应的政策体系。根据理论和实证研究的结果，本书试图通过政府绩效评价制度、基层民主制度、户籍制度以及转移支付制度的创新构建出治理区域民生类公共服务差距的政策框架。事实上，缩小区域民生类公共服务差距不仅依赖上述制度的革新，还依赖于一些配套政策的完善。比如，进一步推进分税制财政体制改革，根据公共物品的属性和受益范围合理划分地方政府的事权并配置与之相一致的财权，建立转移支付资源分配的监管机构等。更进一步，针对具体的民生类公共服务项目，特别是广大人民群众最急需的医疗、教育、社会保障、住房等公共服务，提出相应有效的系统政策措施。同时，突破政府是民生类公共服务唯一供给主体的传统思路，引入市场机制，构建"政府诱导、市民参与、第三方介入、社区组织协调"的民生类公共服务供给新机制。这些都是需要引起我们高度关注并做出深化研究的富有挑战性的课题。

参考文献

[1] 阿伦·德雷泽:《宏观经济学中的政治经济学》,经济科学出版社 2003 年版。

[2] 安体富、任强:《中国公共服务均等化水平指标体系的构建——基于地区差别视角的量化分析》,《财贸经济》2008 年第 6 期。

[3] 布坎南:《宪法经济学》,上海三联书店 1996 年版。

[4] 曹俊文、罗良清:《转移支付的财政均等化效果实证分析》,《统计研究》2006 年第 1 期。

[5] 陈昌盛、蔡跃洲:《中国政府公共服务:基本价值取向与综合绩效评估》,《财政研究》2007 年第 6 期。

[6] 陈锡文:《中国县乡财政与农民增收问题研究》,山西经济出版社 2003 年版。

[7] 储德银、闫伟:《地方政府支出与农村居民消费需求——基于 1998—2007 年省级面板数据的经验分析》,《统计研究》2009 年第 8 期。

[8] 道格拉斯·C. 诺斯:《制度、制度变迁与经济绩效》,上海三联书店 1994 年版。

[9] 戴敏敏:《地方政府转型的政治经济学解释——上海经验与范式研究》,博士学位论文,复旦大学,2004 年。

[10] 丁元竹:《促进我国基本公共服务均等化的基本对策》,《中国经贸导刊》2008 年第 5 期。

[11] 丁元竹:《促进我国基本公共服务均等化的对策》,《宏观经济管理》2008 年第 6 期。

[12] 丁菊红、邓可斌:《政府偏好、公共品供给与转型中的财政分权》,《经济研究》2008 年第 7 期。

[13] 丁菊红:《中国转型中的财政分权与公共品供给激励》,经济科学出版社 2010 年版。

［14］杜栋、庞庆华：《现代综合评价方法与案例精选》，清华大学出版社2005年版。

［15］多丽斯·A.格拉伯：《沟通的力量——公共组织信息管理》，张嘉珂译，复旦大学出版社2007年版。

［16］Easterly：《在增长的迷雾中求索》，中信出版社2005年版。

［17］樊纲、王小鲁：《中国经济增长的可持续性——跨世纪的回顾与展望》，经济科学出版社2000年版。

［18］樊丽明：《中国外商投资企业税收政策的评价与完善》，《经济学》（季刊）2002年第4期。

［19］胡永宏、贺思辉：《综合评价方法》，科学出版社2000年版。

［20］傅勇、张晏：《中国式分权与财政支出结构偏向：为增长而竞争的代价》，《管理世界》2007年第3期。

［21］傅勇：《财政分权、政府治理与非经济性公共物品供给》，《经济研究》2010年第8期。

［22］高鸿业：《西方经济学（微观部分）》，中国人民大学出版社2004年版。

［23］高铁梅：《计量经济分析方法与建模》，清华大学出版社2006年版。

［24］格罗弗·斯塔林：《公共部门管理》，陈宪等译，上海译文出版社2003年版。

［25］官永彬：《转轨时期政府支出与居民消费关系的实证研究》，《数量经济技术经济研究》2008年第12期。

［26］官永彬：《财政转移支付对省际财力不均等的贡献：基于基尼系数的分解》，《山西财经大学学报》2011年第1期。

［27］郭琪：《实现地区间公共服务均等化的途径——前夕中国政府间均等化转移支付》，《当代经理人》2007年第1期。

［28］汉密尔顿等：《联邦党人文集》，商务印书馆1980年版。

［29］侯玉兰：《论建设服务型政府：内涵及意义》，《理论前沿》2003年第23期。

［30］黄佩华、迪帕克：《中国：国家发展与地方财政》，中信出版社2003年版。

［31］霍姆斯特罗姆、米尔格罗姆：《多任务委托代理分析：激励合同、资产所有权和工作设计》，载路易斯·普特曼《企业的经济性质》，

上海财经大学出版社 2003 年版。
[32] 李萍、徐宏才:《财政体制简明图解》,中国财政经济出版社 2006 年版。
[33] 李涛、周业安:《财政分权视角下的支出竞争和中国经济增长:基于中国省级面板数据的经验研究》,《世界经济》2008 年第 11 期。
[34] 李凌、卢洪友:《我国省际财政差异趋势与影响因素的实证研究》,《财经问题研究》2007 年第 8 期。
[35] 李齐云:《分级财政体制研究》,经济科学出版社 2003 年版。
[36] 李文良:《中国政府职能转变问题报告》,中国发展出版社 2003 年版。
[37] 李军鹏:《公共服务型政府》,北京大学出版社 2004 年版。
[38] 李军鹏:《公共服务型政府建设指南》,中共党史出版社 2006 年版。
[39] 刘溶沧、焦国华:《地区间财政能力差异与转移支付制度创新》,《财贸经济》2002 年第 6 期。
[40] 刘剑、张筱峰:《完善我国政府间财政转移支付制度的政策建议》,《中国软科学》2002 年第 9 期。
[41] 卢梭:《社会契约论》,何兆武译,商务印书馆 2003 年版。
[42] 卢现祥:《西方新制度经济学》,中国发展出版社 2003 年版。
[43] 罗伯特·达尔:《美国的民主》,波士顿赫夫顿·密夫林公司 1981 年版。
[44] 吕炜、王伟同:《我国基本公共服务提供均等化问题研究——基于公共需求与政府能力视角的分析》,《经济研究参考》2008 年第 34 期。
[45] 吕炜、王伟同:《发展失衡、公共服务与政府责任》,《中国社会科学》2008 年第 4 期。
[46] 马克思:《资本论》第三卷,人民出版社 1975 年版。
[47] 马静:《财政分权与中国财政体制改革》,上海三联书店 2009 年版。
[48] 麦克尔·巴泽雷:《突破官僚制:政府管理的新愿景》,中国人民大学出版社 2002 年版。
[49] 平新乔、白洁:《中国财政分权与地方公共品的供给》,《财贸经济》2006 年第 2 期。
[50] 乔宝云等:《中国的财政分权与小学义务教育》,《中国社会科学》

2005 年第 6 期。

[51] 邱晓华等：《中国经济增长动力及前景分析》，《经济研究》2006 年第 5 期。

[52] 沙安文、乔宝云：《政府间财政关系：国际经验评述》，人民出版社 2006 年版。

[53] 孙笑侠：《法的现象与观念》，群众出版社 1995 年版。

[54] 田志华：《实现我国基本公共服务均等化的路径选择》，《地方财政研究》2008 年第 2 期。

[55] 托马斯·谢林：《微观动机与宏观行为》，中国人民大学出版社 2005 年版。

[56] 万广华：《不平等的度量与分解》，《经济学》（季刊）2008 年第 1 期。

[57] 魏新亚：《中国基础设施建设投资构成的地区差异》，《上海经济研究》2002 年第 12 期。

[58] 王永钦等：《中国的大国发展道路——论分权式改革的得失》，《经济研究》2007 年第 1 期。

[59] 王小鲁：《改革 20 年和今后 20 年：投资对经济增长的贡献》，《国家行政学院学报》2001 年第 4 期。

[60] 王小鲁、樊纲：《中国地区差距的变动趋势和影响因素》，《经济研究》2004 年第 1 期。

[61] 王雍君：《中国的财政均等化与转移支付体制改革》，《中央财经大学学报》2006 年第 3 期。

[62] 席恒：《公与私：公共事业运行机制研究》，商务印书馆 2003 年版。

[63] 肖建华、刘学之：《有效政府与财政服务均等化》，《中央财经大学学报》2005 年第 6 期。

[64] 项中新：《中国地区间财力差异及其调节的对策建议》，《中国软科学》1999 年第 1 期。

[65] 徐和连等：《外商直接投资、劳动力市场与工资溢出效应》，《管理世界》2009 年第 9 期。

[66] 尹恒、康琳琳、王丽娟：《政府间转移支付的财力均等化效应》，《管理世界》2007 年第 1 期。

[67] 尹恒、康琳琳、王丽娟：《中国县级政府间财力差距：1993—

2003》,《统计研究》2007 年第 11 期。

[68] 余晖:《建立公共服务型政府的必要条件》,《发展论坛》2005 年第 12 期。

[69] 曾军平:《政府间转移支付制度的财政平衡效应研究》,《经济研究》2000 年第 6 期。

[70] 詹姆斯·安德森:《公共决策》,唐亮译,华夏出版社 1990 年版。

[71] 张宴、龚六堂:《分税制改革、财政分权与中国经济增长》,《经济学》(季刊) 2005 年第 10 期。

[72] 张晏:《分权体制下的财政政策与经济增长》,上海人民出版社 2005 年版。

[73] 张宇:《制度约束、外资依赖与 FDI 的技术溢出》,《管理世界》2009 年第 9 期。

[74] 张应良、官永彬:《农村公共物品民营化配置机制与模式研究》,中国农业出版社 2009 年版。

[75] 张康之:《限制政府规模的理念》,《人文杂志》2001 年第 3 期。

[76] 张康之:《寻找公共行政的伦理视角》,中国人民大学出版社 2002 年版。

[77] 张文礼、吴光芸:《论服务型政府和公共服务的有效供给》,《兰州大学学报》(社会科学版) 2007 年第 5 期。

[78] 张恒龙:《我国财政均等化现状研究:1994—2004》,《中央财经大学学报》2006 年第 12 期。

[79] 张鸣鸣、夏杰长:《中国省际基本公共服务差距的实证分析与政策建议》,《经济研究参考》2009 年第 38 期。

[80] 赵怡虹、李峰:《基本公共服务地区间均等化:基于政府主导的多元政策协调》,《经济学家》2009 年第 5 期。

[81] 珍妮特·V. 登哈特、罗伯特·B. 登哈特:《新公共服务:服务,而不是掌舵》,中国人民大学出版社 2004 年版。

[82] 郑杭生、李强:《社会运行导论——有中国特色的社会学基本理论的一种探索》,中国人民大学出版社 1993 年版。

[83] 中国社科院财政与贸易经济研究所:《走向"共赢"的中国多级财政》,中国财政经济出版社 2005 年版。

[84] 钟晓敏:《政府间财政转移支付论》,立信会计出版社 1998 年版。

[85] 周业安:《地方政府竞争与经济增长》,《中国人民大学学报》2003 年第 1 期。

[86] 周业安等:《地方政府竞争与市场秩序的重建》,《中国社会科学》2004 年第 1 期。

[87] 朱恒鹏:《分权化改革、财政激励和公有制企业改制》,《世界经济》2004 年第 12 期。

[88] A. C. Pigou, *Economics of Welfare*. London: Macmillan, 1929.

[89] Anwar Shah, "A Fiscal Need Approach to Equalization". *Canadian Public Policy*, Vol. 22, No. 2, June 1996, pp. 99 – 115.

[90] Albert Breton, "The Growth of Competitive Government", *The Canadian Journal of Economics*, Vol. 22, No. 4, November 1989, pp. 717 – 750.

[91] Albert Breton, *Competitive Governments: An Economic Theory of Politics and Public Finance*. New York: Cambridge University Press, 1996.

[92] Alien Drazen, *Political Economy in Macroeconomics*, Princeton University Press, 2000, p. 10.

[93] Aronson, J. R., *Public Finance*. New York: McGraw – Hill, Inc., 1985, p. 166.

[94] Bardhan, P., Awakening Giants, "Feet of Clay: A Comparative Assessment of the Rise of China and India", Paper Presented at International Conference on the Dragon and the Elephant: China and India's Economic Reforms, July1 – 2, Shanghai, China, 2006.

[95] Becker, G., "A Theory of Competition Among Pressure Groups for Political Influence". *Quarterly Journal of Economics*, Vol. 98, No. 3, August 1983, pp. 371 – 400.

[96] Bert Hofman and Susana Cordeiro Gurra, "Fiscal Disparities in East Asia: How Large and Do They Matter?", 2005, http://siteresources.worldbank.org/INTEA2PDECEN/Resources/Chapter – 4. pdf.

[97] Blanchard, O. and Shleifer, A., *Federalism with and without Political Centralization: China versus Russia*. MF Staff Papers, Vol. 48, March 2001, pp. 171 – 179.

[98] Boadway, Robin, Revisiting Equalization Again: Representative Tax System vs Macro Approaches. Working Paper. Institute of Intergovernmen-

tal Relations, Queen's University, Kingston, On, Canada, 2002.

[99] Brueckner, J. K. and Saavedra, Luz, "Do local governments engage in strategic property tax competition". *National Tax Journal*, Vol. 54, June 2001, pp. 203 – 230.

[100] Buchanan, J. M., "Federalism and fiscal equity". *American Economic Review*, Vol. 40, N0. 4, September 1950, pp. 583 – 599.

[101] Bucovetsky, S., "Public Input Competition", *Journal of Public Economics*, Vol. 89, No. 9, September 2005, pp. 1763 – 1787.

[102] Demurger, S., "*Infrastructure Development and Economic Growth: An Explanation for Regional Disparities in China*", *Journal of Comparative Economics*, Vol. 29, No. 1, March 2001, pp. 95 – 117.

[103] Douglass C. North, *Structure and Change in Economic History*, New Yourk: Norton & Company, Inc., 1981, pp. 201 – 202.

[104] Eric Bond, Larry Samuelson, "Tax Holidays as Signals". *The American Economic Review*, Vol. 76, No. 4, September 1986, pp. 820 – 826.

[105] Gilles Saint – Paul, "The New Political Economy": Recent Books By Alien Drazen and by Torsten Persson and GuidoTabellini". *Journal of Economic Literature*, Vol. 38, No. 4, December 2000, pp. 915 – 925.

[106] Gordon, R. H., "An Optimal Taxation Approach to Fiscal Federalism". *Quarterly Journal of Economics*, Vol. 98, No. 4, 1983, pp. 567 – 586.

[107] Hausmann, Ricardo, Dani Rodrik, Andres Velasco, Growth Diagnostics, Working Paper, Havard University, 2005.

[108] Heyndels, B. and Vuchelen, J., "Tax Mimicking among Belgian Municipalities". *National Tax Journal*, Vol. 51, No. 1, March 1998, pp. 89 – 101.

[109] H. George Frederickson, "Comparing the Reinventing Government with the New public Administration". *Public Administration Review*, Vol. 56, No. 3, 1996, pp. 263 – 270.

[110] Hoyt, W. H., "Poverty Taxation, Nash Equilibrium Market Power". *Journal of Urban Economics*, Vol. 30, July 1991, pp. 123 – 131.

[111] J. Caporaso and D. Levine, *Throeies of Political Economy*. Cambridge: Cambridge University Press, 1992.

[112] Jin, Hehui, Qian, Yingyi and Weingast, Barry R., Regional Decentralization and Fiscal Incentives: Federalism, Chinese Style, Stanford University Working Paper, 1999.

[113] Kai - yuen Tsui, "Local Tax System, Intergovernmental Transfers and China's Local Fiscal Disparities". *Journal of Comparative Economics*, Vol. 33, No. 1, March 2005. pp. 173 - 196.

[114] Laurence Kotlikoff, Bernd Raffelhueschen. How Regional Differences in Taxes and Public Goods Distort Life Cycle Location Choices, NBER Working Papers 3598, National Bureau of Economic Research, Inc. 1991.

[115] Lerman, R., Yitzhaki, S., "Income Inequality Effects by Income Source: A New Approach and Applications to the United States", *The Review of Economics and Statistics*, Vol. 67, No. 1, Febrary 1985, pp. 151 - 156.

[116] Lerman, R. I., How Do Income Sources Affect Income Inequality. in Silber, J. ed., *Handbook of Inequality Measurement*, Kluwer Academic Publishers, Dordrecht, 1999, p. 355.

[117] Loraine A. West, Christine P. W. Wong., "Fiscal Decent ralization and Growing Regional Disparities in Rural China: Some Evidence in the Provision of Social Services". *Oxford Review of Economic Policy*, Vol. 11, No. 4, 1995, pp. 70 - 84.

[118] Mauro, P., "Corruption and the Composition of Government Expenditure". *Journal of Public Economics*, Vol. 69, 1998, pp. 263 - 279.

[119] Mclure, Charles, E. Jr., "The Sharing of Tax on Natural Resources and The Future of The Russian Federalism", In Christine J. Wallich, ed., *Russia and the Challenge of Reform*, Palo Alto, Calif: Hoover Institution Press, 1994.

[120] M. Keen and M. Marchand, "Fiscal Competition and the Pattern of Public Spending". *Journal of Public Economics*, Vol. 66, No. 1, October 1997, pp. 33 - 53.

[121] Montinola, G., Qian, Y. and Barry R. Weingast, "Federalism, Chinese Style: The Political Basis for Economic Success in China", *Word*

Politics, Vol. 48, No. 1, October 1995, pp. 50 – 81.

[122] Musgrave, R. A., *The Theory of Public Finance*, New York: McGraw Hill, 1959.

[123] Oates, W. E., *Fiscal Federalism.* New York: Harcourt Brace Jovanovich, 1972, p. 83.

[124] OECD, "Corporate Tax Incentives for Foreign Direct Investment". *OECD Tax Policy Studies*, No. 4, 2001.

[125] Olson, Mancur, Jr., "The Principle of 'Fiscal Equivalence': The Division of Responsibilities among Different Levels of Government". *American Economic Review*, Vol. 59, No. 2, May1969, pp. 479 – 487.

[126] Prudhomme, "Dangers of Decent ralization", *World Bank Research Observer* (International), Vol. 10, No. 2, 1995.

[127] Qian, Y., Barry R. Weingast, "China transition to Markets: Market – Preserving Federalism, Chinese Style". *Journal of Policy Reform*, Vol. 1, No. 2, 1996, pp. 149 – 185.

[128] Qian, Y., Barry R. Weingast, "Federalism as a Commitment to Preserving Market Incentives". *Journal of Economic Perspectives*, Vol. 11, No. 4, 1997, pp. 83 – 92.

[129] Qian, Y., G. Roland, "Federalism and the soft Budget Constraint". *American Economic Review*, Vol. 88, No. 5, 1998, pp. 265 – 284.

[130] Samuelson, P. A., "Pure Theory of Public Expenditures", *Review of Economic and Statistics*, Vol. 36, No. 4, November 1954, pp. 387 – 389.

[131] Shah, A., "*Fiscal decentralization in Developing and Transition Economies: Progress, Problems and the Promise*". Word Bank Policy Research Working Paper, 2004.

[132] Shorrocks, Anthony F., "he Class of Additively Decomposable Inequality Measures", *TEconometrica*, Vol. 3, 1980, pp. 613 – 625.

[133] Tbieout, "A Pure Theory of Local Expenditures". *Journal of Political Economy*, Vol. 64, No. 5, October 1956, pp. 416 – 424.

[134] Torsten Persson and Guido Tabellini, *Political Economics: Explaining Economic Policy.* Cambridge MA: MIT Press, 2000, p. 6.

[135] Tsui, K., "Local Tax System, Intergovernmental Transfers and China's Local Fiscal Disparities". *Journal of Comparative Economics*, Vol. 33, No. 1, March 2005, pp. 173 – 196.

[136] W. E. Oates, *Fiscal Federalism*. New York: Harcourt Brace Jovanovich, 1972.

[137] Wildasin, D. E., "Nash Equilibria in Models of Fiscal Competition". *Journal of Public Economics*, Vol. 35, No. 2, March 1988, pp. 229 – 240.

[138] World Bank, *The Chinese Economy: Fighting Inflation, Deepening Reforms*, A World Bank Country Study, Washington D. C., 1996.

[139] Zhuravskaya, E. V., "Incentives to Provide Local Public Goods: Fiscal Federalism, Russian Style". *Journal of Public Economics*, Vol. 76, No. 3, pp. 337 – 368.